メアリ・ビーアドと女性史

日本女性の真力を発掘した米歴史家

上村千賀子

藤原書店

メアリー・R・ビーアド
（1876-1958）

少女時代

デポー大学時代のメアリ

高校卒業生総代として

メアリ（左）とデポー大学の級友たち（デポー大学所蔵）

チャールズ・ビーアドとの出会い

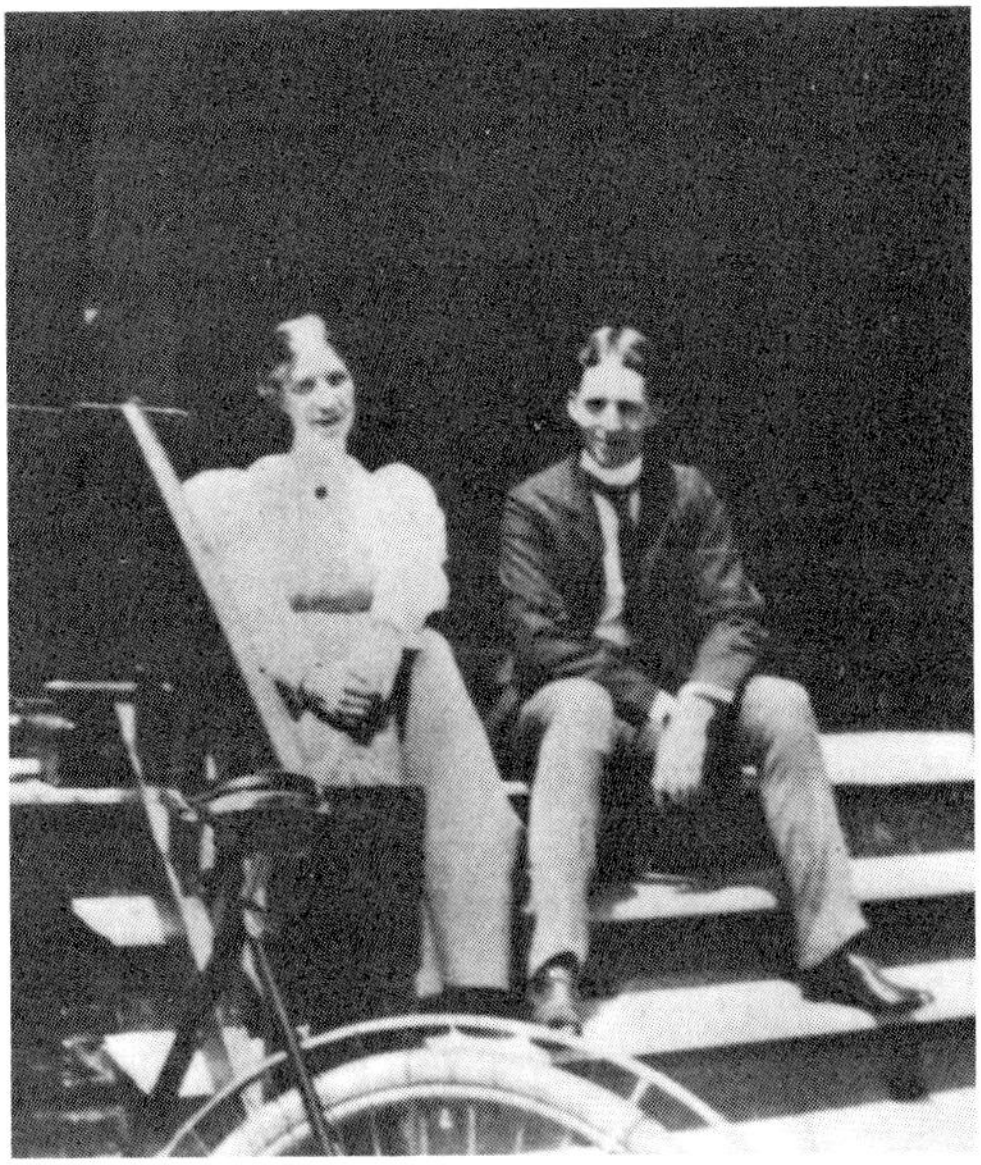

メアリと談笑するチャールズ
（デポー大学所蔵）

デポー大学卒業時のメアリ
（1897 年。デポー大学所蔵）

大家族

リッター家（1908年）
後列右から三番目がメアリ、四番目がチャールズ。

ニュー・ミルフォードのビーアド一家（1909年）
後部左で立っているのがメアリ、両隣がメアリの両親。前列右に座っているのがチャールズ、その後ろが母のヘンリー・チャールズ夫人。真ん中のワゴンの上はビーアド家の子どものミリアムとウィリアム。

子　孫

メアリとミリアム（1905 年）

パリセーズ公園へのハイキングの途中で
休憩をとるメアリとチャールズ（1906 年）

日本におけるビーアド夫妻

1922 年 9 月、横浜港に到着したビーアド夫妻、ミリアムとウィリアム。出迎えた東京市長後藤新平の息子・後藤一蔵（最後列）と娘婿・鶴見祐輔（右）。

後藤新平（前列左から 2 人目）とビーアド夫妻
（奥州市立後藤新平記念館所蔵）

1923年10月6日、2度目の来日、横浜の焼跡に立つビーアド博士夫妻
（『週刊写真報知』第1巻第2号より）

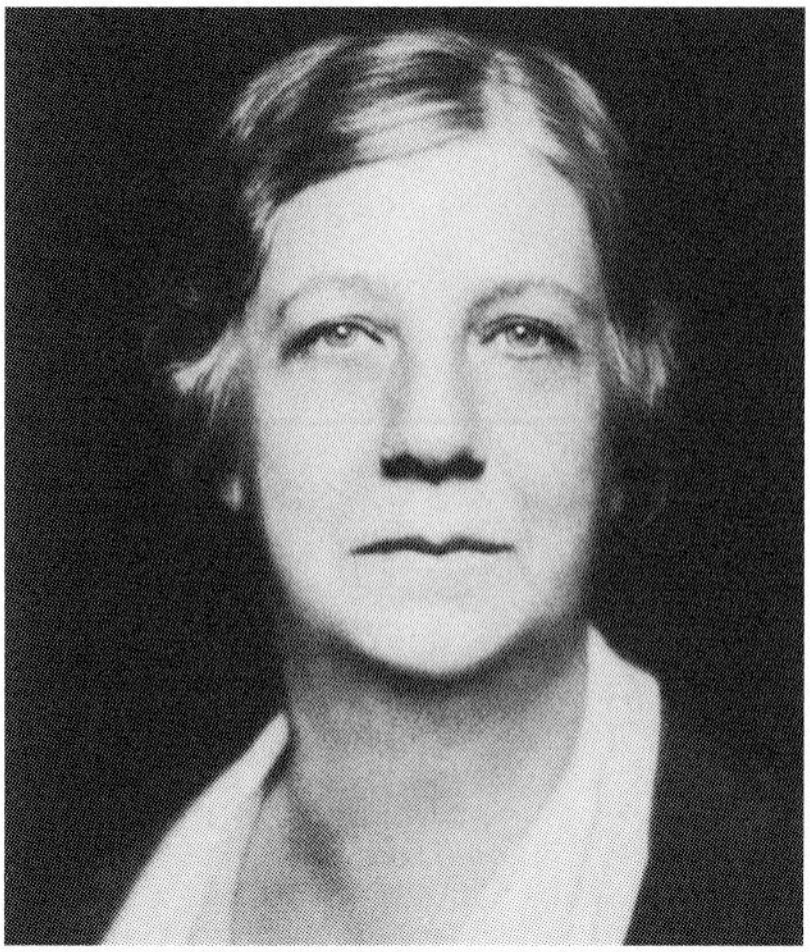

50歳代のメアリ

1940年代頃、ニュー・ミルフォードでのメアリとチャールズ

1950年代初め、執筆中のメアリ。日本人訪問者が撮影（デポー大学所蔵）

ビーアド夫妻の墓（ニューヨーク市ファーンクリップ霊園）

メアリ・ビーアドと女性史

目次

第Ⅲ部 戦後日本とメアリ・ビーアド 185

メアリ・ビーアドと女性史

日本女性の真力を発掘した米歴史家

凡　例

一　文中の人物に付せられた肩書、所属、省庁名、婦人団体、婦人教育などの歴史用語は当時のものである。
一　本書での Mary Ritter Beard, Charles Austin Beard の日本語表記は、引用文献を除いて、本人の指示通りに、ミドルネームを含めず「メアリ・ビーアド」「チャールズ・ビーアド」とする。
一　出典が明記されていないメアリ・ビーアド等の書簡は、スミス・カレッジ図書館の Sophia Smith Collection に所蔵されている。
一　引用文への筆者による補足は〔　〕で示した。
一　必要に応じて人名に＊印を付し、補注を段落末に置いた。
一　引用文の傍点は原文の強調、傍線は筆者による強調を示す。

まえがき

メアリ・ビーアドとの出会い

占領期における女性政策に焦点を当て、ＧＨＱの占領政策資料（GHQ/SCAP Records）を分析し、当時のＧＨＱ担当者や日本の女性リーダーへの聞き取り調査を行い、日記や書簡類を解読していた一九八〇年代半ばころのことである。これらの資料で私は歴史家メアリ・Ｒ・ビーアド（以下メアリ・ビーアドまたはメアリと表記）の名前を知った。メアリ・ビーアドに特別な関心をもつようになったきっかけは、ＧＨＱ民間情報教育局女性情報担当官エセル・ウィード[*]宛書簡[1]で、メアリ・ビーアドが尋ねた「婦人参政権の付与は、マッカーサー自身の発案か」という質問への公式回答が、ＧＨＱの占領政策資料の中に保存されているのを発見したことである。なんとこの文書には、マッカーーサーの婦人参政権付与の意図が実に明解に示されているではないか。エセル・ウィードを介して占領政策に関わったメアリ・ビーアドという女性史家は、いったいどのような人物か、日本とどのような関わりをもっていたのか。メアリ・ビーアドへの尽きることのない関心は、彼女の生い立ちや教育的背景、女性観や歴史観や実践的活動についての探索へと私を駆り立てた。早速、メアリ・ビーアドの書簡類をスミス・カレッジから取り寄せて検討した。

＊ **エセル・ウィード**（Ethel Weed　一九〇六—七五、在任期間一九四五—五二）　アメリカ陸軍女性部隊中尉、GHQ／CIE（民間情報教育局）女性情報担当官。占領開始とともに来日し、一九五二年占領終結まで女性政策を推進した。日本の女性指導者との連携を形成することにより、占領政策決定過程に重要な役割を果たし、日本女性の地位向上のための制度改革（婦人参政権行使キャンペーン、婦人団体の民主化、労働省婦人少年局の設立、民法改正）を支援した。

一九八九年、神戸女子大学で開催された日本アメリカ学会で、書簡から明らかにされた労働省婦人少年局の設立とメアリ・ビーアドの関わりについて報告した。当時のアメリカ学会会長リンダ・カーバー博士[*1]からは、この研究に対する期待と励ましの言葉をいただいた。全体会の終了時には、斎藤眞博士[*2]がほおを紅潮させながら、「一九四八年に、高木八尺博士[*3]と一緒に御自宅にうかがい、ビーアド夫人にお会いしたのです！」と、感慨深く訪問の思い出を話してくださった。私は学会報告を、論文「日本における占領政策と女性解放——労働省婦人少年局の設立過程を中心として」（女性学研究会編『女性学研究二号　女性学と政治実践』勁草書房、一九九二年、五—二八頁）として公刊した。

＊1 **リンダ・カーバー**（Linda K. Kerber　一九四〇—）　コロンビア大学博士号取得、アイオワ大学歴史

学教授、アメリカ学会会長、アメリカ歴史家協会会長を歴任。著書 *Women of The Republic; Toward an Intellectual History of Women* など。

＊2 **斎藤眞**（一九二一―二〇〇八） 東京大学名誉教授。専門はアメリカ政治外交史。

＊3 **高木八尺**（一八八九―一九八四） 東京大学名誉教授、専門はアメリカ政治史。アメリカ学会を創設し国際文化会館を設立した。

一九九三年二月のことである。思いがけなく、この論文を読まれた高木鉦作國學院大学教授（高木八尺博士のご子息であることに気がついたのはずっと後のことである）から手紙が届いた。同氏の手紙には次のように書かれていた。

〔当時の東京市長後藤新平[＊1]の要請を受けて〕一九二二年から二三年にビーアド夫妻が来日したときの新聞報道からビーアド夫人のことを知り、また羽仁もと子さんの自由学園をたびたび訪問していることを知っていましたが、私の関心は夫のチャールズ・ビーアド[＊2]のことだけ（それも都市行政という面で）でした。上村さんの論文でビーアド夫人が占領下の婦人少年局設立と関係があったことを知り、正直驚いています。夫のビーアドが『東京市政論』で提示したことは実らなかったといわれていますが、夫人の助言は占領当局者に対するものとはいえ、ともかく婦人少年局設立に影響したことは、私にとっても大いに参考になり感謝しています。

＊1 **後藤新平**（一八五七―一九二九） 医師、官僚、政治家、台湾総督府民政長官、逓信大臣、内務大臣、外務大臣、東京市第七代市長を歴任。関東大震災後に内務大臣兼帝都復興院総裁として東京の帝都

復興計画を立案し実行した。

＊2　**チャールズ・A・ビーアド**（Charles A. Beard　一八七四―一九四八）　二十世紀前半の米国を代表する知識人で、「新しい歴史学」提唱者の一人。初期の代表作『合衆国憲法の経済的解釈』（一九一三）は建国の父祖である憲法制定者個人の経済的利害から接近して解釈したことで一躍注目される。彼の歴史学に対する態度は、従来の客観史学に対し、現在と過去との関連性を強く主張し、「事実」の選択行為自体「思想的行為」であり、自己のもつ価値観と深く結びついた「信念の行為」であると説いた。ビーアド夫妻の共著の意義に関する考察は、Nancy Cott, 1990, "Two Beards: Coauthorship and the Concept of Civilization," *American Quarterly*, vol. 42, No. 2 (June 1990), pp. 274-300 参照。

その後二度にわたって送られてきた手紙には、高木鉦作教授が自ら編集した、『都市問題――ビーアド博士記念号』（第四九巻第九号、一九五八年九月号、東京市政調査会）と東京市政調査会編『ビーアド博士と新聞報道』（『チャールズ・A・ビーアド』抜刷）ほか貴重な資料が同封されていた。私にとって初めて目にする資料ばかりであった。このようにして、一九二〇年代以来つみあげられてきた日米の知的交流史におけるチャールズ・ビーアドの巨像の影に隠れてみえなかった、メアリ・ビーアドの物語を書くことの重要性を改めて認識するにいたった。

二〇〇七年に『女性解放をめぐる占領政策』（勁草書房）を出版し、その中の一章をメアリ・ビーアドの評伝にあてた。それはメアリ・ビーアドの思想が、占領期の女性政策に及ぼした影響を明らかにすることを主眼とした短いエッセイである。隠れたメアリ・ビーアドの生涯を明るみに出す物語には程遠いものであった。少なくとも、戦後の日本女性に対するメアリ・ビーアドのメッセージを彼女の言葉のままに再現するために、メアリ・ビーアドとエセル・ウィードの往復書簡の翻訳を世に出したいという願望をもち続けた。

そのチャンスがついにやってきた。二〇一五年十二月のことである。藤原書店藤原良雄社長から、後藤新平研究会のサブセクションとしてメアリ・ビーアド研究会を立ち上げるので、そこでメアリ・ビーアドについて紹介するよう依頼を受けたのである。藤原氏は、コネチカット州ニュー・ミルフォードにある故チャールズ＆メアリ・ビーアドご夫妻のご自宅に招かれた際に、死期が迫り、病院のベッドに横たわっている孫、デートレフ・F・ヴァクツ氏（ハーバード大学名誉教授、行政学）から、「メアリはチャールズと同じように、いやそれ以上に偉大な人だった。ぜひともメアリを日本に紹介してほしい」と頼まれたということである。夫チャールズの陰に隠れたメアリの偉大さを知悉する孫デートレフ・F・ヴァクツ氏の言葉と藤原氏の熱意は、私の琴線に触れた。長い間段ボールの中で眠っていた資料を再び取り出し読み直した。謎に包まれたメアリ・ビーアドの生涯や、難解な著作の内容が徐々に氷解され、彼女の斬新な歴史観や生き方がパノラマのように再現されていくのを感じた。後藤新平研究会に参集された研究者の方たちの発表から、後藤新平とチャールズ・ビーアドの関係が明らかにされ、かつて高木教授から寄贈された資料が、私の中で生き生きとよみがえった。

ビーアド夫妻の二人三脚が始まった一九〇〇年初頭の新婚時代、英国に滞在した時の経験が孤高の歴史家としての二人の生き方を決定づけたこと、その後一九二二年と二三年に来日した夫妻の日本文化との直接の接触が、彼らの歴史観を大きく変え、とりわけメアリにとって、女性の視点から歴史を再構築するという生涯の大仕事に取り組む決定的な契機となった、という。また来日で得た知見と知的交流は、戦後日本の占領政策への助言と、一九五三年に出版した『日本女性史――日本史における女性の力』（*The Force of Women in Japanese History*）を構想するうえで、基礎となったのである。このような点のようなメアリ・ビーアドの人生の出来事が核となり、連綿とつながっていたことが分かった。これらの出来事のつながりを探ることによって、日本と大きく深くかかわったメアリ・ビーアドの人生のドラマを描きだすことができるのではないだろうか。私の期待は大きく膨らんでいった。

女性史研究の草分けとしてのメアリ・ビーアド

では、メアリ・ビーアドとはいったいどのような人物であろうか。

メアリ・ビーアド（一八七六―一九五八）は、一九四六年に代表作『歴史における力としての女性』（*Women as Force in History – A Study in Tradition and Realities*, 1946）を著し、女性は歴史的に男性に従属した性であるという神話を打ち砕き、女性は男性とともに歴史を創りあげてきた「文明」の創造者である、と主張したアメリカ女性史研究のパイオニアである。

メアリ・ビーアドが生涯を通して唱え続けた主張は、女性は歴史上無視されてきたが、実際はどの時代においても常に真の力（force）をもって、歴史を主体的につくり上げてきた存在である、という命題である。メアリは、女性の貢献は社会にとって重要であり、生命とケアーに対する女性の第一義的な責任は、漸進的な社会変化を規定する潜在力との間に直接的な関係があり、社会の中枢的な機能であるという観点に立ち、長い歴史において女性は、単に支配され抑圧されてきたのではなく、「一つの力」として歴史を動かしてきた、と考えたのである。このような歴史的事実が、これまでの歴史家やフェミニストたちに理解されなかったのは、彼らが男性の活動を価値基準として人間の行動をみてきたからだとして、「女性の視点から（through woman's eye）」歴史を再構築することを主張した。

メアリは、次のように言う。女性が不可視の存在とされているのは、単に悪い男性によって歴史が書かれたためではなく、また女性が不可視であったからではなく、専門職の女性やラディカルなフェミニストの多くもまた、男性と同様に、男性の支配的な社会（community）に関心を集中させているからであると。メアリは、絶対的平等を求める当時の戦闘的なフェミニストに反対する立場をとった。なぜなら、このような単純なスローガンは、女性の集団（community）がもつ権力（power）と威力（force）を否定し、女性の異なった文化の存在も価値も否定するからだ、と主張した。

女性が抑圧され従属の状態にある性である、という神話は誤りであるだけではなく、生産的でない。なぜなら、女性がそのような運命や過去を受け入れるときには、集合的な女性の力は傷つけられ衰えるからである。抑圧という考えそのものは、女性の知性を拘束し、女性を抑圧する。むしろ女性は、女性自身の力あふれる創造的な歴史を発見し、新しい社会関係を創りだすために知識を使うことによって、そのイデオロギー的な束縛から自由になることができると考えた。メアリは、女性史の創造という自分の知的な仕事は、あらゆる女性にまで及び、彼女たちに、女性が過去において力をもっていたこと、将来も力をもつことができることを信じこませる政治的な仕事である、と認識していた。

しかし彼女は、全体史から分離した女性史の構築を究極の目的としたわけではなかった。一貫して彼女がもち続けた命題は、女性の物語が描かれなければ歴史は完全なものにならないとして、女性の概念を歴史叙述の主流に包含する「統合的な歴史」を構築することであった。そして、「歴史叙述は、あらゆる事柄が他の事柄（政治、経済、生活様式と労働、思想的学派、宗教、権力、階級、社会、家族、芸術と野望、性の生物学的・文化的諸相）と相互に関連する社会全体の織物であり、女性のより糸がなければ織りあげることはできない[2]」と主張して、歴史叙述の基本を具体的に示したのである。

メアリは女性の不可視性を終焉させるために、過去の歴史の再構築に全力を注いだが、彼女自身不可視の実例であった。革新主義時代に参政権運動家、著名な社会改革者として活躍し、生涯を通して女性の政治的、経済的、社会的、知的向上を追求したメアリは、当時、一般のアメリカ人だけではなく、彼女の意見に賛同しないフェミニストからも尊敬され名声を博していた。しかしアメリカにおいて一九七〇年代に女性史が新しい分野として認められるようになるまで、歴史家・フェミニストとしての彼女の業績はほとんど省みられることはなかったのである。いくつかの理由が挙げられる。

第一に、彼女は著名な歴史学者である夫チャールズ・ビーアドの共同研究者として、多くの歴史書を執筆したが、当時の伝統的な歴史家たちは、夫の影に隠れた共同研究者、あるいは名前だけの共著者としてしか扱ってこなかったからである。チャールズは、一般の人々に親しみやすい『アメリカ文明の興隆』(*The Rise of American Civilization*, 1927)を出版したマクミラン社への書簡[3]で、この本はメアリと平等に関わった共著であることを広告に明示するように書いたにもかかわらず、マクミラン社は彼女の共著者としての貢献を記さなかった。一九四八年の彼の死後、彼の批評者たちは彼女の名前を消し去り、『アメリカ文明の興隆』は「彼」の代表作であり、「彼」の最も偉大な傑作であるとした。のちにメアリは、友人の一人に、「女性のテーマだけではなく、文化も三年間かけて私が取り組んだ仕事です」と、自分の仕事だとプライドをもって打ち明けている[4]。

第二に、フェミニストの歴史家たちは、メアリ・ビーアドの単著における先駆的な役割を認めたが、多くの歴史家がチャールズ・ビーアドに注目したと同じほど彼女に注目することはなかった。彼女たちは女性抑圧史観を否定し、平等権修正(ERA)に反対するメアリの立場が、フェミニズムに反するとして、彼女の思想と運動の指導性を本格的に検討してこなかったのである。

メアリは歴史における行為者としての女性の主体性を強調したが、同時に被抑圧者であることも十分熟知していたので、平等か差異か、主体としての女性か被抑圧者としての女性か、といった二者択一のイデオロギー的論争はばかげているとして避けた。そして歴史は複雑なもろもろの要素の相互作用と社会関係の具現化であり、歴史上の出来事のなかには、女性が犠牲者となる場合もあれば、逆に女性が主体的に媒介する場合もあると反論し、女性だけに焦点を当てて論じることはなかった。

第三に、メアリは、家庭における妻、二人の子どもの母である以上に、著述そのものにおいてチャールズの一生の伴侶であった。一九〇〇年から一九二〇年代にかけて歴史家、実践家としての形成期を、チャールズと二人三脚で築き上げた。一九三〇年代には、二人の名声は絶頂期に達し、それぞれの分野でアメリカ文明を牽引した。しかし一方で、一九三〇年代後半以降は、ともに総力戦体制とそのイデオロギーの流れに逆らって進む同志であった。チャールズが、ローズベルト大統領の政策を、アメリカの日米開戦に至った原因の一つに挙げて論じるようになると、人々は祖国に対する背信行為だと責め立て、友人たちは彼のもとから去った。(5) かつての高い名声が失われて深く傷ついたチャールズは、一九四八年前後の彼に向けられた悪意に満ちた攻撃に対する個人的な見解を白日の下にさらすことを避けるために、死の直前に書簡など個人的な資料をすべて破棄してしまった。政治世界におけるアメリカの立場について夫と意見を共有したために、メアリは、明らかに主流のアメリカの女性グループから離れていった。彼女はそのことをよく認識していた。「接頭語がチャールズであろうと、メアリであろうと、『ビーアド』という名前はどこでも異端であるとみられることは確かだわ」と、一九四四年に友人に言っている。夫に寄り添い、その苦しみを共有したメアリは、夫と同じように自分自身の書簡類をすべて破棄して、自らを不可視の存在としてしまったのである。(6)

第四の理由として、多くの評者が指摘するように、メアリの著書は奇妙な構成になっており、散文には古今東西の識者の名言の引用や華やかな言葉がちりばめられ、隠喩、直喩、倒置が多用された文体であるため、読解が困難であることがあげられる。

先行研究

一九七〇年代に『歴史における力としての女性』をとりあげて、メアリ・ビーアドを女性史の先駆者として論評したのは、世界平和を主唱した著名な学者で活動家のベレニス・A・キャロルとピューリッツァー賞を受賞した歴史家カール・N・デグラーである。キャロルは、本書が、構想、構成、完成度等において難点があるものの、女性史の分野における最も重要な著書であると高く評価した。(7) カール・デグラーは、従来の男性中心の歴史概念を批判し、過去における女性の活動を包含した歴史の創造と教育こそが、女性の変革にとって有効である、と主張したメアリの思想の重要性を指摘している。(8)

アメリカで本格的なメアリ・ビーアド研究がおこなわれるのは、一九八〇年代以降である。ボニー・G・スミスは、メアリの著作をとりあげて高く評価した。(9) ナンシー・コットは、チャールズ・ビーアドとの共著と単著を精査し、隠れたメアリの業績を明らかにするとともに、彼女が生前交わした書簡類を編集して、メアリ・ビーアド研究への道筋をつけた。メアリ・ビーアドは豊かな才覚をもつ知的で独創的な歴史家であり、女性史の知的基礎を築いたことでもっと知られるべきであると評価している。[10]アン・レーンは、メアリ・ビーアドの生涯と著作の綿密な検討をとおして、彼女の思想の形成過程を追跡し、メアリを正真正銘のフェミニストとして位置付けた。「女性が被抑圧者として扱われる場合には、人類の文化に対する女性の貢献は決して見いだされることはない、と最初に指摘した人物である」と述べて、彼女の思想の今日的な意義を指摘している。[11]

メアリ・ビーアドの思想を支える実践活動に関する研究では、世界女性アーカイブセンターの設立と運営に焦点を当て、フェミニスト教育者としての活動の意義に言及したバーバラ・ツーロフ[12]やメアリ・トリッグ、[13]一九二二―二三年のビーアド夫妻の来日と震災復興支援に言及した遠藤泰生、[14]メアリの日本との知的交流を論じたパトリシア・W・ディットリ、[15]緒方房子によるメアリ・ビーアドの紹介、[16]隠れた日本占領政策推進者としてのメアリ・ビーアド像を描き出し、メアリ・ビーアド研究のための手引きをまとめた上村千賀子の著作など[17]がある。

一九七〇年代に女性史が新しい研究分野として登場して以来、メアリ・ビーアドの考え方は、リンダ・カーバー、ジェーン・シェロン・ドゥハート編『ウィメンズ・アメリカ』[18]やサラ・エヴァンスの『自由のために生まれて』[19]等、いろいろな研究書や資料に引用されている。エレン・キャロル・デュボイスとリン・デュメニルの『女性の目からみたアメリカ史』[20]は、アメリカ女性の視点からアメリカ史の叙述をおこなう、というメアリの視点を受け継ぎ、メアリには想像すらできなかったほど豊富になった学術研究や資料を用いて、女性史とアメリカ史を統合する、という目的で叙述されている注目すべき業績である。
本書はこれらの先行研究から多くを学び、その知見を引き継いでいる。

本書の目的と構成

存命中にメアリが書簡類を含む私的資料を全部破棄してしまったことは、メアリ・ビーアド研究を進める上で大きな障害となったが、幸い彼女と親交のあった通信者の書簡が、スミス・カレッジのライブラリーやシュレジンガー・ライブラリー等にアーカイブ資料として所蔵された。これらの書簡には、著述や政治的活動や生活において相互に支え合ったチャールズとのパートナーシップや、戦前におけるメアリの来日が、女性の視点からの歴史の再構築に与えた影響、戦後日本の女性政策への関与、日本女性史の執筆の意図などが具体的に記述されている。本書では、これらの書簡類を手がかりに、先行研究では触れられなかった日本とのかかわりを明らかにし、メアリ・ビーアドの全体像を描き出したいと思っている。

本書は、まえがき、第Ⅰ部「メアリ・ビーアドの形成」、第Ⅱ部「歴史を書く――女性史研究の先駆者として」、第Ⅲ部「戦後日本とメアリ・ビーアド」、結語「メアリ・ビーアドの『歴史における女性の力』――今日的な意義」によって構成される。

第Ⅰ部第1章「生い立ちから参政権運動へ」では、メアリの生い立ちとチャールズとの出会い、英国での生活、一九二〇年の婦人参政権獲得までを扱う。

第2章「ビーアド夫妻の来日」では、一九二二年と二三年の日本におけるビーアド夫妻の貢献、メアリの関東大震災支援活動、石本（加藤）シヅエとの出会い、来日がメアリの歴史観の変容に与えた影響を述べる。

第Ⅱ部第3章「女性の視点からの歴史の再構築」では、日本からの帰国から三五年まで、歴史叙述に専念して著した『アメリカ文明の興隆』（共著）や『女性を理解することについて』、『女性たちの目からみたアメリカ』などの単著や論文等を取り上げ、メアリの新しい歴史観と新しいフェミニズムの模索を考察する。

第4章「世界の女性史研究」は、人生の絶頂期の一九三〇年代に、世界の女性史研究を発展させるためにメアリが主導して設立した、「世界女性アーカイブセンター」の設立とその意義について述べる。次いで、石本（加藤）シヅエの* *Facing Two Ways* (1935) の刊行へのメアリの関わりと、日本女性史エンサイクロペディア編纂会を率いた石本（加藤）シヅエとの知的交流を描く。石本（加藤）シヅエは、メアリにとって日本の歴史における女性の力を描く上でのカウンターパートであった。二人は、戦前期にそれぞれ日本とアメリカの総力戦体制に反対したために、日本の軍事体制の監視下におかれ、あるいはアメリカの思想界から排除され、苦渋と葛藤を味わった。

＊ **加藤（石本）シヅエ**（一八九七―二〇〇一）本名静枝。女性解放運動家、政治家。二番目の夫は政治家加藤勘十。戦後最初の衆議院選挙で国会議員となる。戦前の著書 *Facing Two Ways*（船橋邦子訳『ふ

たつの文化のはざまから』青山館、一九八五）は欧米でベストセラーになり、日本占領の手引き書として占領軍に使用される。エセル・ウィードの私的婦人問題顧問として、戦後の女性政策を進めた中心人物。

第5章「憎悪の包囲の中で――第二次大戦下の著作活動」では、アメリカの参戦反対の意志を貫き、孤立する中で著した『アメリカ精神の歴史』『アメリカ合衆国の基本的歴史』『歴史における力としての女性』における精神史と女性観を検討する。

第Ⅲ部第6章「日本占領政策と女性解放」では、戦後交わされたエセル・ウィードとの書簡にみる、マッカーサーの婦人参政権付与とそれに対するメアリの評価、エセル・ウィードの女性政策に言及する。

第7章「メアリ・ビーアドが女性政策に及ぼした影響」では、エセル・ウィードを介してメアリの助言が日本の女性政策の進展にどのように寄与したかを明らかにし、「隠れた占領政策者」としてのメアリ・ビーアド像を浮き彫りにする。

第8章「『日本女性史――日本史における女性の力』では、戦前に石本（加藤）シヅエから送られてきた日本女性史エンサイクロペディアの原稿に基づいて執筆された『日本女性史』の構想と刊行に至る厳しい道のり、本書の意図と概要を描いている。本書は、戦争で引き裂かれた日本とアメリカ、さらに世界の女性たちのゆるやかな連帯を築こうとするメアリの強い意図をもって、一九五三年に合衆国と日本でそれぞれ *The Force of Women in Japanese Society* と加藤シヅエ訳『日本女性史――

日本史における女性の力』として刊行された。書簡で披瀝されるメアリの出版に対する強い期待と意志を明らかにする。

結語「メアリ・ビーアドの『歴史における女性の力』――今日的な意義」では、メアリの思想の核となった「歴史における女性の力」の論点をまとめ、それらが彼女をフェミニズムの前線に位置付けることを明確にする。今まで顧みられることがなかった日本におけるメアリ・ビーアドの存在と業績を明らかにすることによって、女性を歴史の主流に位置付けて統合史を構想するという、彼女の壮大な仕事を引き継ぐ私たちの責務を提示したいと思う。

第Ⅰ部　メアリ・ビーアドの形成

第1章　生い立ちから参政権運動へ　1874–1921

生い立ち

クエーカーの血

メアリ・ビーアドが世界の女性の資料を収集するという壮大な構想のもとに「世界女性アーカイブセンター」設立のための組織委員会を立ち上げた一九三五年のことである。彼女は子どもたちに遺言の形で、彼女の私的な書簡を公開しないように命じた。

これは私の娘ミリアムと息子ウィリアム――私の著作物の相続人――に対する遺言の追加条項です。私が書いた手紙は誰に宛てたものでも出版する権利を与えてはなりません。(1)

同様に親しく手紙を交わした友人たちにも自分の手紙を破棄するように頼んだ(2)。このようにメアリは、自分の私的な記録を公開することを避けて、私的な生活についてプライヴァシーを守ろうと努力した。それは夫チャールズの方針でもあった。しかしそのことは、女性たちに個人的な資料を「世界女性アーカイブセンター」に寄贈して公開するように熱心に説いたこととは完全に反している。なぜこのようにかたくなにプライヴァシーの保持にこだわったのであろうか。メアリとチャールズは、「個人的なことは思想やプログラムを公表することとは全く別なことである」という信条に従って、二人の個人的なことがらに対する世間の注目を避けたのである。娘のミリアムと義理の息子ヴァクツは、女性史研究者バーバラ・ツーロフのインタビューに答えて、ビーアド夫妻がこのような方針を堅持した原因の一つを、先祖のクエーカー(3)の血をひきついだ二人の家庭環境にあると強調している(4)。

また、戦前から交流があった高木八尺は、チャールズの死後、なぜ彼が所信を貫くことに強直であったかを、メアリに聞いたところ、彼女は、「博士の中にはクエーカーの血が流れており、同主義の下に少年期の教育がなされたからです」と説明したと述べている(5)。ビーアド夫妻に共通に流れているクエーカーの血は、暴力や戦争に反対する平和主義、奴隷制度などの人種差別や性差別に反対する平等主義など、生涯を通して二人の生き方を規定した大きな要因であった。この章では、このようなクエーカーの信念が培われた家庭環境や教育環境をみることにする。

インディアナポリスでの生活

メアリ・リッターは一八七六年八月五日、インディアナ州インディアナポリスの近郊で保守的な共和党の中産階級の裕福な家庭の七人兄妹の四番目の子どもとして生まれた。兄が三人、妹が一人、弟が二人で、メアリのすぐ下の妹とは七歳年が離れていたので、リッター家の長女としての地位を七年間保ち続けた。メソジスト教の熱心な信者で法律家の父エリ・フォスター・リッター（一八三八—一九一三）と教師の経験をもつ教養のある母ナルシッサ・ロックウッド（一八四一—一九一三）はともにクエーカー教徒であった。

メアリが子ども時代を過ごしたインディアナポリスは、アメリカ合衆国中西部にあるインディアナ州の中央に位置する都市である。インディアナという州名は「インディアンの土地」を意味し、最初の住人は紀元前八〇〇〇年頃に入ってきたパレオ・インディアンであった。以来ずっと移住性の先住民族が居住し、数千年の間に支配的な種族が次々と入れ替わった土地である。最初のヨーロッパ人が入ってきたとき、この地域は部族間の闘争の最終段階であった。一六七〇年代から百年間、フランスの支配が続いたが、フレンチ・インディアン戦争の結果、イギリス王国の支配下に入った。アメリカ独立戦争を経て、一八〇〇年にインディアナ準州が設立され、一八一六年インディアナが準州から州に昇格すると、合衆国連邦は連邦が所有する土地を州に寄付した。二年後の一八一八年に締結されたセントメアリーズ条約によって、当時の住民であったデラウェア族はインディアナ州中央部の土地の権利を放棄して、一八二一年までにこの地を去ることになり、連邦が新に購入したこの州の中央部の土地にインディアナポリスが町として創設された。その後北西ヨーロッパ系を中心とする入植者が移入してきた。メアリの父母はこれらの入植者の子孫である。メアリが、のちに著書でインディアンの文化に深い関心と共感をもち、女性の文化の多様性に言及しているが、このようなインディアナ州特有の文化と歴史と風土の中で、多感な少女時代を過ごしたことが、その考えに大きな影響を及ぼしたといえよう。

父と母の役割は当時の伝統的なパターンに従っていた。

メアリの母親、ナルシッサ・ロックウッドは、ケンタッキー州ブルックヴィル・アカデミーで学び、結婚までしばらくの間そこの教師をした。彼女の両親は、奴隷を所有した南部の地主階級であったが、南北戦争の前にケンタッキー州からインディアナポリスへ移住してきた。ナルシッサは婦人選挙権を支持する団体に所属していたが、指導的な参政権運動家ではなかった。

父親のエリ・リッターはクエーカー教徒の両親のもとに生まれ、社会活動家として有名であった。南北戦争時にインディアナポリスは、鉄道のハブ、交通の中心地となり、軍事上重要な基地となった。奴隷制度に反対して北軍側についたインディアナポリスからは、およそ四〇〇〇人の男子が志願し、七〇〇人が戦死したと推計されている。エリはデポー大学（当時アズベリ大学と呼ばれていたメソジスト系の大学）(6)に入学したが、大学を中退して、これらの若者たちとともに北軍に入隊し、クエーカー教徒としては異端のコースを選んだ。彼は激しい戦闘で数々の功績を挙げ、部隊長まで昇進している。

南北戦争が終わると、エリはナルシッサと結婚し、法律を学ぶために大学に復学した。戦争で目を損傷したエリは、ナルシッサの助けをかりてアズベリ大学の学業を終え法律試験の準備をした。ナルシッサは夫の視力が回復するまで、彼のために法律の本を読んで学業を助けた。結婚後彼女は子育てと家政にほとんどの時間を費やし、彼女の生涯についてはほとんど知られていない。

一方エリは禁酒運動の最も活動的な宗派であるメソジスト教会に所属し、この十字軍に彼の天職を見つけた。彼は家族に支えられて、やがて禁酒連盟の創設者の一人となり、めざましい活動によって禁酒党の大統領候補者の栄誉を得るまでになった。しかし彼はその申し出を断っている。彼の孫娘ミリアム・ヴァクツによると、エリは、一つの考えにとりつかれる凝り性の性格で、民事に強い関心をもち、インディアナポリスの最初の土地区画法の責任者であった。また共和国陸軍退役軍人組織の活動家としても有名であったという(7)。メアリはこのような革新主義運動の影響がいきわたった家庭で育てられたために、改革は人々のなかから生まれるという信念に共感し、労働者階級の智恵を信じるようになった(8)。

ナルシッサがメアリに与えた影響はほとんど知られていないが、ミリアム・ヴァクツは、「祖母は祖父より『はるかに世俗的』で音楽やダンスを愛し、『人生を楽しんでいた』。おそらく彼女は家庭に文化的な要素をもたらす女性の伝統的な役割を果たしており、それはメアリ・ビーアドの文化や美術への関心を高めたであろう(9)」と述べている。このことから、ナルシッサはメアリにとって、強い生命力をもつ女性のモデルとなった人物であると思われる。

メアリは、父の道徳への執着と人生を楽しむという母の熱情との両方をうけついだようである。しかしながら、メアリは、ヴィクトリア的家族の厳格さに息苦しさを感じていたかも知れない、とミリアム・ヴァクツは示唆している。[10] そのことが女性として、南部出身の淑女である母と改革運動家の父の関係を模範として見習うことを、彼女に思いとどまらせたのではないだろうか。

歴史は男女の協働の仕事である、というメアリの歴史観の原型は、彼女の家庭での両親の関係を見て形成されたとおもわれる。一九三一年に著した『女性を理解することについて』でメアリは、彼女の経験に基づいて、家庭の中で妻や娘が家政のみならず夫の仕事にとっても重要な役割を果たしていることを例示し、しかしそれは歴史の上では認められていないと述べている。[11]

デポー大学時代

では、メアリは大学時代どのような女子学生であったのだろうか。メアリは高校を首席で卒業後、彼女の兄たちと同じように、父が学んだメソジスト系のデポー大学に一八九二年に十六歳で入学した。そこで古代史と法律を学んだが学業は抜群であった。デポー大学は一八七一年に共学化し、四人の女子の卒業生を出していた。彼女は学業成績が最高位であったが、女性であるという理由で、全米優等学生友愛会（ファイ・ベータ・カッパ、Phi Beta Kappa。成績優秀な大学生・卒業生からなる米国で最古の最も有名なギリシャ文字クラブ）の会員として認められなかったために、非常に悔しい思いをした。大学時代の彼女を知っている当時の友人たちは、彼女のことを強い確固たる意見をもった女性であり、リーダーシップの潜在能力を備えていたと述べている。

当時は東部の大学では男子と同じ教育、中西部の大学では女子向きの職業教育が行われていた。メアリは、デポー大学に在学中は女子が受けられるコースは文学で、男子のコースは政治学であったと述べている。この伝統を打ち破った友愛会の二人の女性に出会ったことは、メアリにとって幸運であった。一人は今まで受け入れられたことがなかった政治学のコースに登録し、もう一人の友人は彼女に若い女性でも容易に社会的な慣習を打ち破ることができることを理解させてくれた(12)。彼女たちとの交友はメアリのフェミニズムに対する関心を喚起したわけではないが、少なくとも彼女の考え方の選択肢の幅を拡げる役割をした。

大学教育で彼女の知的な発達に影響を与えたのは、ドイツ人の教授、ヘンリ・B・ログデン教授である。彼はドイツ語を教えただけではなく、ドイツの古典とりわけゲーテを使いながら、ドイツの哲学、ドイツの文明からアメリカの文化にいたるまで、メアリに遠大な意識を開花させた。

チャールズ・ビーアドとの出会い

デポー大学でのメアリ・リッターの人生を決定する最も大きな出来事は、チャールズ・ビーアドと出会ったことである。二人は改革を目指す学者としてではなく、同じ社会的なバックグラウンドをもった普通の若者として互いに惹きつけられた。

チャールズ・ビーアドは、一八七四年インディアナ州ナイツタウンで、中西部に典型的な裕福なクエーカー教徒で共和党系農場経営者の家庭に生まれた。チャールズの祖父ネイサン・ビーアドは、ノース・キャロライナ州の地域のクエーカー教徒の集会で、メソジスト教徒の少女キャロラインとの結婚を正々堂々と述べたため村八分にされた。また黒人奴隷を北部やカナダへ逃がすためのネットワーク「地下鉄道」の活動に参加して、時々農場の煙突に逃亡者を隠していたので、父ウィリアム・ヘンリー・ビーアド（一八四〇—一九一三）は、南北戦争の前にコミュニティの大多数の人々の考えを受け入れることができなかった。チャールズの独立精神は、このようなビーアド家に代々受け継がれたクエーカー教徒の特徴であった[13]。

父はネイサン・ビーアドとキャロライン・ビーアドの一人息子で、高校時代から歴史や科学の本を愛読し、一八六三年にメアリ・J・ペインと結婚後は、大工、教員などの仕事に従事する傍ら、いろいろな地方を旅行し、その調査見聞記を新聞に寄稿し、ジャーナリズムで活躍した。また町の人々のために図書館をつくり、貧しい人々の救済に努めるなど社会活動家であり、詩人でもあった。子どもは兄クラーレンスとチャールズの二人であったが、弟のチャールズのほうが、幼少時代に父親の感化と教育の影響をより強く受け、その人となりが決定づけられたといってもよいであろう。

一八九一年にクエーカー系の高校、スパイスランド学園を卒業後、チャールズは地方のジャーナリズムで活躍した。一八九〇年代のインディアナではジャーナリズムに対する関心が高まり、父は地元の新聞『ナイツタウン・バナー』紙を買い取り、息子二人に経営を任せた。チャールズはジャーナリズムの仕事をエンジョイした。どんなにうまくその仕事をしたかは、バナー社から地方新聞のジャーナリズムの印象を書くように要請され、その記事が『キングナイツタウン』紙に掲載されたことから明らかである。

その後、一八九四年にこの仕事に別れを告げて、近くのデポー大学に入学、多感な青年時代を過ごした。大学ではウィーンのアメリカ領事として外交と政治の巧みな戦略と外交と政治の微妙な関係を経験したジェームズ・ウィーヴァー准将の授業に興味をもった。また当時の多くの青年たちとおなじように、ウィリアム・ジェニングス・ブライアン[*1]など、進歩的な反帝国主義者の演説に青春の血を沸かせた。大学で労働と社会問題の研究をし、三年生と四年生の間の夏休みにシカゴに行って、新興工業都市シカゴの、当時の苛烈な社会状況や労働条件の悪さ、市政の腐敗などに直面して非常な憤激を感じた。そこで彼が発見したことは、これまでインディアナの町で知っていたこととは全く異なったアメリカ、激しい階級対立の実態であった。同時に彼はジェーン・アダムズ[*2]のハル・ハウスを訪ねて、ハル・ハウスの人道的な社会事業をつぶさに見学した。それは青年チャールズの心を強く揺さぶった[(14)]。

＊1　**ウィリアム・ジェニングス・ブライアン**（William Jennings Bryan　一八六〇―一九二五）　米国の民主党の政治家、最も人気のある演説家の一人。大衆民主主義の支持者。平和主義、禁酒法支持者。

＊2　**ジェーン・アダムズ**（Jane Addams　一八六〇―一九三五）　米国の社会事業家・平和運動家・女性運

動家。一八八九年にハル・ハウスを設立し、セツルメントの先駆者として活躍。ソーシャルワークの生みの母。一九三一年にノーベル平和賞を受賞した。

二人の出会いはまさにドラマティックな出会いそのものであった。あるときデポー大学の学生たちが乗ったボートが転覆し、学生たちは湖に投げ出されてしまった。その時チャールズが湖の中から助けだしたずぶ濡れの女子学生がメアリ・リッターだったのである。(15) その後社交的でダンスが好きなメアリは、チャールズを数回ダンス講習会に誘った。しかし彼のダンスの才能は引き出されることはなかった。チャールズはメアリとは違い内気で、社交的ではなくダンスが好きではなかったからである。大学の同級生たちの記憶によると、チャールズは社交にはほとんど興味がなかったようである。それでも二人はサイクリングを楽しみ、一緒に本を読み勉学に励んだ。メアリはチャールズが何時間も彼女のそばに座って、フュステル・ド・クーランジュの本の一節を彼女に読み聞かせたことを記憶している。チャールズが一八九六年に調査したシカゴの労働者の実情やハル・ハウスでの経験を熱心に話して聞かせたために、メアリはその話に深い感銘を受けた。当時彼らは社会主義的な考えをもっていたようである。(16)

メアリはチャールズより一年早い一八九七年に大学を卒業し、グリーンキャッスル公立高校に教師として勤務した。そしてチャールズが大学を卒業した一八九八年に二人は婚約した。

チャールズの父は、息子を英国に留学させることがかねてからの夢であった。父の意向に沿ってチャールズはデポー大学を卒業すると、オックスフォード大学に入るために英国に留学した。大学で彼が私淑したウィーヴァー准将が推薦状を書いた。オックスフォード大学では、法制史の大家メイトランド教授の指導を受け、シドニー・ウェブ夫妻*の知遇を得た。彼は翌一八九九年秋に、いったん米国に帰り、翌年三月に二人は結婚した。チャールズ二十六歳、メアリ二十四歳であった。

＊ **シドニー・ウェブ**（Sydney Webb 一八五九―一九四七） イギリス・フェビアン協会の中心人物、妻ビアトリス・ポッター・ウェブらとともにナショナル・ミニマム論を掲げ、斬新的な改革を進めることを主張した。

英国留学――社会問題に開眼

一九〇〇年四月、二人は英国に渡り二年間滞在した。最初ビーアド夫妻はオックスフォードに新居を構えた。夏休みにはナップサックを背負ってヨーロッパ大陸を旅行して、農家に宿泊して、直接彼らの生活にふれた。その後マンチェスターへ居を移した。世紀転換期の英国は、激しい変動の時期にあり、労働党の発展を見る。そうした状況の下で、ビーアド夫妻は労働問題や社会問題に大きな関心をいだくようになった。二人の政治思想と歴史観は、オックスフォード時代にその礎石が築かれ、生涯続く二人の二人三脚が始まったのである。

ラスキン・ホール（労働者のための成人教育施設）の設立

チャールズは大学で英国正義と平和事務所の歴史を研究（これはやがて博士論文のテーマとなる）する傍ら、実践活動に興味をもち、労働運動の指導者たちと親交を深めた。英国でのチャールズ・ビーアドについて記憶されるべきことが二つある。一つは一九〇一年に処女作『産業革命』（*The Industrial Revolution*）を世に問うたことである。これは労働者教育という啓蒙的・実践的意図をもって書かれたものであるが、版を重ね、当時英国で大きな反響を呼んだ。そして多くの協同組合の集会に講師として迎えられた。

もう一つは、チャールズが彼の学生仲間である情熱的な理想主義者、カンサス出身のアメリカ人ウォルター・ヴルーマンと妻アン・L・グラフリン・ヴルーマンと共に、一八九九年二月にオックスフォードで、労働者のための夜間講座や通信講座を提供する宿泊型成人教育施設「ラスキン・ホール（のちのラスキン・カレッジ）」を創設して、労働者教育を実践したことである。

ウォルター・ヴルーマンは、カンサス州のパブリック・スクールで学ぶが、十三歳の時に家出して西部の州を旅し、一八八八年にハーバード大学に入学する。キリスト教社会主義者として、スラムの子供たちのために、公園や遊園地をつくるキャンペーンを熱心に繰り広げ、町の平和を乱したという理由で投獄されることもあった。一八九五年に資産家のアン・グラフリンと結婚した後、一八九八年にオックスフォード大学に留学するために英国にやってきた。ウォルター・ヴルーマンは当時チャールズより五歳年上の二十九歳で、労働者のための成人教育施設の設立は彼の発想であった。チャールズは、階級差別によって労働者階級が大学教育から排除されている当時の実情を打開するための方途として、彼のアイディアに共鳴して、オックスフォード大学のアドバイザーであるフレデリック・ヨーク・パウエル教授や有力な組合運動家に、このプロジェクトに協力してくれるように説得した。二人は社会民主連盟のメンバー、デニス・ハイアードを校長に選出し、労働運動のリーダーによるラスキン・ホール運営委員会を組織した。

チャールズは当時英国で広く読まれていた、労働とその文化的価値に関心をもつ美術評論家で労働問題の大家ジョン・ラスキン*の理想主義経済観に深い感銘を受けたので、ラスキン・ホールの名称は彼の名にちなんでつけた。ヴルーマン夫人（離婚後アン・グラフリン）はこの企画に高い関心をもち、ホールの立ち上げのための資金として六万ドルをバルチモアから送金した。彼女の財政的援助はラスキン・ホール設立に大きな役割を果たした。彼女は夫より深くラスキン・ホールの意義を理解しており、ホールとの関係は生涯続いた。アメリカに帰ったウォルター・ヴルーマンは、各地の講演で彼の労働者教育運動について彼の熱い思いを語り、各地にラスキン・ホールを設立した。チャールズが、結婚したばかりのメアリを連れてオックスフォードに戻ったとき、ラスキン・ホールの最初の受講生たちは、暖かく新婚の二人を出迎えてくれた。二人はそのことに強く心を打たれた(17)。

＊ **ジョン・ラスキン**（John Ruskin　一八一九―一九〇〇）　十九世紀イギリスヴィクトリア時代を代表する評論家・美術評論家、社会思想家。著書『近代画家論』『この最後の者にも』。

ラスキン・ホールは、大学の事業ではなかった。はじめは、会員である学生にすべての運営がまかされ、ホールでは彼らが作った陶器が展示、販売されていた。チャールズは最初の講師陣を確保し、労働組合や関連団体の協力を得て学生を集めた。その後次第に学生数が増加したために、システマティックな組織運営が必要となり、労働組合やその他の団体の積極的な援助を受けることとなった。スコットランド出身の労働運動の指導者で、政治家のケア・ハーディ*をはじめ多くの友人たちは、このプロジェクトに暖かい支援の手を差し伸べた。

* **ケア・ハーディ**（Keir Hardie 一八五六—一九一五） スコットランド出身の労働運動家。英国労働党を創設した。

チャールズは、受講生たちに社会主義や特別な救済方法について、公然と語ることはなかった。彼が聴衆に求めたのは、彼ら自身が生活の質を上げるために、状況を変えるにはどうすればよいかを自分で考えること「self-education 自己教育」であった。このパイオニア的な労働者教育運動は、英国だけではなく米国でも反響を呼び、大学をも巻き込んだ成人教育運動として広がっていった。のちに労働党の最初の首相となるラムゼイ・マクドナルド*は、この有能な青年に注目していたが、チャールズは英国の政界で活躍するかわりに、一九〇二年に米国に帰国し、コロンビア大学で歴史と政治学の勉強を続ける道を選んだ。

* **ラムゼイ・マクドナルド**（Ramsay MacDonald 一八六六—一九三七） スコットランド出身の政治家。労働党党首、首相（一九二四—三五）を務めた。

メアリは北部の工業地帯の光景に大きな衝撃を受けた。しかしすぐに彼女は、ラスキン・ホール関係の仕事――*Young Oxford* の執筆と公開講座でのドイツ語教育――に取り組んだ。メアリは英国工業社会が抱える中心的な厳しい問題を注視し、ヨーロッパの活動家と議論を闘わした。そしてケア・ハーディやラムゼイ・マクドナルドなど、初期の英国労働運動のリーダーとの知己を得たことは、彼女のその後の人生を方向付け、婦人労働者を支援するための草の根の運動に関わるきっかけとなった。のちに、ブルジョアジーとして裕福に育てられたメアリが、英国の工業の中心地で、労働者階級の生活の「恐るべき搾取」にはじめてふれた衝撃的な経験は、生涯を通じて彼女の考え方に深い影響を与えた、と次のように述べている。

四〇年以上前のイングランドでは、人々に親しく接することができ、それらの人々とのふれあいが私の人生の全進路を変えました。イングランドの最初の夜は、当時オックスフォード大学の学生であった新婚の夫と共にマンチェスターに泊まりました。私たちは街に散歩に出ました。夫は紡績工場の労働者たちが「生活している」地域へ私をこっそり案内してくれました。そこで側溝の中で酔っぱらった紡績工の少女たちが「歌っている」のを見たのです。「ぼくらは在りし時代のイングランドを偉大にしたブルドッグの血統を引く男の子なんだ」と。彼女たちは本当のことを歌っていました。この種の衝撃を受けたことが、私を自己満足の夢から目覚めさせました。そしてそのあとで農業経営者や「小作人」のことを理解するようになったのです。(18)

英国組合社会主義者の分析とアプローチは、滞在中のビーアド夫妻に大きなインパクトを与えた。またメアリはフェミニストで自我の強いヴルーマン夫人のなかに、アイディアを刺激する泉を見つけ、二人は生涯の友人となったのである。ヴルーマン夫人はメアリに、アメリカのフェミニスト、シャーロット・パーキンス・ギルマン*の『女性と経済』（*Women and Economics: A Study of the Economic Relation between Men and Women as a Factor in Social Evolution*, 1898）を紹介し、フェミニズムについて論文を書くようにすすめた。ギルマンは『女性と経済』で、不平等の物質的基盤を分析し、男女の関係が経済的依存関係になっていることが、両性の差異を拡大させているとして、家事労働の分析にメスを入れた。生物学的な性差が女性の家事・育児の役割を規定する説を否定して、女性は家庭の外に仕事をもち、経済的に自立して社会のために貢献すべきだとし、それを可能にするための具体的な方法として、共同の保育所や台所を備えた集合住宅を提案した。ヴィクトリア時代の性役割に対する説得力ある告発書であるギルマンの本は、メアリの歴史と女性への関心を喚起した。そして最初のエッセイをラスキン・ホールの『ヤング・オックスフォード』（*Young Oxford*）に発表した。

＊ **シャーロット・パーキンス・ギルマン**（Challotte Perkins Gilman 一八六〇―一九三六） 文学作品や評論を通して、伝統的な女性像や家族像に挑戦する新しいフェミニズムの理論を展開した。著書『女性と経済』。

その上、マンチェスターでは、道路を隔てた向いのアパートに灼熱の未亡人エメリン・パンクハースト*が三人の娘と一緒に住んでいて、ビーアド夫妻は彼女の「親密な友人」となった。パンクハーストは上流階級の社会主義者で労働者のシンパであったが、やがて婦人参政権獲得のために法律を犯すこともいとわないサフラジェット（戦闘的婦人参政権運動家）として世界的に有名になる。「私を婦人参政権運動に向かわせたのは彼女だ」と何十年も後にメアリは追想している。(19) パンクハーストやその他のさまざまなラディカルな革新主義者との交友関係は、彼女に婦人労働者の階級問題と救済形態としての参政権を重視するよう強く方向付けた。エレン・ノアが推測するように、メアリがフェミニズムへの関心を深めていったので、その影響を受けてチャールズは彼の「労働者」と「市民」のイメージに女性を包含するようになったのであろう。(20)

＊ **エメリン・パンクハースト**（Emmeline Pankhurst 一八五八―一九二八） 英国の過激な参政権運動家。爆弾テロを含む非合法的な戦術のため数回逮捕され、十回以上のハンガーストライキを実行した。

社会の発生に関する文化人類学的な研究のために、英国に滞在していたロシアのアナーキスト、ピョートル・クロポトキン*とは、「闘争よりも協力が組織的な改革にとって重要な要素であることを議論した」(21) と回想している。

＊ **ピョートル・A・クロポトキン**（Pjotr A. Kropotkin 一八四二―一九二一） ロシアの革命家、思想家、無政府主義者。著書『パンの略取』『相互扶助論』。

ラスキン・ホールでの経験によってビーアド夫妻はのちの人生で共有した「革新的な社会を目指すために活用しない無味乾燥な学問」に対する批判をかためた。メアリが代表作『歴史における力としての女性』で「学問の価値が少しでもあるとすれば、それは浅はかな博識ではない。学問は文明のための創造的な指針である」[22]と書いているように、ビーアド夫妻にとって、世界を解放することがもっとも重要なことであった。彼らは歴史の研究と叙述は、歴史の方向を変えることができるという信念を共有し続けた。メアリはそれを彼女の人生と女性史の仕事において貫き通したのである。

一九〇一年にマンチェスターで長女ミリアムが生まれると、ビーアド夫妻は熟慮の末、「今こそ家庭が必要だ」と決断して、翌年の一九〇二年にニューヨークにもどった。二年間の英国滞在中、メアリはラスキン・カレッジの設立に尽力するチャールズに協力するとともに、パンクハーストの戦闘的な婦人参政権運動や婦人組合運動に参加したのである。

婦人労働運動と婦人参政権運動家として

コロンビア大学から「自己教育」へ

ニューヨークでのビーアド夫妻のライフスタイルは、社会変化が急激ではなく、ブルジョアジーの栄華は破壊されることはないという暗黙の前提の上に立っていた。最初のうちはチャールズの父からの仕送りで、後にはチャールズの報酬で家計を支えた。彼はコロンビア大学のキャンパスの近くにガス灯で照らされた大きな堅固な古いアパートを借りた。メアリはそれを「グランド・セントラル・ステーションのようだ」ともじっている。一九〇九年にミリアムとウィリアムが八歳と二歳になると、彼らに田舎の生活を経験させるためにコネチカット州ニュー・ミルフォードにかの有名な夏の家をもった。(23)

一九〇二年に、ビーアド夫妻はコロンビア大学大学院に入学する。二人は主知主義の時代の形式主義と事実のための歴史的事実の発見に反対したために、友人を得るとともに敵もつくった。チャールズは一九〇四年、博士号を取得して同大学政治学部の講師として雇用され、助教授、正教授になり、英国から帰国後十五年間コロンビア大学でアメリカ憲法発達史と政治学を教えた。彼の講義は、その一回一回が完結した見事な講義であり、内容も斬新な研究の発表であったため、全米だけではなく諸外国からの学生の注目するところとなり、そのおかげでコロンビア大学の政治学教室の名は大いに上がった。日本からは高橋清吾*(のちの早稲田大学教授)が、留学生として一九一四年から一七年までチャールズ・ビーアドの指導を受け、博士号を取得している。

＊ **高橋清吾**(一八九一―一九三九) 大正―昭和前期の政治学者。コロンビア大に留学してチャールズ・ビーアドに師事。帰国後母校早大の講師をへて教授となる。実証的・科学的立場から日本の政治科学の確立につとめた。

他面では彼に対する風当たりも決して弱くなかった。一九一三年の『合衆国憲法の経済的解釈』(*An Economic Interpretation of the Constitution of the United States*)は大きな物議をかもし、非難と攻撃を受けた。しかしこの本は、経済的利害に光を当て合衆国憲法作成者の動機を再解釈し、「全人民」が憲法をつくったという法律家の伝統的な主張を否定した、チャールズ・ビーアドの最も有名な著書である。彼の理論は米国政治思想に一つの革命をもたらした。

チャールズがコロンビア大学で研究者としての歩みを着実に進める一方で、メアリは一九〇二年から〇三年まで大学院で社会学を専攻する。しかし大学院でのアカデミズムの偏狭さと男性の知識を教え込んで女性の意欲をそぐ高等教育にがまんができなかった。彼女は大学院を去って、ラスキン・ホールでの経験に基づき、「自己教育（self-education）」によって立つことを決心した。そして婦人のための労働組合改革と婦人参政権運動への道を進むことを選んだ。彼女はのちにこのように「自己教育」によって立つ生き方を選んだことを誇りをもって語っている。

私は「偉業を成し遂げた女性」でもなければ「キャリア・ウーマン」でもない……私は名誉ある学位を受けたことはない。私は彼らが言うものにたえることはできない。何に取り組んでいるかですって？　「自己教育」です。「自己教育」に精一杯取り組んだので私は自分の考えを十分に表現することができるようになりました。(24)

婦人労働運動から参政権運動へ

メアリは、長男ウィリアムが生まれた一九〇七年に、全米婦人労働組合連盟に加入して、一九〇九年ブラウス縫製女工ストを組織した。その時の活動を一九五一年三月一七日付エセル・ウィードへの書簡で次のように語っている。

あなたに話したかどうか分かりませんが、私は四〇年ほど前にニューヨークで設立された織物工場に少女たちの労働組合をつくるのを支援しました。そのときは誰か他の人の代わりで、年齢で言えば生まれたばかりの赤子同然の婦人労働組合連盟の会計として奉仕し、もっと自由に動ける人が見つかるまで、その仕事に最善を尽くしました。多くの少女たちがピケット〔スト破り防止のための監視隊〕をしたということで逮捕されたときには、少女たちが演台の上に座らされていたカーネギー・ホールで、抗議のための大集会を立ち上げました。その後再びこのような逮捕はなかったと思います。少女たちは一人も投獄されませんでした。(25)

ウィリアムが三歳になる一九一〇年の前から、メアリは子育てをしながら、自活女性平等連盟（参政権グループ）やニューヨーク婦人労働組合連盟などのいくつかの女性のボランティア団体で活発に活動するようになり、一九一〇年代初めに婦人参政権運動家、婦人労働運動家として姿を現す。一九一〇年から一九一一年の短期間、キャリー・チャップマン・キャット*が率いるニューヨーク州婦人参政権党の機関誌『婦人投票者』(*Woman Voters*) の編集担当をつとめた。しかし彼女の関心は働く婦人の問題にあったので、翌年それを辞めて、婦人参政権運動と働く婦人を結ぶ雇用労働者参政権同盟の活動にエネルギーを注ぎ、労働者階級の組織化をもくろんだ。

＊ **キャリー・チャップマン・キャット**（Carrie Chapman Catt 一八五九―一九四七）合衆国憲法第一九条の改正を求めて闘ったアメリカ婦人参政権運動の指導者。全国アメリカ婦人参政権協会（NAWSA）の会長。大規模な組織を背景に巧妙な戦法で政権に近づき、穏健さを印象づけることによって一般の支持を拡げ、一九二〇年に婦人参政権の成立に寄与した。

一九一一年に建物に閉じ込められて、ほぼ一五〇人の女性繊維労働者が焼死した「トライアングル社シャツ工場火災」という悲劇的な事件が起きたのち、メアリはニューヨーク婦人労働組合連盟（WTUL）の会計として、婦人労働運動に深く関わった。

一九一三年キャリー・チャップマン・キャットが市民的不服従の破壊的行為によって投獄され、国際的に酷評されたエメリン・パンクハーストを擁護しなかったことから、メアリはキャットが率いる婦人参政権協会と完全に縁を切った。その後婦人労働組合連盟の改革と、より急進的な参政権運動への道に進んだ。

同年、アリス・ポール[*1]とルーシー・バーンズ[*2]が議会組合（Congress Union、後の全国女性党（NWP））を結成すると、これに加わり、数年間、彼女たちの盟友として参政権運動に携わった。ポールもルーシーもどちらも、イギリスの戦闘的参政権運動家たちの中で訓練を受けており、全国レベルの政権与党（民主党）に圧力をかけて、憲法修正に向けた活動をすることによって、州毎の参政権達成のやり方に揺さぶりをかけた。メアリは全国女性党のリーダーたちが主張するシングル・イッシューには共鳴することができなかったが、このグループの主要な発起人として、記事を書き演説し公聴会で証言を行い、政治的なアプローチと派手な戦術に賛成して活動をともにした。一九一七年十一月初めに、彼女は参政権運動の監視員の投獄に抗議してニューヨークの代表を率いてワシントンD．C．へ乗り込んでパレードを組織した。

＊1 **アリス・ポール**（Alice Paul 一八八五―一九七七） キャットとは対象的な戦闘的参政権運動家。母の影響を受け参政権運動に関心をもつ。ペンシルベニア大学大学院で修士号を取得。英国のバーギンガム大学留学中にエメリン・パンクハーストとクリスタベル・パンクハースト母娘に出会い彼女たちの戦術に惹きつけられる。一九一〇年にペンシルベニア大学院で社会学博士号を二八年にアメリカン・ユニバーシティで民法の博士号を取得した。キャットとは異なる戦術で一九二〇年の婦人参政権獲得に貢献した。その後男女平等の憲法修正を求める闘いに挑み、一九七〇年代に多くの支持者を得て大きな運動になるが、未だに憲法修正による男女平等条項は実現していない。

＊2 **ルーシー・バーンズ**（Lucy Burns 一八七九―一九六六） アリス・ポールと共にＮＷＰを設立した過激な婦人参政権運動家。コロンビア大学、ヴァッサー・カレッジからエール大学に進学。教職に就いた後、ボン大学、ベルリン大学、オックスフォード大学で学んだ。参政権運動のきっかけは、パンクハースト母娘との出会いであった。ヨーロッパでアリス・ポールと合流し、アメリカに帰るとＮＡＷＳＡから離れて、議会連合（後のＮＷＰ）を組織して憲法修正を求めて闘った。

このような活発なメアリの改革者としての活動は、チャールズに大きな影響を与えた。チャールズはこのパレードに参加して行進しただけではなく、メアリの要請で、議会組合の機関誌 *The New Republic*（最近発見された革新系の政治誌）の地味な仕事に専念した。チャールズは、祖母が大きな農園を経営していた子ども時代の記憶から、女性が資源を管理していることを過大に評価し、女性の不利益は少ないと見ていたので、初めのうちは女性の投票権の必要性を理解することが出来なかった。チャールズがどうして婦人参政権運動に参加するようになったのか、その経緯について、彼女は、二人の激しい議論の末、彼はついに彼女に説得され婦人参政権の「積極的で勇敢な」支持者に転向したのだと、何十年ものちに息子に説明している(26)。

一九一〇年代初め、ビーアド夫妻はともに労働者の運動と地方改革の候補者のために、町を歩き回り階段を上って玄関のベルを鳴らした。戦後エセル・ウィードから女性の投票率を上げる方法について質問された時、メアリはこの頃の自分の経験を次のように述べている。

(地方選挙で投票率を上げるためには)戸別訪問をして回るのが大変ですが最も効果的なやり方だと思っています。私は女性の公民権行使のためにこの種のキャンペーンを多く実施してきました。そしてそれに対して、思いがけないさまざまな態度や理由にぶつかりました。キャンペーンで応援を求める私のアピールに対して、ある女性はマリア様が投票しなかったから応援しようとは思わないと答え、それからこれ以上の面倒に巻きこまれるのは御免被りたいとばかりに戸をバタンと閉めました。私はしばらくの間麻痺してしまって、これ以上ドアのベルを鳴らすことができませんでした。しかし、このやり方で活動することに同意した女性たちはキャンペーン活動が全部終わったときに、地区本部に報告することにも同意してくれました。そして私たちはみな、できるだけ実りのある充実した報告をしたいと思いました。それはできるだけ多くの主婦に話しかけることを意味していました[27]。

チャールズは、大学で教鞭を執る傍ら、大学外でも積極的に活躍するようになっていた。一九一三年にニューヨーク市政調査会で精力的に仕事をして、市政府の全体的な概観を知りたいと望む学生や一般市民のために、『アメリカ市政府――新しい動向についての概観』(*American City Government: A Survey of Newer Tendencies*, 1912)を執筆して出版した。ついで翌年には、高校の公民の教科書をメアリと共著で出版している。これは二人の関心から書かれたが、公民権の考え方をどうしても女子学生に教えたい、というメアリの強いすすめであった。ビーアド夫妻は教科書の中で社会を形成する市民権について、男子だけではなく、女子に向かって熱心に語りかけている。もちろん高校生の多くは女子学生であることをビーアド夫妻は熟知してのことである。「『公民科』はコミュニティ全体に関しており、女性はコミュニティの半分を構成している[28]」と述べて、母親、労働者、納税者、法律に従う市民として、女性は政治に深い関心をもつことは当然のことであると考えた。

この間メアリは、『都市における女性の仕事』(*Women's Work in Municipalities*, 1915)を構想しており、一九一五年に彼女の最初の単著として出版した。それにはメアリの参政権運動という政治的活動から新しいフェミニズム論への移行が述べられている。活動家としてのメアリ・ビーアドは、女性はもっと公共問題にコミットして市当局に助言すべきであり、そのことによって女性の活動が男性から認められるようになると主張した。フェミニストの理論家としてのメアリ・ビーアドは、彼女自身の労働運動や参政権運動の経験から得た知見を踏まえ、中・上流階級の女性が、男性よりもはるかに多くの自由時間を使って社会を観察して、環境問題や福祉事業のために市民としての重要な役割を果たしてきたさまざまな事例を列挙して、このような女性たちの仕事は、文明の進展における偉大な社会的力であると高い評価をくだしている。この本には、アメリカでの最初の幼稚園設立、公共図書館、移民のための成人教育プログラム、職業訓練校、公衆衛生プログラム、ソーシャルワークなど、都市において女性が行ってきたさまざまな業績と彼女たちの洞察力の物語が述べられ、国家の政治、外交、二大政党、組合の成立をテーマとする伝統的な歴史書には描かれていない異なった光景が描かれている。

一九一七年下旬、チャールズはコロンビア大学バトラー総長が三人の教授を解雇したことに抗議して、コロンビア大学を自分の意志で辞任した。チャールズ・ビーアドがバトラー総長によって解雇される、という噂を聞いた学生たちは抗議のデモをしようとしたが、教室に現れた彼は「インディアナにトウモロコシ畑があり、コーンを食べる豚がいる限り、チャールズ・ビーアドは誰にも頭を下げない」と演説したことを学生の一人は覚えている。[29] このようにしてチャールズは潔くアカデミズムの象牙の塔から離れた。ビーアド一家がコネチカット州ニュー・ミルフォードに住居を移したのち、メアリは全国女性党の諮問委員を辞めている。

平等権修正条項をめぐる対立から距離をおいて

一九二〇年代は、平等権修正条項をめぐる対立、いわゆる保護か平等かの立場の違いをめぐって、アメリカの婦人運動が分断された時代である。(30) 一九二〇年に憲法修正第十九条の批准によって婦人参政権が認められると、全国女性党は、アリス・ポールの独断に近い主導で、各種婦人団体が掲げる多岐にわたる提案（産児制限運動、黒人女性の地位向上、平和運動、法的平等だけではなく慣習上の女性の不利益を排除する方策など）を切り捨て、憲法修正によって男女平等を保障する平等権修正条項（ERA）の実現を目指す闘い（シングル・イッシュー・ポリシー）を進めた。これに反対してメアリの党からの決別は決定的となり、一九一九年正式に党を脱退した。

メアリがアリス・ポールの戦略に同意できなかった理由は二つある。一つは、男性がつくった基準に女性を近づけることによって男女平等の達成を目指すアリス・ポールの平等観を受け入れることができなかったからである。二つには、男女平等のための憲法修正よりも、働く婦人の保護立法を優先すべきだと考えたからである。即ち、彼女は、不完全な世界にあって現在を生き延びるためには、男女が異なった社会的役割とニーズをもっていることを認識することが必要である。最終目標は何であれ、人々は一日一日を生きるのであり、母親あるいは将来母親になる多くの働く婦人と子どもの保護が、社会全体の人間的な改革に向けての第一歩であると考えた。一方アリス・ポールにとっては、平等という絶対的正義の原則は組織と闘争のために必要な理念であり、譲歩は究極的な成功の障害でしかなかった。アリス・ポールは日々の生活のニーズに目を奪われると、長期的な目標は達成できないと考えた。(31)

メアリ・ビーアドのように激しくアリス・ポールに反対するフェミニストはほとんどいなかったが、彼女の考えは労働規制法成立に貢献したフローレンス・ケリーなどのフェミニストや、初代婦人局長のメアリ・アンダーソンなど、工場労働の職種では女性には男性以上の保護が必要であるとして母性保護の法制化に尽力していた労働分野の女性たちに共感をもって受け入れられ、共有された。革新主義時代に社会改革と婦人参政権運動を経験したメアリは、プラグマティックな政治的機知を身につけ、階級とジェンダーの重要性を深く認識するようになっていたのである。

しかし他方で、メアリは、女性の活躍の場は家庭にあるとする古い女性観にたつ母性保護主義者のアプローチは、フェミニストが提示すべき社会的リーダーシップとしては不十分であるとしてこれを批判して、社会の形成者としての女性の役割を強調した。そして保護か平等かの単純な二者択一の議論から距離をおいた。

やがてメアリは全国女性党を脱退し、女性史の著述を中心とした生活へと移ることになる。メアリが非妥協的フェミニストと呼んだ人々に対する率直な批判と、歴史家としての後半の生涯は、この時代の革新的な政治活動を覆い隠して目立たないようにしているが、第二章で検討する日本での関東大震災後の支援活動や、第六、七章で取り上げる戦後の日本占領政策に対する助言が、このような初期の彼女の労働運動や参政権運動の経験と知見に基づいていることは注目に値する。

インフォーマルな教育の育成

ビーアド夫妻はラスキン・ホールの経験によって触発された「新しい教育」の考え方をもち続けた。二人は名声が確立した高等教育は、民主的な革新や社会的啓蒙といった目的を目指していないのではないかと疑った。チャールズはコロンビア大学を辞職したのちは、高等教育制度からの支援を頼りにしなかった。二人はそれに代わるインフォーマルな教育の育成に情熱を注いだ。一九二〇年から二一年には、合衆国労働者教育局の創設者の一員として、労働組合主義者とともに、労働者のための教育事業を促進しようとしたのである。一九二〇年にメアリが著した『アメリカ労働運動小史』(*A Short History of the American Labor Movement*)は、同局の「労働者の本棚」シリーズへの貢献である。この小冊子は一〇版まで達し、一九三一年にはマクミラン社から復刻版として出版されている。

二人は、大学で生まれた学問は何も生み出さないと批判し、高等教育の欠陥に怒りを表し続けた。メアリは、彼女の女性史への関心が深まると、文明への形成者としての女性の存在について沈黙している高等教育を激しく非難した。一九三五年の世界女性アーカイブセンターの開所式の挨拶のなかで、「今私たちがしている若い男女への教育は男性の歴史——男性の考えや方法——の教育である。この国の大学は男子の大学であろうと、女子大学であろうと、共学の大学であろうと、どこも文明や文化への女性の貢献を包括的に教えているところはない」[32]と指摘している。そして一九四〇年代から五〇年代に再び、彼女が大学の科目として強い反対を表明した「家庭経済」も、アメリカの高等教育の重要な提供物である「男性の」知識も、どちらも女性の教育には役立たないと考え、自ら女子大学と研究所を「具体的に」構想し計画した。このように伝統的な学問に愛想を尽かした結果、大学から距離を置いたばかりではなく、「アカデミックな」団体に所属することを嫌い、専門家という名前そのものも使おうとしなかった。代表作『歴史における力としての女性』の広告で、メアリは「如何なる学会にも属さず、研究家、著述家以外の肩書きを認めない」と明言している。[33]

共著の教科書『アメリカ合衆国の歴史』が出版された一九二一年から、一九四〇年代の終わりまで、ビーアド夫妻はともにアメリカ史の著述に専念し、他の事柄も一緒に行動した。彼らの活動の拠点はコネチカット州のニュー・ミルフォードの田舎の家であった。そこにはおそらく電話はなかったとおもわれるが、七〇〇〇冊の蔵書のある図書室が自慢であった。印刷された言語を通して、その家から旅をし、メッセージを送った。夫妻の存在は多くの知識人や政策決定者、外国からの訪問者、彼らの学生になりたいと志望する者を引き寄せた。日本から高木八尺、鶴見祐輔、[*1]蠟山政道、[*2]松本重治[*3]等がビーアド夫妻を慕って訪ねている。

＊1　**鶴見祐輔**（一八八五―一九七二）政治家・著述家。後藤新平の娘婿、鶴見和子と俊輔の父で、加藤シヅエの叔父。

＊2　**蠟山政道**（一八九五―一九八〇）政治学者。現代行政学の創始者。東大教授から衆議院議員、戦

後はお茶の水大学学長、国際基督教大学教授などを歴任。

＊3 **松本重治**（一八九九―一九八九）国際ジャーナリスト。エール大学など欧米の四大学に学び、東京帝国大学などでアメリカ史を講義。新聞連合（のちの同盟通信）の上海支局長、同盟通信編集局長、常務理事。戦後、国際文化会館理事長、アメリカ学会会長を歴任。

二人が学者として、また出版人として保持したライフスタイルは、現代の職業的専門家というよりも、十九世紀の有閑階級の歴史家と相通じるものであった。彼らは独特な知的一匹狼であった。そして講演を聴衆に聴いてもらうことを望み、臨機応変に他の人々と協働した。

第2章　ビーアド夫妻の来日

1922–23

第一次世界大戦終了から昭和初期にかけての十年間は、第二次世界大戦前において、日本とアメリカの文化交流が最も盛んに行われた時期である。一九一九年に哲学者ジョン・デューイ*が来日し、日米の教育関係者の交流が行われた。一九二二年には産児制限運動家マーガレット・サンガー、相対性理論のアインシュタインが来日して、人々に大きな話題を残して去った。続いて一九二二年にビーアド夫妻が後藤新平東京市長の招聘で、次いで関東大震災直後の二三年に震災復興院総裁となった後藤新平の要請で二度にわたって来日した。最初の来日は、夫チャールズが後藤市長に東京市の都市計画を策定するために、顧問として助言を依頼されたのである。二度目の来日は復興計画策定への助言であった。彼はその期待に十二分に応える仕事を残し、日米の知的交流に大きな足跡を残したことは誰もが認めるところである。

＊ **ジョン・デューイ**（John Dewey　一八五九—一九五二）　米国の哲学者。プラグマティズムの代表的思

想家。

妻メアリもまたチャールズに劣らない重要な役割を果たした。メアリの震災支援活動は多くのメディアで報道され、日本人の注目を浴びた。しかし帰国後彼女の名前は、人々の記憶から忘れ去られ、彼女の功績は長い間評価されることはなかった。

ビーアド夫妻の家族への聞き取りをもとに、チャールズ・ビーアドの伝記を著したエレン・ノアによれば、メアリは、「心優しい聞き役であり、夫と同様に偉大な能力をもった女性であった。チャールズほど引っ込み思案でも観念的でもなかったし、学者ぶってもいなかった」(1)と述べている。著しく感受性に富み、積極的な性格の持ち主であったメアリは、一九一〇年代に婦人参政権運動家として活動し、一九二〇年の婦人参政権実現に貢献した。その経験から、「女性のかかえる困難は政治的なこと」であると再定義して、市民として公共的な責任をはたすことこそが選挙権実現への道であると強調することで、女性の権限は道徳的であることである、とする同時代の婦人活動家の考えに反対した。それは日本、とりわけ参政権運動を推進していた日本の婦人指導者にとって、貴重な情報であったに違いない。彼女たちはメアリ・ビーアドの話に熱心に耳を傾けた。一九二三年の二度目の来日では、震災を機に初めて大同団結して結成された東京連合婦人会の顧問として、震災支援の援助と復興計画策定に女性の視点から重要な助言をした。それは震災支援や復興計画の全体構想を策定する上で欠くことができない視点であった。メアリ・ビーアドの復興計画に対する助言は、チャールズ・ビーアドの助言と対を成しており、相互に補完的な関係にあった。

メアリにとって、一九二二年と二三年の二度の来日による日本文化との出会いは、女性の視点から歴史を再構築する、という生涯の大仕事に取り組む決定的な契機となった。また来日で得た知見は、戦後日本の占領政策への助言と、一九五三年に出版した『日本女性史――日本史における女性の力』（*The Force of Women in Japanese History*）を構想するうえで基礎となったのである。

メアリは、来日が彼女に与えた影響とその意義を、つぎのように述べている。

> 私は二度の日本滞在中――大震災と大火〔関東大震災〕の前と後――、原始的なタイプの文明化の基礎に始まり、封建権力や内戦〔戊辰戦争〕を経由して、中央集権国家の形成〔明治維新〕と資本主義の興隆にいたる今日までの日本についてあらゆる歴史の全過程を観察し研究することができました。日本の舞台は実際にあらゆる歴史の全過程を描いており、私は観客として多くの時間をかけてこれを発見してきたのです。女性たちによる原始的な麦踏みが日本の農村で今でも行われているのを見たことから私は原始文化における女性の持ち分の生きた証拠を得ました。氏族社会の伝統が骨の髄まで染みついている女性たちと交流することによって、封建主義が存在した場所でのその実際の姿をつかんだと思いました。男女平等のフェミニズムの教義に染まって、それを何かとても新しいことのように受けとっていたブルジョアのサークルの「現代女性たち」と出会って話をしたとき、歴史の解釈の不十分さを実感しはじめました。……私が男女の関係についての私のとらえ方を分析し、この件について考えをめぐらせ、それから長

い歴史の中の実相を研究するという困難な仕事に没頭し始めたのは日本に滞在したあとからでしかありません(2)。

では、ビーアド夫妻は日本でどのような経験をして、当時の日本をどのように見ていたのか、そしてどのような貢献をしたのかを具体的にみてみよう。

一九二二年の来日

チャールズ・ビーアドの貢献

チャールズ・ビーアドは、一九一七年にコロンビア大学のバトラー総長が独断で教授三人を解雇したことに抗議して大学を辞任した。間もなく、科学的調査に基づく市政学を築いた組織として名高い「ニューヨーク市政調査会」の理事に推され、都市行政職員の研修所所長をつとめた。革新主義の時代には、都市の政治の腐敗が暴かれ、市政の合理的改革が大きな課題となっていた。彼の政治学の学識に基づいた調査の指導により、ニューヨーク市の市政が良い成果を収めており、彼の実績は高く評価されていた。

後藤新平は、明治の後半、台湾総督府民政長官や満鉄総裁として調査機関を設立して学術的分析を徹底させ、現地の状況を把握した上で都市改造に手腕をふるった「調査の人」として有名である。

一九二一年に東京市長に就任すると、東京市改造に同じ態度で臨んだ。後藤新平とチャールズ・ビーアドは顔を合わせて直接話したことはなかったが、娘婿である鶴見祐輔を通じてすでに二人は志を通じ合わせる友人になっていた。鶴見祐輔は前年ニューヨーク市政調査会でチャールズ・ビーアドの講義を聞いていたので、すぐにコンタクトをとったところ、彼から次の助言を得ることができたのである。

米国市政の腐敗は久しいことでありましたが、その改革運動はしばしば試みられて、しかも常に失敗しました。それは感情的な正義感のみから出発した人道論では、市政のような複雑な仕事の改革はできなかったからです。そこで最近米国で起こってきました運動は、市政自身を科学的に研究調査して、如何にすれば悪政ができなくなるかの根源を突き止めることでした。それから抽象的な善政論から一歩進んで、具体的な政策を市政のために提供することでした。

この目的のために有志家によって組織されたのがニューヨーク市政調査会でありまして、その結果市政改革論者は、茲に初めて具体的の政策を持つようになり、また市政の現実的な検討も可能となり、次第に市政の腐敗が跡を絶つようになってきたのであります。

これが市政の腐敗を防ぐ、唯一の恒久的方法だと思います。故に東京市のために材料を送られるのでしたら、ニューヨーク市政調査会に赴かれて、これを研究してご報告なさい(3)。

そう言って、博士は、快くニューヨーク市政調査会の専務理事ルーサー・ギューリック博士*への紹介状を書いてくれた。

＊ **ルーサー・H・ギューリック**（Luther H. Gulick 一八九二―一九四五） 米国の行政学者。コロンビア大学教授、全米行政研究所所長。一九二一年から四〇年にわたってニューヨーク市政調査会理事長を務めた。

後藤新平はチャールズ・ビーアドの忠言により、一九二二年二月にニューヨーク市政調査会に範をとって東京市政調査会を創設したが、当時の日本においては全く新しい分野である東京市政調査会の事業を援助してもらうために、彼を顧問として招聘したのである。後藤新平は『東亜英文旅行案内』を東亜に関する知識を得る参考に資するためにあらかじめ米国に送ったので、ビーアド夫妻は来日の前に日本についてかなりの予備知識をもつことができた。この案内記は後藤が日本文化と日本精神を世界に宣伝し、「日本」を「世界」へ発信することを目的に、一九〇九年から一七年にかけて丹精を込めて印刷した、美術、文藝、茶の湯、庭園、演劇、能狂言に至るまで、日本の特色を様々な面から詳細に説明して文化的色彩を濃厚に盛り込んだものであった。これには細密な地図と美麗な写真が多数挿入されていた(4)。

チャールズ・ビーアドは、この後藤市長からの要請を快諾し、妻のメアリ、娘ミリアム、息子ウィリアムを伴って来日した。ビーアド一家の旅費、滞在費などをすべて自分たちで用意しての来日である。滞在中の住宅は、元東京市長尾崎行雄の娘婿、京浜電力株式会社専務の佐々木久二が提供した。日本に到着して間もなく、後藤新平の私邸での午餐会の席上で、チャールズはふと思い出したように言った。

「先日米国にご送付いただいた英文案内記は、拝見して、実に驚嘆いたしました。その内容の結構なことはもちろんでありますが、私の最も感服したのは、その文章であります。あれはマシュウ・アーノルド*の文体であります」[5]。

＊ **マシュウ・アーノルド** (Matthew Arnold 一八二二―八八) イギリスの詩人、文明評論家。

鶴見祐輔はこの一語を後藤新平のために通訳しながら、深い感激を覚えたという。チャールズ・ビーアドによって初めてこの英文案内記（『東亜英文旅行案内』全五巻、全約二五〇〇頁）の真価が理解されたと思ったからである。鶴見は、「この案内記の英文は横井時雄*の筆によるものであり、彼は横井小楠の嫡子で、若くしてエール大学に学び、深くマシュウ・アーノルドの文章と思想に傾倒し、生涯その文体を推重してやまなかったからである」と記している[6]。

＊ **横井時雄**（一八五九―一九二七） 明治・大正期の牧師、教育家、ジャーナリスト、政治家。同志社大学第三代学長。父は幕末の熊本藩士・儒学者・政治家として、幕府の公武合体運動に活躍した横井小楠（一八〇九―六九）である。

後藤新平が最初にチャールズ・ビーアドに求めたことは「日本の歴史、地理、住民、およびその風俗、人情に関する大衆の大要の知識を涵養すること」「日本の立憲制の運用および行政の実情に関して大体の概念を得ること」による徹底した日本理解であった。春山明哲は、「このことからいかに後藤の配慮が行き届いていたものであったかがわかる」[7]と指摘している。

後藤はチャールズ・ビーアドに四つの課題を示した。それは、①日本の大学生及び主要都市の市民の間に市政ならびに一般行政に関し深い興味を喚起すること ②市政調査会を助けて調査計画・図書館および調査方法を編成すること ③租税・課税物件評価・交通というような具体的な都市問題について米国の実例を要約して提示すること ④東京市長になったつもりで東京市政に関する報告書を作成し、自由に遠慮なく意見を披瀝することであった[8]。

チャールズは、この課題に沿って、同年九月から翌年三月までの半年間、市政調査会の進路と事業上有益な助言を行い協力をおしまなかった。彼は市政調査会参事（当時）田邊定義らの案内で、三河島下水処理施設、埋め立て塵芥処理施設、市立病院、市立図書館、小学校、市営住宅、渋沢栄一の養育院、市営簡易宿泊所、貧民地区など、東京市政の現状を知るのに必要な場所をくまなく実地調査をして助言を行い、アメリカの市政改革の実例についての資料を提供した。さらに東京、京都、大阪、名古屋、神戸の各市の大学、官公庁その他一般市民のために三十五回の講演を行い、市政改革の深い知識と経験に基づき、市民の自覚と市政改革との深いつながりを、日々の暮らしの問題に即して語った。そして最終的に簡単平明に書かれた市政に関する啓蒙書『東京市政論』(*Administration and Politics of Tokyo*, 1923) を報告書として作成し出版したのである。チャールズはとりわけ「自治 (self-government)」と「市民としての教育 (civic-education)」の重要性を強調して、東京をはじめ日本の市政に新しい息吹を吹き込んだだけではなく、都市問題に対する人々の関心を喚起したのである。

アメリカ近代史家遠藤泰生は、『東京市政論』は都市論という形を借りながら、日本人の外国理解の弱点をチャールズ・ビーアドが鮮やかに描いて見せた、一編の日本文明論であったかもしれない」(9)と評価している。

社会史家オリヴィア・ザンズは、ジョン・デューイとチャールズ・ビーアドの日本理解を比較して、デューイは参加型民主主義の足跡を発見できなかった当時の日本社会に隔たりを感じたが、チャールズ・ビーアドは当時の日本で近代化と民主主義を結びつけることができる、と考えた点で寛容で楽観的であったと分析している。「一九二〇年代前半の日本に彼が発見したのは、アメリカ現代文明と同じ機械工業文明が花開こうとしている東京であった。来日当時の日本は未だ民主的ではなかったが、革新的な計画を進めつつあり、高邁ではあるが空疎なレトリックではない、社会的知識の技術的方法によって日本は民主化へ導かれることができると確信した」(10)と述べている。

ビーアド夫妻は渋沢栄一[*1]、尾崎行雄[*2]、前田多門、蠟山政道、高木八尺、鶴見祐輔など日本の進歩的知識人との間に友好的な人間関係を築き、高橋清吾、松本重治などのアメリカに留学する日本人学生に対する指導と世話は懇切を極めた。このようにして二人は日本を愛する偉大なアメリカの知識人になったのである。

＊1　**渋沢栄一**（一八四〇―一九三一）明治・大正期の実業界の指導的役割を果たし第一国立銀行はじめ王子製紙など五百以上の会社を設立した。

＊2　**尾崎行雄**（一八五八―一九五四）　明治・大正・昭和期の政党政治家。一貫した政党政治の擁護者。一九〇三―一二年まで東京市長。

チャールズ・ビーアドは後藤新平が有した最も貴重な外国人知己であった。両者の意気がどのようにして相投合したのであろうか。鶴見祐輔は、その一つはチャールズ・ビーアドの「高潔なる心事」であったとしている。[11] その一例として挙げられるのは、チャールズが来日早々に後藤新平に言った次のような言葉である。

私は日本研究の好機会を与えたるものとして、今回のご招待を感謝します。従ってここに一つのお願いがあります。それは私の尠少なる努力に対して、何らの御礼をもしてくださらぬということです。金銭としても、またその他の方法によっても。[12]

チャールズは、「家族の滞在費は著書の印税があるから」といって、東京市政調査会からの謝礼を頑として受け付けなかったが、夫妻が離日するときに、後藤市長はほんの心ばかりといって一万円を無理に彼に渡した。チャールズは、そのうち二千円で市の公債を買い、これを市政調査会に寄付し、「後藤子爵市民賞」の基金として、毎年後藤市長の誕生日に青年男女、並びに少年少女を対象に論文を募集するよう求めた。そして「このことはせめて自分が東京にいる間は秘していてほしい」と固く口止めして去った。[13] メアリの強い意向で、論文募集の対象者に少女、女性を明示して、特に女学校生徒から自治に関する論文募集をするように頼んだ。東京市政調査会は提案を喜んで受けいれた。ビーアド夫妻の意図に沿い、戦前十一回、戦後一回、東京市の市内の男女の学生・生徒、教師、六大都市職員、市内在住の婦人、都民、団体などを対象に論文募集を行っている。

このようにして、チャールズ・ビーアドは後藤新平との固い絆を結び、数々の有益な提言と資料を残して、十二月十六日に信濃丸で台湾、上海、「満蒙《ママ》」方面へ視察の旅に出発した。

メアリ・ビーアドの貢献

■婦人参政権運動家との交流

メアリ・ビーアドは婦人労働と参政権運動に深い関心をもって来日した。来日に先立ってニューヨークで行われた『読売新聞』のインタビューに、その抱負を次のように語っている。

米国に於いては兎に角制度としては婦人参政権問題は解決いたしました。けれども実質に於いて婦人がどこまで国家の政治に貢献し得るかは、これからが本試験なのです。欧州諸国に於いても、世界大戦を通じて多くは婦人に参政権を与えました。けれども日本においてどうすべき乎と云ふ特殊な問題になれば、一概に論断することはできません。各国にはおのおの異なった歴史がありますので、時の政治制度は是等の条件に適合したものでなければならないのです。日本が日本婦人が果たして婦人参政の制度を必要として居るか何うか、この点も日本へ行って

十分研究して見ませう。(14)

ビーアド夫妻来日の翌日の九月十五日の『東京朝日新聞』は、「ビ婦人はまた参政運動の大立物――日本婦人をよく見たい」という見出しでメアリ・ビーアドを紹介している。「記者が『この日本では女子が政談や政治集会などに出席することだけが、やっと、今年の四月に許されるようになった始末で、迚もお恥ずかしい次第です』と云えば、側のビ博士も婦人も眼をまるくして『それは初耳です。それは一体どうしたわけですか』と驚いた風に『ともかくよくお国の事情を見なければなりませぬ』といった」と伝えている。(15)日本の現状を記者から聞いたメアリは、日本の婦人参政権運動に大いに関心をかき立てられた。

欧米各国の婦人参政権獲得の影響を受けて、日本では婦人参政権運動の萌芽が熟しつつあった。一九一九年十一月二十四日、平塚らいてうは大阪朝日新聞社主催関西婦人団体連合大会で「婦人の団結を望む」と題して講演をし、新婦人協会の結成を呼びかけた。翌一九二〇年三月二十六日、平塚らいてう、*1市川房枝、*2奥むめお*3を理事にむかえて結団式がおこなわれ、女子の政党加入、政談演説会の発起人や参加の権利を求める治安警察法第五条の改正のための対議会活動が展開された。二年間の活動の末、一九二二年四月二十日同法第五条二項改正が公布され、彼女たちはようやく政談演説会の発起人と傍聴の権利を獲得したばかりであった。日本の婦人指導者は米国の婦人参政権獲得に大きな関心をもっていたので、メアリはすぐに彼女たちのなかに多くの知遇を得ることができた。

＊1　**平塚らいてう**（一八八六―一九七一）　評論家、婦人運動家。エレン・ケイの思想と禅の影響を受け、一九一一年に青鞜社を設立し、雑誌『青鞜』を刊行し、恋愛と結婚の自由を説いた。二〇年新婦人協会を結成し、参政権運動を推進した。戦後は平和運動に尽力した。

＊2　**市川房枝**（一八九三―一九八一）　大正・昭和期の婦人運動家、政治家。教師、新聞記者を経て新婦人協会を設立。渡米してアリス・ポールの影響を強く受ける。ＩＬＯ東京支局勤務ののち婦選獲得同盟を結成して婦選運動の中心的役割を担った。戦時期に、大日本言論報国会理事となり、女子の動員の協力に関与。戦後公職追放処分を受けたが、五三年から二四年半の間参議院議員として政治浄化、女性の地位向上に尽力した。著書『市川房枝自伝』。

＊3　**奥むめお**（一八九五―一九九七）　大正・昭和期の婦人運動家・社会事業家。主婦連会長、参議院議員。新婦人協会結成に加わり、治安警察法第五条改正に尽力。一九二三年職業婦人社を設立し、機関紙『婦人運動』を刊行。三〇年婦人セツルメントを設立。戦時中は戦時体制を利用して婦人の地位向上や生活合理化を図った。四八年に参議院議員に当選、主婦連合会を創立して食の安全や物価問題に取り組んだ。著書『野火あかあかと』。

チャールズが研究や執筆に没頭している間、メアリはさまざまな場所に出向いて見学している。学習院女子部や実践女学校を創設した下田歌子[*1]、跡見女学校創設者跡見花蹊[*2]、東京女子医学専門学校を創立した吉岡彌生[*3]、自由学園創立者の羽仁もと子[*4]らを訪ねて、彼女たちが設立した女子教育機関を視察し意見を交わした。下田歌子は「完璧な知識をもっているふりをしないで、東洋が何を信じているかを知りたいという外国人に会えてうれしい」という意味の詩を贈ってメアリを歓迎した。[16]

マーガレット・サンガー[*5]の影響を受けて産児調節運動を開始したばかりの石本シヅエにはじめて会ったのもこの年である。後藤新平は娘愛子がシヅエの叔父鶴見祐輔の妻であったことからシヅエをビーアド夫妻に紹介したのである。

＊1 **下田歌子**（一八五四―一九三六） 明治・大正・昭和期の女子教育家、愛国婦人会会長。歌才に富み、宮中に出仕して昭憲皇太后から歌子の名を賜った。華族女学校学監兼教授。実践女学校を創立。

＊2 **跡見花蹊**（一八四〇―一九二六） 明治・大正期の教育者、日本画家、書家。一八七五年跡見女学校（学校法人跡見学園の前身）創設者。伝統的な女子教養科目を設け寄宿舎制度をとりいれ家庭的な指導に重点を置いた。

＊3 **吉岡彌生**（一八七一―一九五九） 明治・大正・昭和期の医者、女子教育者。一九〇〇年日本最初の女医養成機関・東京女子医学専門学校を創立。戦時中は大日本婦人会顧問、大日本連合女子青年団理事長を歴任し、四七年教職追放処分を受けた。その後東京女子医大学頭を務めた。

＊4 **羽仁もと子**（一八七三―一九五九） 大正・昭和期のジャーナリスト、教育者。教員を経て報知新聞社に入社し、日本最初の女性記者となる。雑誌「家庭の友」、「婦人の友」を創刊。家事と家計の合理化を提唱し、都市の中産階級の女性の支持を得る。自由学園を創立し、生活即教育をモットーに文部省令によらない女子教育を創始した。

＊5 **マーガレット・サンガー**（Margaret Sanger 一八八三―一九六六） 米国の社会運動家。スラム街の多産と貧苦の悪循環を痛感し、産む産まない権利こそ女性解放の基本であると考え、産児調節運動を創始。一九二二年以来数度来日し、とくに加藤シヅエに大きな影響を与えた。運動の発展とともに反体制運動から次第に優生学的な生殖管理への傾向を強めた。戦後は第三世界の人口増加に対処するため国際家族計画連盟を創設した。

メアリは農村にも足を運んだ。そこで農村婦人の農作業（麦踏み）を見学したことが、女性の労

働と文明の起源について深く考察するきっかけになった。(17)

■東京講演「文明への婦人の寄与」

メアリ・ビーアドは人々の要望に応じて何回か講演をしたようである。(18) 一九二二年十二月二日に行われた大正婦人会での講演「文明への婦人の寄与」(Women's Share in Civilization)(一橋商科大学如水会館)は、メアリが「有史以来女性たちは無視されてきたが、実際には人類の文明の発展に貢献をしてきたことに気づく必要がある」とはじめて語った画期的な講演である。メアリはこの講演で、破滅にいたる女性の原初的な技術について述べ、女性の技術と産業を見た男性が、肉体的、知的力を使って女性を征服し、彼女たちを所有物の一つにしたのだと説明している。そして「多くの女性たちが読んでいるイギリスの小説家H・G・ウェルズ*の文明史『歴史概論』には、男性だけが描かれていて、女性が欠落している」とその男性中心的歴史観を批判した。「歴史書は不完全である――ただ男性の虚栄を満足させているだけだ」「このような過去についての説明は間違っているだけではなく、女性を意気消沈させて自信を失わせる」という以前からの彼女の主張を繰り返し、「過去の女性たちが今日の文明を築くのに貢献してきた歴史を知って、少しは自慢する時代が到来した。世界の女性たちは手を携えて、困難を乗り越えて未來の世界の進展のために努力しなければならない」と女性たちにリーダーシップを発揮して、社会的責任果たすことを促している。また古文書館や図書館には、女性が社会の建設と維持に果たしてきた重要な貢献を示す資料を置くことを提案している。そうすれば初期の社会で女性が工芸や平和的産業の創始者であったことを、図書館や博物館での調査によって証明することができる。実際に日本の博物館を見学して、日本の古代の女性たちが健康に良い果物や薬草を選び、酸味や毒性を取り除き、陶器をつくって貯蔵する技術や糸を紡ぎ織物を織る技術を発明したことがわかったと語っている。[19] この講演は当時のメアリ・ビーアドの歴史観を知る上で、非常に興味深い内容である。

＊ **H・G・ウェルズ**（H. G. Wells 一八六六―一九四六） イギリスの小説家。文明史『歴史概論』の著者。

ナンシー・コットは、メアリ・ビーアドは大正婦人会の講演で、O・T・メーソン[*1]やアンナ・ガーリン・スペンサー[*2]などの文化人類学者の著書を読み、母権制社会が聖書時代の家父長制に先立って存在していたという主張を反映したと思われる、と推論している。そしてスペンサーのエッセイが『都市における女性の仕事』に及ぼした影響について、次のように述べている。

＊1 **O・T・メーソン**（O. T. Mason 一八三八―一九〇八） アメリカの民俗学者。著書 *Woman's Share in Primitive Culture* (1894).

＊2 **アンナ・ガーリン・スペンサー**（Anna Garlin Spencer 一八五一―一九三一） アメリカの教育者、フェミニスト、婦人参政権運動と平和運動の指導者。著書 *Woman's Share in Social Culture* (1913).

スペンサーはエッセイの中で、男性が民主的な「人間の権利」を手に入れると相対的に女性は権利を失ったと述べ、原始時代と現代世界の関係に言及した。そして現代の国家が狭義の政治を超えてその社会的責任の機能を拡大し、「女性の領域」である社会奉仕を包含したので、政治体のメンバーとして女性の参政権が必要となったと主張した。おそらくビーアドは一九一三年か一四年にスペンサーの本を読み、スペンサーのアプローチを『都市における女性の仕事』において支持したのであろう――そして戦争中かあるいはその後にメーソンやモルガンの著作で原始時代の女性の重要性についてのより歴史的人類学的確証を追求したと思われる。[20]

ともあれ、大正婦人会での講演が日本の女性にどのような影響を及ぼしたかは不明である。加藤シヅエは、「あまり影響はなかったと思う」として、その理由を次のように述べている。

一度外国人の話を聞いても当時の日本の婦人指導者にはあまり影響はなかったと思う。アメリカの民主主義を最もよく理解していたのは津田梅子など少数の女性だけで、跡見花蹊、宮田脩（成女高等女学校三代目校長）、三輪田眞佐子（三輪田女学校創立者）、山脇玄・房子（山脇高等女学校創立者）などの女子高等教育者たちは儒教の良妻賢母主義で凝り固まっていて、ヒューマニズムやリベラリズムという言葉を聞いても理解できなかったと思う。この古い考えを乗り越えるには次の世代の登場を待たなければならなかったのです。[21]

日本から東亜への旅

後藤の行き届いたもてなしと配慮により、ビーアド夫妻は日本理解を深めるために各地をめぐる機会を得た。彼らはとりわけ奈良、京都の歴史的文化財や有名な旧家や庭園に関心を示し、日本の古い優雅な文化に価値を発見した。彼らは劇場に出かけて、封建的な生活やそれの西洋的な方法への移行によってもたらされる感情の衝突を扱った演劇に見入った。彼らは豪奢な家庭と質素な家庭の両方に連れて行かれた。また彼らにとっては新しい衣服（着物）の習慣の様式を見た。東洋と西洋の観念が混ざり合っている日本の都市は、すっかり、彼らを惹きつけたのである。

彼らの関心は日本だけに留まらず、極東の問題まで及び、後藤のお膳立てにより台湾、中国、朝鮮を訪れて見聞を広める機会をもったのである。[22]

台湾、中国、「満州《ママ》」の旅から帰ったときに、チャールズはしんみりした口調で鶴見に語った。「台湾に行って見て、初めて後藤子の偉大ということを知った。彼の台湾における仕事というものは、世界の植民史上特筆すべきものだ。満州《ママ》もまたしかり」[23]と。チャールズが感心したのは、後藤が至るところに研究所や調査局をつくって、科学的に研究しつつ、実際の仕事をしたこと、各都市に広い街路、公共建築物、市場、公園、病院、鉄道、学校、水道などがあったことである。この点を米国に帰ってから「調査の政治家後藤子」という題で発表している。

メアリは、のちにこの極東の旅行の意義を、「私たちは中国と韓国の至るところを旅行して台湾へ下っていき、そこから満員の小さなたらいでアモイや仙洞へ行き、そこから陸路で中国北西部と東北部（「満州《ママ》」）まで行きました。……母国から遠く離れることは、最初の主情的見地から異国の人々を見ると共に、より客観的な観点から自分自身の社会を見ることです。その両方の観点こそ価値があるのです(24)」と語っている。

一九二三年三月ビーアド夫妻は大きな使命を果たして帰国の途についた。

一九二三年の来日

一九二三年九月一日関東大震災が発生した。鶴見祐輔は当時の様子を次のように記述している。

大正十二年（一九二三）九月一日午前十一時五十八分四十四秒。

けたたましい音とともに、大地は大波のように揺れはじめた。家も樹木も怒濤を浴びた船のように振動した。

「地震だ！」

人々は取るものも取りあえず、戸外に飛び出した。しかし、その刹那には、誰一人としてそれが古今未曾有の大地震であったろうと気付いたものはいなかった。否、その夜を過ぎてもなお人々はこれがあのような大災害であったなどとは思っても見なかった。

その日の午後には、はや東京市内七十余カ所から火災が起こって、帝都の大半は炎々たる火焔につつまれていた。そうしてその焼けしきる劫火の中を家を失った百余万の人々が、狂気のごとく、揺れる大地の上を右往左往に逃げ惑っていた。

火の海、煙の渦、人の叫喚。

一切の形容を絶するかのような凄惨な光景であった。

それが関東大震災である。[25]

九月三日内務大臣兼復興院総裁に就任した後藤新平は海軍の無線を使って「大震災は東京の大部分を破壊した。徹底的な復興が必要である。できればたとい短時日でもよいからすぐおいでを願いたい」とチャールズ・ビーアドに招電するように鶴見祐輔に命じた。するとそれとは行き違いに、いち早く大地震のニュースを知ったチャールズは直ちに次のように打電してきた。

新街路を設定せよ。街路決定前に建築を禁止せよ。鉄道ステーションを統一せよ。[26]

これがチャールズ・ビーアドの最初の進言であった。

ビーアド夫妻が急遽太平洋を渡って、日本の土を踏んだのは十月六日朝であった。ビーアド夫妻が乗ったプレジデント・ジェファスン号が横浜港に停泊すると、黒い外套に鳥打ち帽を被ったチャールズは、厚いねずみ色のマントに身を包んだメアリと一緒に冷たい秋雨にうたれながら上看板にたたずみ今は廃墟となった横浜市街を眺めていると、調査会の鶴見祐輔、田辺参事、高橋早大教授らがランチを漕ぎ着けて出迎えた。「私の東京のお友達の安否は」メアリがまず心配に耐えられないように高橋教授に尋ねた。東京連合婦人会も東京復興に対する具体策を聴取するために会員を横浜に派遣していた。[27] 日本の婦人達のメアリに対する期待がいかに大きかったが推測される。メアリは彼らと固い握手を交わしながら、悲痛の面持ちで東京の友人たちの安否をたずね、「夫が東京復興という大事業をする間私は女力がおよぶ限り震災後の社会事業に尽くしたいと考えております」[28] と真剣に意気込みを語った。

横浜に上陸するや、すぐに夫妻は災害地を視察し、焼け跡に立って人々と話を交わした。夫妻は食糧とテントを持参し、罹災体験覚悟でやってきた。十月八日『東京朝日新聞』は、後藤が「あなたの御志は有難いが、今あなたには重い重い仕事をしてもらわなければならないので、まあそんなことをしないで」ということで帝国ホテルに宿泊することになったが、ビーアド夫妻は「悲惨な罹災者のことを思うと気がとがめて仕様がない」とホテルでの生活を非常に気にしていたことを伝えている。[29] チャールズは、一九〇六年のサンフランシスコの災害の教訓を生かして、「間に合わせの建設は不可、急がず復旧につとめよ」と適切な助言をし、復旧の参考案を提示した。後藤総裁に提出された「東京復興に関する意見」は、財政事情により即時に実現されることはできなかったが、第二次大戦後の復興計画に大きな示唆を与えた。

関東大震災救援活動の支援

メアリは、日本の婦人たちが大同団結して発足させた東京連合婦人会の関東大震災救援活動の支援に乗りだし、復興活動に対する助言に力を注いだ。彼女の行動は当時の日本の主要な新聞や雑誌などに写真入りで詳細に報じられたので、多くの人びとの関心をよびおこしたであろうことは想像に難くない。これらの報道から彼女の言動の基調にあるのは、『都市における女性の仕事』で論じた主張であることが明らかである。

■東京連合婦人会の設立

一九二三年九月一日の震災直後から救援に向けた各婦人団体の行動は迅速であった。九月三日、日本基督教婦人矯風会を代表して、久布白落実*理事等は東京市、東京府、内務省に出向き、支援を申し出る。支援活動は矯風会にとどまらず愛国婦人会、東京女子大学、日本女子大学校桜楓会、自由学園など各所で始められた。一九二三年九月二十六日、東京市社会局から乳幼児へのミルク配りを手伝ってもらえないか、という依頼を受けた久布白落実は、さっそく婦人団体や高等女学校校長など宛に手紙を書き、手分けして配った。

* **久布白落実**（一八八二―一九七二）　廃娼運動家、参政権運動家。徳富蘇峰・蘆花の姪。大伯母で日本基督教婦人矯風会会頭矢島楫子の強い感化を受け、一九一六年に同会総幹事に就任し、廃娼運動に取

り組む。一九二四年以降は婦人参政権期成同盟に所属して参政権獲得に尽力。戦後売春防止法成立に努めた。

九月二十八日、大久保の矯風会内東京婦人ホームに一二団体三四人が集合した。話し合いはミルク配りだけではなく、衣類をどう配るか、さらには復興のために何ができるか、という根本的な問題にまでおよび、婦人団体が大同団結して行動することを確認した。話し合いの中で、出席者の一人が「これは東京の婦人たちの連合じゃありませんか」といった一言によって、「東京連合婦人会」と名付け、これが第一回会合となった。この時の羽仁もと子の「理屈なしに実行から始めましょう」という発言は、連合婦人会発足への弾みとなったという。このようにして、関東大震災という非常事態の対応をきっかけに、東京の婦人団体が初めて思想や立場を越えて連携し、「東京連合婦人会」が結成された。発起人は基督教矯風会の守屋東*、事務所は矯風会内の東京婦人ホームとした。[30]二十七日に発会式を迎えた東京連合婦人会は、政府から五〇万円の資金を得て、臨時震災救護事務局と連携しながら救援活動をすること、五カ年計画で児童保護、婦人労働、婦人の地位向上の運動を起こすことを決めた。羽仁もと子、吉岡彌生、河井道、井上秀、大江スミ、平塚らいてう、山川菊栄、久布白落実など幅広い分野で活躍する女性たちが参加しての大同団結は人びとの注目を集めた。メアリ・ビーアドは東京連合婦人会の結成を喜び、称賛した人物の一人であった。

＊ **守屋東**（一八八四―一九七五）　明治・大正・昭和期の社会事業家、教育家、日本基督教矯風会理事。東京婦人ホームを設立し、東京連合婦人会の組織化と活動に尽力した。

昨年来の親しい友人羽仁もと子は、いち早くビーアド一家が滞在している帝国ホテルに自由学園の生徒を遣わし救援を求めた[31]。さっそくメアリは、生徒たちと一緒に街を走り回り、ミルク配りなどの具体的な支援活動に直接深く関わるようになっていた。羽仁もと子は、十月十五日から罹災児童が多かった本所の大平小学校で、二〇〇人の子どもたちに一〇〇日間給食を実施しようとしていた[32]。給食を提供する計画を聞いたメアリは、自分たちの滞在用にアメリカから持参した缶詰、ジャム、砂糖などの食糧を提供したいと申し出た。実際に給食つくりをしたのは、自由学園の卒業生たちであった。メアリは、大平小学校での最初の給食の日に招待されて、子どもたちと一緒に過ごした。

東京連合婦人会は、罹災者の支援にとどまらず、公娼制度の廃止にも熱心であった。後藤新平の孫である河﨑充代は、「メアリーは『公娼制度により収入が、政府に入ることは正しくない』旨の意見を表明し、震災後に公営の遊郭を復活することへの反対運動にも協力した。後藤も彼女らの運動に対して、『世間の支持があるのならば、対処しよう。がんばりなさい』との態度を示したが、当時の世論は、公娼を廃止することは、一般女性を危険にさらすことであるとして、この運動に対しては大変冷淡であり、実りは少なかった[33]」と述べている。

メアリ・ビーアドの助言

■復興事業に尽くす順序

市の復興の顧問としてチャールズが種々の計画を策定している傍らで、メアリは、すでに動き始めていた東京連合婦人会の組織的な救援活動と五カ年計画の策定に、顧問として関わることとなった。十月十三日の東京連合婦人会第三回総会は、メアリ・ビーアドが提案したケース・メソッドを採用して、調査カードを使った罹災者調査を実施し、メアリ・ビーアドが連合会の顧問となって対策をまとめることを決定した[34]。

この日メアリは会員を前に、婦人の復興事業のありかたについて講演している。メアリは、復興に向けた婦人の大連合が結成されるという期待と信頼が裏切られなかったことに感謝の意を述べたのちに、婦人の復興事業の順序は、まずバラックの中の乳幼児死亡率を少なくすることである、と生命とケアーを重視する「女性の視点」にたった支援を強調し、五カ年計画を策定するために、多くの女性たちの意見を集めるよう次のように助言している。

私は今回の東京の大地震をあの数時間後に知りました刹那、或事が私の心の中に閃きました。それは今度こそ日本の婦人が全部手を携へて立つといふことでした。それがここへ来てみて私の信頼が裏切られなかったことを感謝します。それから今聯合婦人会が「失業婦人に正業を与へよ」と叫んで従来の慈善根性を打破し人間の復興に着眼されたることは西洋婦人より一歩進んでいるといふことに驚かされました。……私は婦人の大合同団体が帝都復興に尽くしていく順序として年限を五カ年計画にしたならばと思ひ、先ず東京市で五年の後以前に増して立派な都にするためにあらゆる方面の意見を纏めなければなりません。……一人でも多くの婦人が合同して行けば行くほど婦人の意見も採用される訳です。

先ず婦人が考慮しなければならぬのは、あのバラックの中に住む乳幼児の死亡率を如何にこの極寒に向かって尠なくするか、これは重大な問題です。(35)

メアリは、そのために米国からもってきた妊婦と乳児用のベッド二〇床、食糧、八つの模範バラックの寄贈を連合会に申し出た。バラックは適当なところに建てて、衛生相談所として使用するよう提案し、連合会の事務所に図書室が設置されたときには、英語の本を寄贈するように取りはからいたいと述べている。さらに被災したバラックの人々を慰めるために、同伴した友人のノエミ・レイモンドが委員になって、音楽や舞踊や活動写真などの事業を始めるよう勧めている。

■東京連合婦人会の仕事は殿方の及ばぬ女の力

ではメアリは日本の婦人達の活動をどのようにみていたのであろうか。

メアリは、『東京朝日新聞』の取材に答えて、貧民救済その他の社会事業にめざましい活躍を見せている日本婦人たちは、欧米の最も進歩した国々の婦人たちに劣っていない、と東京連合婦人会の活動を高く評価した。そして、行政と婦人団体が協同して行動したことについて、「殊にこの際政府とあのような力強いしっかりした立派なサーヴィスを捧げることのできる婦人たちの団体との、協同コーオペレーションがなくては貴方に損です。労力と能率の無駄使いになるばかりです。児童のこと家庭のこと哺育のことは何と申しましても婦人に叶いません。それに社会上の仕事サーヴィスは実際のところ婦人が一番上手です」と婦人たちの活動の意義を強調している。また、婦人参政権問題との関連について、「婦人に参政権を与へることは避けがたい当然のことです。殊に米国では婦人が選挙権を得るのに一番大きな助けとなったのは婦人たちが成遂げた社会奉仕だったのです」と婦人による社会奉仕活動が、婦人参政権獲得のための鍵である、とその重要性を主張した。(36)

■婦人市政研究会で米国の婦人の社会奉仕活動とその意義を語る

十一月一日に、今後の復興計画を協議するために、婦人市政研究会が大隈会館で開催された。午前中に開かれた総会で、メアリは村岡花子[*1]の通訳を介して、吉岡彌生、坂本真琴[*2]、江口愛子、新渡戸こと子[*3]等三〇名の出席者を前に、米国における婦人の社会奉仕活動の経験とその意義について語った。

＊1　**村岡花子**（一八九三―一九六八）翻訳家・児童文学者。『赤毛のアン』や絵本を多数翻訳した。日本基督教矯風会理事。メアリ・ビーアドやマーガレット・サンガーの講演の通訳として活躍した。

＊2　**坂本真琴**（一八八九―一九五四）大正から昭和初年の婦人参政権運動家。治安警察法第五条一部

改正に奥むめおとともに尽力した。

＊3　**新渡戸こと子**（一八九〇―一九八五）新渡戸稲造の養女。

米国建国は婦人の働きがもととなって出来上がりました。女でも政治的なのは本来の性質です。男子はその政治的修練を学んでいるが同情心が足りない。女は習練こそないが同情心のあらわれたる社会事業の経験と知識とに富んでいます。……都市の衛生、幼稚園、夜学、職業教育、娯楽、家政の研究、母の会の如き事業は指導者もいない婦人達が必要にかられてやりましたが、後で市の役員達もこれはしなくてはならないものだと気づき堂々たる市の事業とされたものです。婦人の力は弱い。しかし全国的に調査したら婦人の社会的活動の偉大なることに驚くでしょう。婦人が自らの価値を知りこれを他に知らしむることが必要です(37)。

参集した日本婦人たちは黙って傾聴するばかりだったので、メアリは彼女たちの「意見を聞きたい」とこぼしてしまった。しかし午後の会議で「帝都復興婦人評議会」を立ち上げ、復興に関する重要事項が審議されたので、頼もしく思って退席した、とその場の様子を『報知新聞』は詳しく伝えている。

■「日本婦人は今や何をなすべきか」――復興計画の全体を理解して集団的に取り組むこと

『婦人公論』(一九二三年十一月号)では「日本の婦人は今何をなすべきか?」という問いに、メアリは、婦人の立場は男子の立場と本質的に異なっていないとした上で、復興計画の全体を理解することが大切であると論じている。なぜなら婦人が特に高い関心をもつ保健問題や営利目的の公娼制度、婦人労働、選挙権、直接参政権などは、その他の諸問題と深い関連をもっているので、それだけでは解決することができないからである。社会計画の規模が大きければ大きいほど、さまざまな婦人がさまざまな能力をもって、これに取り組むことができる。集団の努力によって婦人の意見を総合的にまとめること、そこから女性たちの確信と力と連携が生まれると強調している。そして、「東京の婦人は震災後自発的に救護事業に突進した。実に立派なものでさすがに東京の婦人と思われた。救護活動が暫時復興事業になるにつれて同じ勇気がより大きな組織にむかっていかなければならない。そうなれば婦人の復興事業は自然と認められるであろう[38]」と述べている。

都市の再興についての諸説

ここで『婦人の友』(一九二三年十一月号)掲載論文に基づき、平塚らいてうと山川菊栄の都市再興論とメアリ・ビーアドのそれを比較してみよう。

■平塚らいてう「新日本とその帝都の為に」における復興計画[39]

平塚らいてうは、大災害は市民の平生の心の態度（市民が都市と自分たちの生活との関係を理解しなかったこと）、歴史学者の警告を顧みなかったこと、科学的研究的精神を欠いていたこと、西洋文化の皮相な模倣でごまかしたこと、現社会の道徳的欠陥（たとえば利己主義や義務と責任感の薄弱）がもたらしたものであるとしている。都市計画案として東京市の土地を全部市有にすることが必要である。理想的な帝都を築くために最も大切なことは、都市という一つの共同生活體と自分の生活との密接な関係を悟り、新社会の基礎たるべき社会連帯の原理を各自の心に体得することであると主張している。

■山川菊栄「再興せらるべき東京について」における復興計画

山川菊栄は大災害の原因は資本主義の躓きにあるとしている。今後の復興のためには、土地の市有化ないし国有化の断行、文化の首都集中主義の是正、男女共通の最低賃金法の制定、男女共通の賃金制度、労働状態の厳重な監督と女子労働の保護、広く一般的な家庭の雑務を軽減するための幼稚園や保育所、公設炊事場及び食堂の新設が必要である。再生の東京に、震災や火災に対する予防的施設と共に市民の生活を安定にする諸制度、社会的施設を同時に要求する、と述べている。[40]

■メアリ・R・ビーアド「新都市計画と婦人」（“Women's Share in the Reconstruction of Tokyo”）

メアリは、東京市再建は男性が要求を満たすと同時に、婦人が要求を満たし、生活と活動の範囲を拡張するための機会だとして、ピンチをチャンスに変える具体的な提案をしている。

都市計画は以下のいろいろな側面で婦人の必要を満たすことが出来る。例えば、①個人としての必要（公衆衛生、清潔で豊富な水、食糧の迅速な配達取り扱いに関する設備、病院の事業、道路での事故や火事の危険、其の他の災難からの安全、交通の利便）、②子どもを育てる母親としての必要（安全な舗道、公園、青少年達の娯楽施設）、③働く婦人としての必要（工場を取り締まる安全法や衛生法、家庭と働く場所との距離）、④都市社会における家政に関する必要（生活費、公設市場、便利な運輸道路、商業地帯の分布や便利な場所に設置された学校）[41]

国民の生活は男性のみならず婦人の精神にかかっている。其の精神は、住んでいる社会の生活、労働、及び娯楽の状態によって養われる。婦人はこのことを理解して都市計画に於いて具体的意見を提案しようと努力することによって、女性の風紀を擁護することが出来る。[42]

以上見たとおり、平塚は厄災の原因は人びとの都市と個人の生活の関係についての無理解にあるとし、新しい社会形成のために、社会連帯の原理を体得するよう求めている。山川はその原因を資本主義の躓きにあるとし、震災災害のための予防的施設と共に市民の生活を安定させる制度、特に弱者である女性のための社会的施設を要求している。平塚と山川はともに土地の市有化・国有化を要求している点で共通している。しかし、当時の社会状況から判断して、震災を機にそのような急進的な社会変革進めることは非現実的であり、実現可能な着実な復興計画であるとは言いがたい。

一方メアリは、都市再建は男性と同様に女性の生活と活動の範囲を拡げるチャンスであるととらえる。その観点から、都市改善計画に個人としての要求と、その他の特殊な婦人の要求（母親としての要求、働く婦人としての要求、家政や消費に関する要求など）を具体的な意見として提案して、都市計画の全体的な構想に貢献する義務があるとしている。

メアリは、「女性の困難」を個別にとりあげて対処する方法には限界があると考えた。これに代わって、普通の生活において重要なすべてのことがら、女性の家庭をベースとした関心事は社会的（つまり、公共の生活にかかわる）であり、政治的（力関係とコミュニティに対する統治責任にかかわる）なことであると考え、都市計画全体の中でとらえることを提案したのである。メアリの復興計画は、チャールズのマクロな復興計画と対を成しており、相互に補完的で密接な関係にあった。

帰国を目前にして、メアリが日本婦人に残したメッセージは、「日本婦人の運動は西洋を模倣せず、日常生活の具体的な事実を基礎とした日本の婦人有識者の確信によって形成せられるでしょう。私の仕事は其の真価を日本婦人に知らせること、また日本婦人の真価を米国の婦人に知らせることです」という言葉であった[43]。

十一月十五日、帰国の途に就くビーアド夫妻は、東京駅で後藤復興院総裁、松本、長尾両副総裁、鶴見祐輔、東京市政調査会の人びと、東京連合婦人会の婦人たち、羽仁もと子が率いる自由学園の女子生徒五、六〇名に見送られ別れを惜しんだ。見送りの来訪客に向かってメアリは「優しい心持ち」を語っている。

賢くて、優しい日本の婦人がたは、東京の復興について必ず沢山な働きをされるでありませう。私は普選問題等について醒めたる婦人がたの運動が効果を奏する日の遠からざることを祈ってゐます。

国への土産は何も求めません。日本の美術や骨董を外国へ持って帰る人がありますが、お国の特有のものは永久に美しく、お国の誇りとして保存されたがいゝと思ひます。私は友人や子どもたちに土産を買ふお金があれば、柔らかい布団の一枚でも多く買ってバラックの寒さを凌ぐ人々に差し上げたいと思ってゐます。(44)

被災婦人から送られた、炎の中をくぐった男の児の人形を抱きながら、少女たちから贈られたバラと菊の花束をメアリは多くの少女たちへ向けて花つぶてのように投げかえした。別れを惜しむ人々の心と心の交流が、大勢の見送る人々に暖かい情景を感じさせていた。

ビーアド夫妻は横浜港正午発のプレジデント・ピーアス号で米国に向けて帰国した。

帰国の前日朝九時に、一人で人力車に乗り八十五歳の老体もすこやかに別れの挨拶に駆けつけた跡見女史が示した律儀さは、メアリの脳裏に深く刻まれた[45]。

帰国後メアリは、『女性市民』（*The Woman Citizen*）誌に「新しい日本女性」という論文を投稿して、四三の婦人グループが如何に早く東京連合婦人会を形成して災害に当たったか、その中の政治部から婦人参政権期成同盟が結成されたことを紹介するとともに、日本の大学が女性に開放されていないために、女性のための図書室が必要であると訴えた[46]。論文を掲載した『女性市民』誌は、読者に本の寄贈を呼びかけて、集められた本を日本へ送っている[47]。

石本（加藤）シヅエとの出会い

一九二二年から二三年の滞日中、メアリ・ビーアドにとって大きな意味をもつ出来事は、マーガレット・サンガーの影響を受けて、「産児調節研究会」を設立したばかりの石本シヅエ（一八九七―二〇〇一、本名静枝、のちの加藤シヅエ）との出会いである。後藤新平東京市長が石本シヅエをビーアド夫妻に紹介したことが機縁で二人は親しくなった。当時四十六歳のメアリ・ビーアドは二十五歳の石本シヅエにとって「思想と現実の生き方についての師匠として尊敬し親近感を抱く[48]」偉大な存在であった。一方メアリは、日本の文化や女性について多くの具体的な質問をして、シヅエから日本について多くを学んだ。

石本（旧姓広田）シヅエは、一八九七年、広田理太郎と敏子の長女として生まれた。祖先は旧福山藩の家臣で、封建的イデオロギーが浸透した家風の中で育てられた。父は東京帝国大学で西洋式教育を受けたエンジニアとして表向きは近代を装いながら、精神的には古い封建的信条に支配された人であった。母は東洋英和女学院で英語と西洋流の家庭経営を学んだが、従順を女性の美徳とする古い封建道徳の規範によって行動した。聡明で謙虚、利己心がなく、いつも家族への思いやりに満ちた女性で、子どもの教育に非常に熱心であった。

シヅエは少女時代の成長期に、二人の人物から大きな影響を受けた。一人は母の弟である鶴見祐輔である。祖父が亡くなったあと、十二歳年上の祐輔叔父は広田家の一員となり、シヅエと七年間共に暮らし、学校教育では得られない視野の広い知識と豊かな心を開かせてくれた。シヅエの思想に影響を与えたもう一人の人物は、『武士道』の著者として有名な新渡戸稲造である。祐輔叔父を含めた学生グループが、新渡戸先生をリーダーに読書会を結成して、月一度の会合は、順番に会員の家庭で開かれていた。ある日その会合が広田家で開かれ、話を聞く許可を与えられたのがきっかけで、彼から西洋文明と基督教ヒューマニズムについて学んだ。

一九一四年、十七歳で華族女学校（のちの女子学習院中等科）を卒業し、同年石本恵吉男爵と結婚した。石本男爵はシヅエより十歳年長で、洋の東西を問わず博識で社会問題への関心も高く理想主義者であった。夫が炭鉱技師として赴任した三池炭鉱での人々の生活は、想像を絶するものであった。妻や若い娘が上半身裸で狭い坑道を這いながら石炭を集める。暗闇で働く彼女たちの顔色は蚕のように蒼白で、話し方もたたずまいも女であるという意識から脱皮したように、恥じらいなどとは縁が無いように見えた。妊娠中の女性が臨月まで仕事を続け構内で出産することもよくあった。日常茶飯事に夫婦げんかはたえず、夫からの暴力は、母親から子どもへの暴力や育児放棄へと連鎖していた。三池で目にした炭鉱労働者の生活、悲惨な女と子どもの生活は、シヅエの生き方を大きく変えた。

一九一七年、炭鉱の町で長男新《あらた》を翌年東京で次男民雄を出産する。

一九一九年、二人の息子を母にあずけて、アメリカへ渡り、ニューヨークのYWCAバラードスクールに入学、職業訓練として秘書学と英語を学んだ。石本はシヅエが自立した女性になることを強く望み、シヅエはその意図を理解し、懸命に勉強に励んだ。シヅエのアメリカ滞在中の大きな出来事は、アグネス・スメドレー*の紹介でマーガレット・サンガーに出会ったことである。小柄で繊細な感じのマーガレット・サンガーの輝く瞳の中に見いだされる産児調節運動への強い意志と、女は自らの身体の主人公になれないうちは、真に解放されたとはいえない、という彼女の主張に深く共鳴し惹きつけられた。巡回看護婦として貧民窟をまわり、多産が貧困の大きな要因であることに気づいた、という彼女の話を聞いているうちに、ひしめきあって暮らしている三池炭鉱での悲惨な生活の記憶が呼び起こされ、自分に課せられた使命がひらめいた。そして産児調節運動を日本にも持ち帰ろうと決意した。

＊ **アグネス・スメドレー**（Agnes Smedley 一八九二―一九五〇） 米国の女性ジャーナリスト。著書『女ひとり大地を行く』（一九二九）『中国の夜明け前』（一九三三）など。

一九一七年のロシア革命後ずっとシヅエは、自分や家族から社会問題に関心を移す夫の変化に気づいていた。彼はニューヨークでIWW（世界産業労働組合 Industrial Workers of the World）の委員長ウィリアム・ヘイウッド[*1]や片山潜[*2]などの急進的な左翼に近づき、その影響を受け、ソヴィエト・ロシアへの入国を強く望むようになっていた。しかしその計画は、ソヴィエト・ロシアとヨーロッパ諸国との関係、日本大使館による干渉、男爵という称号に阻まれて実現できなかった。彼のロシア行きの挫折は、彼の人間性を甚だしく傷つけてしまった。シヅエは一九二〇年にバラードスクールを卒業すると、失意の夫と共に第一次世界大戦後の疲弊したヨーロッパの国々を視察して帰国した。彼女にとってヨーロッパへの旅は世界を知る大学であった。

＊1 **ウィリアム・ヘイウッド**（William Haywood 一八六九―一九二八） IWW（世界産業労働組合 Industrial Workers of the World）の委員長。

＊2 **片山潜**（一八五九―一九三三） 日本の労働運動の草分け、一九二一年にソ連に渡り、三三年にモスクワで死去。国際プロレタリア運動に大きな役割を果たし、ソ連は国葬により生前の功に報いた。

帰国後シヅエは自立への一歩を踏み出す。YWCAのミス・アンナ・バードソルの秘書として働き始めた。次いでミネルバヤーン・ストアを開店した。経済的自立と産児調節の宣伝活動のためである。

一九二二年三月、改造社の招聘でマーガレット・サンガーが中国、インドを経由して日本へ到着したとき、彼女の名声と共にその活動的人柄は、日本の産児調節運動に活力を与えた。日本政府は軍縮に加え、出産の減少を強要されるとしてサンガーの入国査証の発行を躊躇した。そのため彼女は停泊中の大洋丸の中で過ごさなければならなかった。三月十九日、幣原喜重郎*駐米大使の助言で入国許可が下り、産児調節の講演をしないという条件で、一カ月日本に滞在した。このようにマーガレット・サンガーの講演に公然と圧力をかけられると、メディアはこぞって彼女の活動を報じたので日本人にとって話題の人となった。

* **幣原喜重郎**（一八七二―一九五一）一九一九年駐英大使、二一―二二年ワシントン会議に日本全権大使として参加。協調外交をすすめる。戦後四五年内閣総理大臣に就任し憲法改正にあたる。

三月十四日、産児調節にふれないという条件で、『改造』が主催した五時間に及ぶ一〇の講義が同誌に掲載された。そのほかに医師及び薬剤師に限定した京都医師会主催の講演会だけが許可され、山本宣治*が通訳した。講義の内容は新マルサス主義と労働運動への提言であった。この時シヅエは産児調節運動を日本で広めるというマーガレット・サンガーの来日の目的はあいまいなものとなったと感じた。一九一四年に刊行した『女性の反逆』（*Woman Revel*）がコムストック法違反に問われたために、マーガレット・サンガーは裁判を避けて米国を離れ英国に渡り、そこで具体的な避妊の方法を学び、マルサスの過剰人口論と優生思想を紹介されてその影響を受けていた。アメリカ女性史の専門家有賀夏紀は、第一次大戦参戦後の米国の保守化と社会主義運動の退潮の中で、マーガレット・サンガーは、労働者を貧困から救済するための産児調節という階級的観点に代わって、優生学を前面に出して、医師と連携して、中産階級の支持を得る戦術をとるようになったと論じている。[50]

『性の歴史学』の著者藤目ゆきは、マーガレット・サンガーの産児調節論は、次第に優生思想的傾向を強め、労働者から離れたものとなり、来日したときはすでに社会主義と絶縁していたと指摘している。(51)

＊ **山本宣治**（一八八九―一九二九）生物学者、社会運動家。サンガー夫人来日を機に産児制限運動に従事。その後社会主義運動に接近し、第一回普通選挙で労働農民党から出馬して当選。治安維持法改悪に反対して活動中右翼に殺害された。

石本シヅエはマーガレット・サンガーを自宅に泊めて、私的な会合を開く手助けをした。また吉原、浅草などの公娼地区や私娼のいる地域、女工の生活の実態を学ばせるために、鐘ヶ淵の紡績工場へ彼女を案内した。この頃から石本シヅエは「日本のマーガレット・サンガー」として活躍することになるが、サンガーとは違い階級的視点を放棄することはなかった。

五月には早大教授安部磯雄[*1]、労働運動指導者鈴木文治[*2]、医師の加藤時三郎[*3]、山川菊栄、石本男爵らとともに、日本産児調節連盟を設立した。その趣意書には、①人口の増殖は国内の生存競争を激化させ、複雑な対外関係発生の原因となる、②家族においては過多の出産は妻の健康を害し乳児の死亡率を増大させ、児童の充分な教育を妨げる、③その結果人々の婚期を遅らせると同時に私生児の頻出、嬰児殺、堕胎罪その他社会的人道的不義不徳を起こさせる、④夫婦孰れかに悪疾を保持する場合に、子女の出産を阻止することも必要でなければならない。正当無害な方法によって産児調節を行うことは、決して反道徳的行為ではなく、社会的にも道徳的にも急務である、と示されている。[52] 石本シヅエは社会教育部門を担当して、サンガーの著書『文明の中枢』(*Pivot of Civilization.* 邦訳実業之日本社、一九二三年)を訳している。この本には優生学と中国人に対する人種偏見が述べられている箇所があるが、これを石本シヅエがどのように受け取ったかは不明である。

＊1 **安部磯雄**(一八六五―一九四九) 社会主義運動の先駆者。アメリカとドイツ留学後、早稲田大教授をつとめつつ社会主義運動に携わる。一九〇一年、片山潜らと社会民主党を設立、日露戦争で非戦論を唱えた。大正デモクラシー期に日本フェビアン協会会長になり、第一回普通選挙に当選して、社会大衆党党首となった。

＊2 **鈴木文治**(一八八五―一九四六) 労働運動指導者。友愛会(のちの日本労働総同盟)創始者。労働組合運動に尽力。第一回普通選挙で社会民衆党代議士。戦後初の選挙に出馬するが、選挙運動中に死亡した。

＊3 **加藤時三郎**(一八五八―一九三〇) 医師、社会運動家。ドイツ留学中に社会主義を知り、帰国後加藤病院を設立、病院内に実費診療所を開設した。一九一五年に加藤病院を改組して、平民病院を開設し社会事業を実践した。

ともあれ、石本シヅエは、産児調節の理論家というより実践家であった。何としても多産による貧困や、非合法の妊娠中絶による生命の危険から女性たちを救いたかった。一九三一年一月、産児調節を婦人解放の一環と位置づけ、平塚らいてう、河崎なつ、[＊1] 新妻伊都子、[＊2] 山本杉[＊3]とともに女性だけで日本産児調節連盟を設立し会長に就任した。そして運動のための教育、日本での産児調節運動や貧しい母親に対する産児調節事業を実施するために、マーガレット・サンガーに国際的連携を求めた。[53] サンガーから快諾の返事が届いたが、そこには、「運動は中絶を推進するものではないことを日本で広めてほしい」(54)という要請が提示されていた。石本シヅエはマーガレット・サンガーの趣旨にならい、随胎と避妊を峻別することによって、産児調節を社会的に認知させる戦略をとった。そのために一貫してバース・コントロールの意味を、「産児制限」ではなく、専ら避妊を推進する「産児調節」として使用していることは注目すべきである。

＊1 **河崎なつ**（一八八九―一九六六）大正・昭和期の教育者、婦人運動家。東京女子大学教授を経て西村伊作の文化学院創設にかかわる。戦後は参議院議員（社会党）、日本母親大会連絡会実行委員長等をつとめる。

＊2 **新妻伊都子**（一八九〇―一九六三）横浜の裕福な商店に生まれ、番頭と結婚するがほどなく離婚。一九一六年渡米してサンフランシスコ・ビジネス・カレッジのタイプ科と英文速記科を卒業。帰国後は一九二三年相互職業婦人会を創設、以後職業婦人運動家として活躍。一九三五年から日本女性史エンサイクロペディア編纂会のメンバーとして活動した。戦後は衆議院議員（社会党）、労働省婦人少年局初代婦人課長に就任。

＊3 **山本杉**（一九〇二―一九五）東京女子医専卒、医学博士。性医学者。戦後参議院議員として活躍。

ついで一九三三年に渡米してサンガーのクリニックで三カ月間実地指導を受けたのち、避妊器具、性教育用の模型などをもち帰り、一九三四年一月、サンガーのクリニックをモデルとした産児調節相談所を開設した。産児調節相談所は、一九三七年十二月、人民戦線事件で拘束されるまで活動を続けた。

興味深いことに、日本女性の参政権についてのサンガーの印象は、メアリ・ビーアドのそれとは異なっていて悲観的であった。サンガーは自叙伝で次のように語っている。

面会にきた労働組合の女性たちは、産業革命が女性を道徳的な奴隷にしたといっていたが、女性は男性に従属することになれてきたので、反逆を学ぶには永い時間がかかると思った。参政権の利益を知らないために参政権がすぐ実現するようには見えなかった。また女性たちは夫の世話になることを好んだので経済的独立の考えにも心を動かされなかった。着物を着た淑女は産児制限には目を輝かせ、啓示のようにそれの意味を理解して、目覚めたと言っていた。[55]

石本シヅエは西洋からの客人接待のベテランとして、マーガレット・サンガーをもてなしたと同じように、メアリを吉原へ案内した。のちにメアリはその時の見聞を、エセル・ウィードへの書簡で次のように述べている。

彼女は最も地位の高い「紳士」を護衛に私の娘と私を高級な遊郭の一つへ案内しました。長い時間そこにいて、見習いの小さい少女からマダム、さらに「知的な」円熟した芸者に会い話をして、この制度全体を学ぶ機会を得ました。若くて美しいフェミニストや有島伯爵と自殺を図った婦人公論の記者〔波多野秋子〕やその夜私たちに会いにやってきた私の友人も一緒でした。それは私が日本での内縁関係について「うわさ」や事実として知っていたことよりも多くのことを学ぶ絶好の機会でした。[56]

この時メアリは、遊郭を社会浄化問題として取り組む十分な準備ができていなかった。公娼制度の問題に本格的に言及するのは、戦後の民法改正が議論される戦後になってからである。

石本シヅエは夫と共に、一九二四年に再び資本主義の栄光の絶頂期のアメリカ合衆国とブルジョア・リベラリズムが揺らぎ始めていたヨーロッパ諸国を旅行し、国際的視野から日本を見直す力を磨いた。合衆国では、マーガレット・サンガーやビーアド夫妻に再会し、キャリー・チャップマン・キャット、ハリオット・スタントン・ブラッチ*など婦人運動家に会った。関東大震災ののち、シヅエが参加していた東京連合婦人会の政治部が、同年十二月に参政権期成同盟として結成され、本格的に婦人参政権運動に乗り出すと、石本シヅエは市川房枝らと共にその設立に関わり、中央委員として活動する。しかし参政権運動に全身全霊をもって打ち込むことは出来なかった。夫婦関係の破綻が立ちはだかったのである。シヅエは結婚当初から石本のあとをついて「ヒューマニズムからリベラリズム、そしてリベラリズムからラディカリズム」へむかって歩いてきた。しかし、彼女は、「もはや東洋のヒロイズムへの彼の道程に従うことはできなかった」(57)のである。

＊　**ハリオット・スタントン・ブラッチ**（Harriot Stanton Blatch　一八五六―一九四〇）　婦人参政権運動のリーダー。エリザベス・キャディ・スタントンの娘。改革への情熱は母から受け継いだ。ヴァッサー女子大学卒業後 *History of Woman Suffrage* を執筆。結婚して英国に移住し、フェビアン協会に属した。一九二〇年米国に戻り、婦人参政権運動に参加。全国女性党に参加し、第一次大戦後はアリス・ポールとともに平等権修正のための運動を進めた。

第Ⅱ部　歴史を書く——女性史研究の先駆者として

第3章　女性の視点からの歴史の再構築

1923−35

チャールズ・ビーアドとの二人三脚——『アメリカ文明の興隆』

一九二三年十一月、日本からアメリカへ帰る船の中で、ビーアド夫妻は極東への二回の旅行の見聞をふまえ、これまでとは異なった新たなパースペクティブで彼らの国を見直した。そして古い世界とは違って伝統がないが、過去の桎梏から自由な新世界を描きたいと考え、アウトラインを下書きした。[1]帰国後彼らは『アメリカ文明の興隆』（*The Rise of American Civilization.* 以下『興隆』と表記）の執筆に取りかかり、第一巻「農業時代」と第二巻「工業時代」を一九二七年に刊行した。

この本は包括的で系統的な野心という点で、チャールズ・ビーアドの前の全ての著書で扱われた政治的、経済的、法律的問題を大きく超えている。チャールズは、出版を前にマクミラン社の編集者であるカーチス・ヒッチコックへの手紙で、『興隆』が「紛れもなく」メアリとの共同制作であると主張し、「政治以外の構想はメアリ・ビーアドの関心と仕事による」「このような壮大な構想は一人で考えたことはないし、実行しようとはしなかっただろう」と説明し、個人的な言葉が広告に必要ならば、「私たちの著書は本質的に有機的な本である。砕けやすい分子の集合ではない。大陸の征服と二つの半球の戦場で不朽のエネルギーを示しながら、三百年間アメリカ人を前に進ませてきた、切れ目なく適時に役目を果たす内面的な推進力に近づこうとする試みである。それは経済的、政治的、文化的生活の統一の手がかりを明らかにする努力であるという言葉こそ宣伝すべき特徴である」(2)と主張している。

メアリは友人への手紙で、「批評家たちはしばしば、著作全体はチャールズ・ビーアドによるといっているが、彼との協同作業によって歴史的な精査の範囲を拡げたのは自分の手柄です。特に文化の側面——女性だけではなく——は私の第六感ですから」(3)と述べている。また十年以上後にマーガレット・グリアソン*への手紙で、「歴史は実際には宗教、文学、生物学などを含む人類の全体的な物語です。……チャールズ・ビーアドとの合作において、最初から私は政治、経済、戦争、政治、経済、法律といった歴史の範囲を拡げて、人間の発達のより広い側面をカバーしてきました。チャールズ・ビーアドは私の広い関心を受け入れ、私が出来ることは何でも認めたのです」と証言している。(4)

＊ **マーガレット・グリアソン**（Margaret Grierson 一九〇〇—九七） スミス・カレッジのソフィア・スミ

ス・コレクションの設立者。一九二二年スミス・カレッジ卒業後ブリンマー・カレッジで博士号取得後、一九四〇年アーキビストとなる。メアリ・ビーアドとの出会いがきっかけで女性史アーカイブの設立と発展に寄与した。

二人の共同作業の方法についてレポーターから質問されると、メアリは「私たちは叫びながら協働しているのです……私は世界一うるさいの。チャールズだって同じだわ。私は聞いてもらうために騒いで頑張り通さなければならないの」[5]と冗談を言いはぐらかしたので、彼らの秘密は暴かれることはなかった。彼らの娘ミリアムは歴史家エレン・ノアのインタビューに、「共著のアウトラインはいつもチャールズ・ビーアドが書くが、起稿の段階ではそれぞれが別々に研究し、その後に一緒に検討し、二人が満足するまで書き直しを繰り返した」と答えている。[6]

『興隆』は、チャールズが歴史的分析において卓越したテーマとして確立した経済的利害の視点を強調し、メアリが「文明」の概念を提供したことで大きな反響を呼んだ。『興隆』の序文[7]で、彼らは、「女性は人間の発展の全過程において、上層から下層にいたるまで戦時であっても平時においても、遺産の伝承者として美術や科学の担い手として関わってきた」と、以前からメアリが唱えてきた彼女の確固たるアイディアを示して、さりげなく文明の創案者としての女性の力に言及している。そして、「強い男」によって「男らしくない・女々しい」と見下された奮闘や努力がなかったならば、「広い世界には洞窟やバラックやむき出しの修道院の壁以外のものは存在しなかったであろう」と皮肉を込めて述べている。そして、とりわけ二十世紀の四分の一世紀のあいだに、今や女性は文明の主体となり、現代文明を展開するうえで、戦略的位置を占める存在になっていると論じている。なぜならば、「物の購買者としての力」が、女性たちを「現代産業が回転する心理的な錐体として市場と特別の関係」に置くからである、と楽観的な見方を示した。

これまでさまざまな改革に関わり、革新的な政治の現実を経験してきたビーアド夫妻は、『興隆』を専門家のアカデミックな関心を満たすだけではなく、知識のない一般読者の役に立つように読みやすい本にしようと努力した。『興隆』のメアリによる華やかな散文は、多くの読者を魅了し、歴史教科書として確固たる地位を築いた。

女性は文明の形成者――『女性を理解することについて』

一九三一年、五十五歳の絶頂期に、メアリは彼女自身の単著として、『女性を理解することについて』(*On Understanding Women*)を刊行し、長い歴史における女性への関心を明白に示した。これは有史以前の女性の貢献に関する文化人類学上の発見と日本、中国、ユーゴスラヴィアへの外国旅行での知見を踏まえて、文明の始まりと発展における女性の基本的な力を提示した最初の著書であり、共著で歴史家に近現代史を書くように奨励する夫の関心とはっきり分岐している。

メアリは、この著書で、「叙述された歴史――人間社会の主な出来事に関する知識の源――は、部分的で断片的であり、人間の世界を構成する半分の人間（女性）を無視している」[8]「均衡を取り戻す唯一の方法は、歴史の物語が再び開かれ拡げられて、戦争、政治、ゴシップや経済と同様に文明の全過程がとりいれられることであ[9]」り、そしてそのような歴史のみが、女性の理解に導くことができると主張した。

女性を理解することは文明の広い全コースを包含しようと試みることによってはじめて可能になる。私たちは文明の発展の中に、統治、政治、経済、生活と労働のさまざまな様態、教育思想、宗教、権力、階級、社会と家族、芸術と野望、性の生物学的文化的側面、これらの相互作用をみる。すべての事柄は他のすべての事柄と関連している。宗教、哲学、政治、商業、戦争は相互に関連し、女性と宗教、哲学、政治、商業、戦争、男性と宗教、哲学、政治、商業、戦争も関連しあっている。ここに男性と女性がつくりあげられる社会的諸力の作用と反作用が明らかにされる。[10]

このような文明の観念は、男性と共に女性を歴史の中心に位置づけることを正当化し、歴史に女性を統合するメアリの試みにとって極めて重要であった。彼女はのちに著した夫との共著『アメリカ精神の歴史』において、「文明」は中立的用語でも「文化」の同意語でもなく、むしろ未開の野蛮状態から人間的な生活への意図的な動きのための肯定的な象徴であると説明しているが、それよりもずっと前にこの著書でこの見解を展開していたのである。

メアリは、『女性を理解することについて』で、歴史的アプローチを明確に理論化しただけではなく、有史以前の女性の役割に関する文化人類学的発見を踏まえて、記述された歴史における女性の貢献について最初の書き直しに従事した。彼女の著書は女性が推進した定住社会の起源に関する論評に始まり、ヨーロッパ文明の標準的な歴史の頂点（ギリシャ、ローマ、封建的中世、啓蒙主義、帝国主義のヨーロッパ）に焦点を当て、これらの歴史のどの場面においても、女性とその活動が社会的・政治的生活と文明の過程の中心に存在していたことを明らかにした。

生命の維持と文化創造という女性の役割が公式には理解されていないのは、歴史家たちが階級分化の発生の分析に傾注して、分析カテゴリーとしてのジェンダーを無視し、女性の描写を欠落させてしまったからである。しかし女性は現実に存在していて、しかも世界の進展のあらゆる事柄に関わっており、それぞれの階級内で責任と特権を有していたことを、メアリは明らかにした。このことによって、女性は常に抑圧される存在であって歴史上存在しなかった、と主張して男性支配を強調するフェミニストの歴史観の前提を、真正面から否定して批判した。「序文」では、この本は「フェミニズム批判を強調しすぎる傾向があるが、それはバランスをとるためである[11]」と弁明している。

「エピローグと要約[12]」で、メアリは、次のように将来展望と結論を導き出している。

①もし資本主義が経済危機（恐慌）を乗り越えるならば、女性はもっと多くのことを要求し、社

会の分け前をより多く手に入れるようになるであろう。そして、職業やビジネスや学校に多くの女性が受け入れられるようになり、下層階級の労苦の現実を指摘してきた革命を黙殺するであろう。

②一方、初期資本主義の自由で寛大な政治的民主主義は、中産階級による独裁政治にとって代わられ、新たに登場したファシズム体制は、女性の自由に対して脅威となるであろう、という別の可能性も予測している。

③労働者としての女性の役割が強調されるソ連は、ブルジョア的な結婚形態が解体しつつある社会であると観察し、ソ連における女性の未来を懸念をもってみている。また現代社会はどの国においても、いままで家族に属していた機能が国家に奪われており、この傾向は一夫一婦制を脅かすのではないだろうか、と問いかけている。

④そして「フェミニストの批判はいかに正当であっても、不平等の悲しみは男女関係に内在するのではなく、特定の時代の所与の条件の反映である。ラディカルなフェミニストのいう男女の反目は将来目標を達成して消滅してしまうであろう」と予測して、「古い世代のフェミニズムが過ぎ去っても、自然の法則である永遠のフェミニズム、すなわち生命のケアーは存続するであろう」(13)と結んでいる。メアリにとって「自然の法則」と「永遠のフェミニズム」は比喩的な実在ではなく、歴史的な実在であった。

メアリ・ビーアドの全著作を通して、二つの女性観がみられる。すなわち、養育的素質は女性の属性であるとする女性観と、男性にみられるあらゆる種類の善と悪の特性を、女性もはっきり示しているという考えである。『女性を理解することについて』では、前者が前面に出て、男女の違い、女性世界の同質性、生命の存続・維持と文化創造という女性の重要な役割を強調している。本の扉を開くと、詩のカスケード（階段状に連続する滝のようなレイアウト）は、多様な型の「男性世界」と同一の型の「女性世界」の二つのセクションに分けられて、歴史家が捕捉したいと望むであろう「目の回る変化」を例示している(14)。のちの著作は後者に傾き、両性が活躍する一つの世界の存在を主張し、男女の闘争よりも、男女が協力して歴史をつくってきたことを強調するようになる。

男女のパートナーシップの強調――『女性たちの目からみたアメリカ』

次の著作、『女性たちの目からみたアメリカ』（*America Through Women's Eyes*, 1933）は、女性の作品から抜粋した斬新なアンソロジーである。『アメリカ文明の興隆』と同様、大恐慌の時代の作品にふさわしく、ブルジョアジーの蓄財に対して、鋭い批判の刃を突きつけたアメリカ史の物語である。『女性を理解することについて』と対立するかのように、この著書では女性と男性が協力して歴史をつくってきたことを強調している。

まえがきで、二つの女性観が示されている。すなわち、社会的歴史的考察によって「生命の中心

――そこでは生命の養育と保護の働きが効率よく続けられているか、あるいはこの基本的な文化的責任を自己の利益の追求のために切り捨てるか――幸か不幸かいずれの場合も女性は常に直感的かつ理性的に行動し思考してきたことを発見するだろう[15]」と述べて、社会の建設と同様に滅亡に果たした女性の盡力に言及している。しかし後段で、メアリは、「もしも歴史において原始時代から力が存在するとするなら、その力は女性である――常に不毛の思索から生命と労働の中心へ思考を連れ戻す直感的で活動的で思慮深い生命の継続者、保護者、保存者[16]」と述べて、女性の建設的な側面をより重視しようと試みている。

この本でメアリは「女性たちの目でみると、歴史は異なって見える」という前提で、「アメリカ社会の発展に対する女性の貢献――女性の活動と労働――についての彼女たちの考え、女性たちが書いた歴史についての考え[17]」を描こうとした。アメリカ独立革命や荒野への定住、社会改革、南北戦争、資本主義や帝国主義の時代に、男性と共に女性が生産的な経済変化をもたらす行為者であったことを繰り返し強調し、男女間の対立よりも歴史的なパートナーシップを記録しようと試みている。そのためにこの本は全体的に社会改革や奴隷制反対の歴史に多くの紙面を割いており、教育、政治、労働における男性による排他行為への言及が少なく、男性の排除に挑戦するために立ち上がった女性たちにほとんどふれていない。実際に参政権運動のパイオニアで、奴隷制に反対し、セネカ・フォールズの女性解放宣言（「主張の宣言」）を起草したエリザベス・キャディ・スタントン[*1]や、同じく奴隷制に反対し禁酒運動や参政権運動家として活躍したスーザン・B・アンソニー[*2]は、最も小さい存在となっている。

＊1　**エリザベス・キャディ・スタントン**（Elizabeth Cady Stanton　一八一五―一九〇二）　婦人参政権運動のパイオニア。一八四八年セネカ・フォールズの大会を企画し、独立宣言をモデルに一八条の不満を宣言した「主張の宣言」を起草した。「宣言」には「人類の歴史は男性による女性抑圧の歴史である」と様々な暴挙を列挙し、冒頭に、「代表なくして課税なし」の原則違反として女性に参政権が与えられていない事実を挙げ、不平等改善のための十一の要求に参政権を盛り込んだ。

＊2　**スーザン・B・アンソニー**（Susan B. Anthony　一八二〇―一九〇六）　婦人参政権運動のオーガナイザー。奴隷制に反対し禁酒運動や参政権運動家として活躍した。エリザベス・キャディ・スタントンとペアを組み強靭な意思で運動を牽引した実務家。

メアリは、十九世紀の女性の権利獲得運動は、「女性の第一義的関心事である生命のケアーと関連深い家内工業制度が工場制度によって破壊された」ときに引き起こされたものであり、女性の力の長い歴史のなかの、短いほとんど例外的な様相であると解釈し、女性史理解の枠組みとしての女性の権利の主張の意義を低く評価した。そして、女性が「労働者として管理者として受益者として分かち合った『堅実な』家庭経済と農業経済が資本主義という熱狂的な経済に変化したときに」、女性は「生き残りのために個人として闘わなければならなくなり」、男性と同じ様に「地位と収入と権力を得るための競争という観点から考えなければならなくなった」と考察している。(18)

メアリは序文で次のように現状を分析したうえで、状況を変えるための斬新な処方箋を提示する。

近代になると、大学教育を受けた有閑階級の女性は、男性の世界の論理を学び、男性の世界での平等権獲得を望んだ。女性の地位が徐々に向上するかのように見えたが、一九二九年の恐慌によって、それは歴史の一時期にすぎないことが明らかになった。なぜなら女性たちがようやく足場を築いた男性の世界は、多くの働く女性にとって夢の世界ではなかったからである。

このことを女性たちは苦い経験から学んだ。専門職女性は信奉者や学生たちを失い、路地には失業者があふれた。人文科学は経済や家族や地域や国家を生命の基礎である第一義的な機能との関連について考え始め、社会思想はすべての文化を文明に包含したので、社会での女性の役割、特に社会の存続に必要な家庭の守護神として、女性の役割を再考する時が来たのである。

今や政治的経済的構造が存続するか否かは、文化資源（cultural resource）と力（power）に依存すると認識されるようになった。従って社会の発展に対する女性の思想と行動は、必然的により現実的な扱いを受けなければならない。男性と同じ女性の概念は、子どものような妻、あくせく働くもの、慰み者といった女性の概念と共に消え去るであろう。そして私たちは、社会歴史的考察により、女性が女性であること、生命の中心において――そこでは生命をケアーし守るための機能が有効に働いているか、あるいは自己の利益の追求のために、基本的な文化的責任を放棄しているか――幸か不幸かいずれの場合も、常に女性は直感的且つ理性的に行動し思考してきたことを発見するであろう。

女性の第一関心事である生命のケアーと関連が深い家内工業システムは、工場制工業システムによって破壊された。生き残りのために、多くの女性たちは地位、収入、権力といった言葉で考えるようになった。そして狂気の市場競争の中で、平等を勝ち取ろうとしたために、家庭内の生産と管理の場を失ってしまった。彼女たちは人間（human being、労働力という抽象概念）という社会における競争の単位となり、女性としての特別の機能を喪失した。実際に「人間＝男性」として思考し労働する「抽象的な人間」であって、もはや女性ではないのである。

……

文明――今日の偉大な社会――が存続することができるとすれば、課題は生命の維持という本質的な目的のために政治的・経済的機能をもつ巨大な上部構造をつくること、同時にその基礎に安定した創造的コミュニティ・ライフを維持することである。……その場合……結局思想と行動において女性が常に関わることになることは確実である。(19)

本書では、女性たちの目でみると歴史は異なって見える、という本書の前提は、十分に記述され展開されているとはいえない。それはメアリがジェンダーの闘争を歴史に書くことを避けたからというよりは、男性の分野とされた公的場面における女性の活動に焦点を当て、主に男性とならんで発言し、活躍している女性を見つけることを選んだからである。男女の類似点とパートナーシップを示すメアリの意図は、多くの批評家が指摘するように、女性の倫理的な価値と社会的貢献を特徴付けることによって歴史を再現する、という目的をきりおとす結果となった。そのために、近年女性の歴史家によって、このアンソロジーは「補完的」あるいは「貢献的」歴史として分類されるものになってしまった。ナンシー・コットは、それは女性主体を歴史に取り入れることによって伝統的な物語を超えたが、男性によって定義された歴史的意味の枠組みの中に女性たちを位置づけたことによると分析している[20]。

自由放任個人主義＝フェミニズム批判

『女性を理解することについて』と『女性たちの目からみたアメリカ』の論調は、メアリのフェミニズムに対する考え方が、一九二九年の恐慌によって変化したことを暗示している。メアリのフェミニズムは、二十世紀初頭の市民運動、参政権運動、労働運動の中で鍛え上げられてきた。メアリ自身その頃の彼女は、もしも女性が投票権をもてば、建設的なさまざまな改革運動をより効果的に進めることができるであろうと考えていた。しかし一九二〇年の合衆国憲法第一九条修正によって、婦人参政権が認められるとまもなく、全国女性党——メアリ自身この党に所属して、選挙権獲得のために活動してきたのであるが——のリーダーたちは、「憲法修正による男女平等の実現」というシングル・イッシュー政策を掲げ、これまで女性たちが掲げてきた女性解放のためのさまざまな政策を切り捨ててしまった。

メアリは、このような全国女性党の立場が、個人的な野望と実力だけをベースに成功しようともくろむ専門職女性や女性実業家のそれと大きな違いはない、自由放任個人主義に基づいた男女平等の主張であるとみなした。恐慌が深刻になるにつれて、メアリの著書に新しくあらわれた見解は、このようなフェミニズムと個人主義の単純な同一化であった。

メアリによるフェミニズム＝個人主義に対する批判は、自由放任主義だけではなく女性が憧れる多くの男性モデルにも向けられた。平等は——彼女が考えるように男性のやり方の模倣を意味するならば——世界を脅かす偽の目的である、という考えが恐慌によって一層強められた。一九三〇年の論文「平等の後に来るもの」（“After Equality What”）では、「たとえ緊急の要求が生計を立てることであっても、ライムライトの名声の栄誉であっても、国民の必需品や生活資源を略奪する者との平等は非生産的な目的である」「彼女たちが反社会的で不合理な見解に踏みとどまるならば、専門職として昇進する機会は、革新的な社会または国家の見地から重要ではない。……一般にヒューマニティの良心を無視して進もうとする男性を一心不乱に模倣することは、女性の中の弱さであって——強さ——ではない[21]」と警告している。

批判の矛先は大学教育にも向けられた。同じ論文で「効果の無い大学教育において女性が頻繁にヘロデ王をこえるような暴虐を極めるのは歓喜よりも後悔の場合である[22]」と縮みあがるような厳しい評価を下して、女性は「大学教育」から利益よりも不利益を被ったと深刻に考えた。また一九三二年の論文「女性のための大学教育——有利か不利か」（“University Discipline for Women – Asset or Handicap”）で、大学における「男性の方法や流儀にみられる男性優越主義の教育は、女子学生のイニシアティブを打ち砕き、男性のリーダーシップと権威に何が何でも従わなければならないと信じ込ませる」と述べて、「男性によって導かれる大学のキャリアは女性の知的な弱さを緩和するよりむしろ深めると論じた学術論文は正しい[23]」と主張した。

大学教育を受けた女性が、人間社会と文化の創造は男性のリーダーシップによるものである、という典型的な男性の考え方を学んで明示すると、一層義憤をつのらせた。コットは「価値中立的とされる大学教育において、女性が男性の考え方を教化されることについてのメアリ・ビーアドの建設的悲観主義は、この時期の合衆国では実に独創的であった[24]」と指摘する。

一九三四年の論文「女性と社会的危機」("Women and Social Crises")で、メアリは女性の自由と平等を主張した十九世紀の二人の男性、ドイツの社会学者アウグスト・ベーベル[*1]とイギリスの自由主義者ジョン・スチュアート・ミル[*2]の名前を挙げて、彼らが唱えた女性の従属理論が、十九世紀の社会に大きな影響を与えたことに注意を喚起している。一八六九年のミルの著書『女性の従属』は多くのアメリカのフェミニストのバイブルであり、自由主義者にとって啓示となった本である。従属理論と男女平等の目的は、どちらも家内工業が機械経済に移行した時代に歴史的な存在意義をもち、歴史上有用であったことをメアリは疑わなかった。そして『ドグマ（教義）』は女性たちをしっかり結束させて親密なシスターフッドを形成し、アジテーションを単純化し、新しい方針で特権を求める闘争を継続するための情緒的な力を提供し、疑問の余地をあたえなかった[25]」と書いている。

＊1　**アウグスト・ベーベル**（August Bebel　一八四〇―一九一三）　ドイツの社会主義者。ドイツ社会民

主党を創設した。主著『婦人論』。

＊2　**ジョン・スチュアート・ミル**（John Stewart Mill　一八〇六―七三）　イギリスの哲学者、政治学者、経済学者。著書『自由論』（一八五四）『婦人の従属（女性の解放）』（一八六九）。

このように社会変革の主導者としてのメアリは、従属理論の有効性と意義を認めたが、しかしかつて有効にみえたこの考え方は、今では暗い裏通りへと私たちを導いていく、と強く感じるようになったのである。歴史家としてのメアリは、イデオロギーはあるときは進歩的であっても、また別の時には後ろ向きになることを認めた。

新しいフェミニズムの模索――『女性に影響を与える変化する政治経済』

一九三〇年代の半ば頃までに、メアリは、世界の経済的政治的危機がフェミニストに衝撃を与え、より「宇宙的で遠大な」覚醒をもたらすであろう、という新たな楽観主義的立場にたつようになった。最も楽観的な見通しでは、「粗野なフェミニズム」（十九世紀の「粗野な個人主義者」に対応してそう名付けた）は退《しさ》り、新しいフェミニズムが現れると推測した。新しいフェミニズムは、古いフェミニズムに比べて男性の模倣ではなく、より創造的でより建設的であって、貪欲（それ故に破壊的）ではない。古いフェミニズムには見られなかった政治・経済への女性の関心を示し、現実の帰属意識から離れて、集産主義者の視野にたつであろうと考えた。

一九三四年にメアリはアメリカ大学婦人協会の招請で「男女平等教育のためのモデルシラバス――講読と質問のコース」を構成した。シラバスの内容は、「序文」、第一章「男女平等への願望」、第二章「女性の地位に及ぼす国際的影響力」、第三章「歴史的ナショナリズム」、第四章「女性の運命の女性の決断」からなり、各章には、その章の目的と内容、討議のための質問、推奨される活動、参考文献のリストが掲げられている。

「序文」の冒頭で、シラバスの意図について、「個人主義的なイニシアティブと哲学を経験した後、再び集団主義の時代が到来した。すべてのアメリカ人の関心はニューディールに集中しており、このことは国家が男性の関心事であると同じように女性にとっても主要な関心事になったことを意味している。アメリカの女性は政治・経済的な出来事に多大な影響を受けている[26]」。しかし、大学教育はこのことを知る機会を提供していない。大学教育は男性の歴史における教育や判断を、女性に拡張しただけであると述べている。彼女がシラバスで培おうとしたのは、男女平等に向けた女性の闘争と、品位ある生活と労働全体と、安全のための包括的な要求を統合するというビジョンであった。これは同年に『女性に影響を与える変化する政治経済』(*A Changing Political Economy as It Affects Women*)として大学婦人協会から出版された。その内容は一九六〇年代以降の第二派フェミニズムによって提起された女性学教育を先導する先駆的なシラバスである。

経済危機が個人主義フェミニズムのイデオロギーに対するメアリの批判を先鋭化させ、新しいタイプの女性運動に対する希望を芽生えさせた。ビーアド夫妻は以前から経済的・哲学的個人主義と自由放任主義の前提に対して批判的であった。彼らの文明観のエッセンスは、『興隆』やメアリのすべての著書において予示されていたように、個人主義とは対照的な「コミュニティに根ざした集団的な協働」であった。

第1章で言及したように、一九二〇年代から三〇年代の平等権修正をめぐる女性活動家の分裂の中で、メアリは「女性保護は……依存という不愉快な考えを具体化する。平等は不愉快な『自由な男性』の社会的慣習を見落とす」と述べ、女性保護主義者と平等権主義者の派閥争いから距離を置いた。平等権主義者のアジェンダも女性保護主義者のアジェンダも、どちらも反社会的なアメリカの労働システムを変えることが出来ないと思ったのである。これに代わって掲げた彼女のアジェンダは、「必要な場合は州の援助がある、すべての人々のために多くの利益（plenty-for-all）を目的としたコミュニティのニーズに合った大規模な民主的協同組合計画」であった。この提案はビジョンの概要にすぎなかったが、「コミュニティのニーズに合ったコミュニティ計画」、「少数者の利益のためではない」「集団的協働主義」のアプローチを提案し、男女平等よりも生活と労働の良識と達成可能な安全を確保するために、「陣頭に立つ創造的なリーダーシップ」を女性たちに求めた。(27)

歴史事実の発見と歴史叙述

メアリ・ビーアドが人生の前半を生きた世紀転換期は、アメリカの批判的知識人が形成され、経済学者ソースタイン・ヴェブレン、[*1] 哲学者ジョン・デューイ、歴史学者ジェームス・ハーベイ・ロビンソン、[*2] アーサー・シュレジンガー、[*3] チャールズ・ビーアドによって形式的研究方法が打破された革新主義の時代である。歴史学の分野では、「新しい歴史学」の著者たちは過去を単なる過去としてではなく、現在と関連づけて理解する現在志向的な、相対主義的・機能的な歴史研究によって、経済的・社会的要因を考察し、軍事的、政治的解釈を優位とする立場に挑戦した。メアリは「新しい歴史学」を主張するグループに属し、歴史叙述の基本を提示した。彼女は、歴史において女性は中心的存在であることを具体的に示し、そのような女性の概念を歴史叙述の主流に組み入れることが必要であると主張した。

＊1　**ソースタイン・ヴェブレン**（Thorstein Veblen　一八五七―一九二九）　十九・二十世紀のアメリカの経済学者・社会学者。著書『有閑階級の理論』（一八九九）。

＊2　**ジェームス・ハーベイ・ロビンソン**（James Harvey Robinson　一八六三―一九三六）　「新しい歴史学」を創立したアメリカの歴史家。

＊3　**アーサー・シュレジンガー**（Arthur Schlesinger　一八八八―一九六五）　アメリカの歴史家。元ハーバード大学教授。「新しい歴史学」の流れを汲み、経済的要因を重視して、社会的要因にも配慮する広

い社会史的視点が特徴で、著書『アメリカ生活史』全一三巻で社会史学を確立した。

一九三三年、チャールズはアメリカ歴史学会会長就任に際して、「信念の行為としての歴史事実」をテーマに講演を行った。この講演で、彼は、歴史家は実際あるがままの過去を伝えることは不可能であるから、歴史の全体像を創造するために、しばしば不完全な記録に基づいて過去の出来事や事実を選ぶことを決して避けることが出来ないと、歴史叙述における主観性を主張した。

歴史叙述の主観性を考察するに当たって、ビーアド夫妻はベネデット・クローチェ*1の『歴史――理論と実践』(*History: Its Theory and Practice*)[28]から大きな影響を受けた。ビーアド夫妻は一九二一年か二三年に、翻訳された英語版を読んだものと思われる。とりわけ「あらゆる歴史は『現代史である』」、言い換えれば歴史的叙述は必然的に「過去についての現代の考えである」というクローチェの歴史観は二人に強く訴えかけた。チャールズの講演の二年前にメアリは、『女性を理解することについて』の参考文献に、クローチェの著書を挙げている。そして、ヘロドトス*2からタキトゥス*3、ポリュビオス*4からギボン*5、トライチュケ*6に至るまで、それぞれの政治的傾向を精査して、歴史家は公正無私であるというよりも、いかに党派的傾向が強かったかを指摘し、「すべての事柄――時間、空間、単なる誕生についての詳細、所属階級、まったく批判力のない感情の好み――は歴史家によって決定される」と記述している[29]。『女性たちの目からみたアメリカ』の序文では「我々が現代史と呼ぶところの社会の動きを理解する努力は、ますます広がりを見せている。このような社会思想の最近の傾向は顕著に見られ、我々は知的革命の真っ只中にいる、といっても過言ではない。とりわけベネデット・クローチェ『歴史──その理論と実践』やドイツの文化人類学者に見られる」[30]とクローチェの著書に言及している。

＊1　**ベネデット・クローチェ**（Benedetto Croce　一八六六─一九五二）　イタリアの哲学者・歴史学者・政治家。十九世紀末に流行した実証主義哲学批判から出発し、ヘーゲル哲学と「生の哲学」を結び付けて、精神の科学として哲学体系を確立した。政治的にはファシズムに反対して自由主義の立場にたった。「すべての歴史は『現代史』である」はクローチェの名言である。

＊2　**ヘロドトス**（Herodotos　生没年不詳）　紀元前五世紀のギリシャの歴史家。過去の歴史を詩歌ではなく実証的学問とした最初のギリシャ人。

＊3　**コルネリウス・タキトゥス**（Cornelius Tacitus　五五─一二〇年頃）　一、二世紀ころのローマ帝政時代の歴史家・政治家。帝政に批判的で、共和制を理想とした。

＊4　**ポリュビオス**（Polybios　紀元前二〇〇─一〇〇年頃）　古代ギリシャの歴史家。

＊5　**エドワード・ギボン**（Edward Gibbon　一七三七─一七九四）　イギリスの歴史家。著書『ローマ帝国興亡史』。

＊6　**ハインリヒ・フォン・トライチュケ**（Heinrich von Treitschke　一八三四─九六）　十九世紀ドイツの歴史学者、政治学者、政治家。ビスマルクの協力者。著書『十九世紀のドイツ史』。

ビーアド夫妻は、「歴史のアクチュアリティ（actuality）」──観察者から離れて、過去の世界で起こっていたこと、全く知られていないけれども実存していたこと──に対する確信をもち続けることにより、完全な主観主義や唯我独尊に至らなかった。チャールズの相対主義は、反科学主義、反経験主義ではなく、現代科学と調和し、その知見を利用した。メアリにとって、「実存としての歴史」という概念は、単なる道具ではなく、歴史に女性を蘇らせるという彼女の仕事にとって、極めて重要な抽象概念であった。彼女の「歴史のアクチュアリティ」において、女性は十分な役割を果たしていたのである。『女性を理解することについて』では、もしも「国家や国王、僧侶、貴族階級への女性の奉仕が歴史家によって描かれなかったならば、女性たちは『実存』しなかったことになる」[31]と述べている。ナンシー・コットが指摘するように、「断片的な偏った歴史記録と実際の過去との乖離を認識したことが、彼女の仕事の強い動機付けとなった」[32]のである。

第4章　世界の女性史研究

1935–39

絶頂期の一九三〇年代——「世界女性アーカイブセンター」の設立

「世界女性アーカイブセンター」の設立

十九世紀から二十世紀初頭にかけて、女性たちは参政権実現のために闘ったが、多くの若い世代の女性たちは、個人的な成功に関心を向けるようになった。それは学校教育における男性向きの教育のせいであり、女性の大学人が「男性的」な思考と行動をとるようになったのは、女性の歴史を知らないからだ、と考えたメアリ・ビーアドは、歴史における女性の貢献を教授する「平等教育」を広めるキャンペーンに乗り出した。しかし女性が記録から欠落しているならば、どのようにして過去と現在と未来を結びつけて理解させることができるであろうか。このような問題意識から、女性の記録の収集方法を模索していたちょうどそのとき、絶好の機会がハンガリー生まれの平和主義フェミニスト、ロシカ・シュワイマー*によってもたらされた。一九三五年のことである。

＊ **ロシカ・シュワイマー**（Rosika Schwimmer 一八七七―一九四八） ハンガリー生まれのユダヤ系フェミニスト、平和主義者。婦人世界平和自由連盟副会長。一九二一年アメリカに亡命したが、アメリカの国籍を獲得することができなかった。三七年世界政府建設キャンペーンを組織し、それが生涯の仕事となる。

ロシカ・シュワイマーは、ハンガリーでフェミニスト組織を設立した世界最初の世界連邦主義者で、婦人世界平和自由連盟の副会長であり、一九二一年に平和主義活動のために合衆国に亡命していた。彼女は十九世紀初頭のヨーロッパの参政権運動や平和運動で活躍した女性の資料を保存するためのアーカイブ創設のアイディアをもって、メアリのところへやってきた。最初キャリー・チャップマン・キャッドに接触したところ、メアリに相談するよう勧められたのだという。当時のフェミニストたちの多くは、メアリのフェミニスト批判には同意できなかったが、彼女を尊敬していたのである。メアリは彼女の計画を見て、これこそ公的生活において想像力に富んだ女性の活力を取り戻す有効な方法である、と考え提案に賛成した。最初は自分の多様な活動や夫との協同プロジェクトを理由に、アーカイブのセンター長になるというシュワイマーの要請を受けることを躊躇したが、結局その任務を引き受け、一九三五年十月十五日に「世界女性アーカイブセンター」（World Center for Women's Archives, WCWA）の組織委員会を立ち上げ、その運営に熱意をもって臨んだ。

メアリは、センターをクリアリング・ハウスとして機能させる、という長期的展望をもって、婦人有権者同盟、有職婦人クラブ、大学婦人協会、エレノア・ローズベルト[*1]、アリス・ポールなど参政権運動時代の友人に企画書を送付して、スポンサーと寄贈者を獲得した。アーカイブセンターは、全国女性党のイネス・ヘインズ・アーウィン[*2]を委員会の議長に選出し、全国レベルの組織と各州に支部を設立した。メアリの構想は、アーカイブセンターを単なる古物収集や博物館プロジェクトにとどめるのではなく、より広範囲のプロジェクトに発展させて、世界の女性のあらゆる種類の資料を収集するとともに、そこから女性たちの抗議行動や社会的リーダーシップが生まれる場所にしようというものであった。

＊1　**エレノア・ローズベルト**（Eleanor Roosevelt　一八八四―一九六二）　米国三十二代大統領フランクリン・ローズベルトの妻。婦人運動家、リベラル派の人権活動家、文筆家。国連人権委員会の委員長として世界人権宣言（一九四八）の起草に関わる。

＊2　**イネス・ヘインズ・アーウィン**（Inez Haynes Irwin　一八七三―一九七〇）　米国のフェミニスト、ジャーナリスト。全国女性党のメンバー。世界女性アーカイブセンター組織委員会議長。

アーカイブセンターの標語として彼女が選んだのは、「資料がないところに歴史は存在しない」というフランスの歴史家フュステル・ド・クーランジュ[*]の言葉である。歴史の枠組みを広げて過去に実存していた女性を生き返らせる、というメアリの目的にとって、資料は唯一の証拠であり、資料だけが新しいビジョンの基礎であった。彼女は黒人女性の論文を収集するために、女性アーカイブのプロジェクトに参加していたハワード大学の司書ドロシー・ポーターに気持をこめてつぎのように書いている。「論文、資料、これらを備えなければならない。資料がなければ、歴史はない。歴史がなければ、記憶はない。記憶がなければ、重要でない。重要でなければ、女性の発展はない」と。(1) また、それは「真の女子大学の中核であり、女性のシンクタンク、女性研究センターで、毎週セミナーが開かれる自己教育の場」であると述べ、フェミニズム理論と活動をむすびつける場所としてアーカイブを構想した。(2)

＊ **フュステル・ド・クーランジュ**（Fustel de Coulanges 一八三〇―八九）フランスの歴史家。パリ大学、ストラスブール大学の教員。

一九三五年から四〇年は、メアリにとって人生の絶頂期であった。三六年にエレノア・ローズベルトがアーカイブの設立を支持し、ニューヨーク市のロックフェラー・センターのオフィスに設置され、翌年十二月十五日に正式に発足した。アーカイブセンターの設立によって、メアリは一躍有名になり、『ピクトリアル・レビュー』（*Pictorial Review*）誌のインタビューでは、有力な合衆国女性大統領候補の中の唯一の知識人として、メアリ・ビーアドの名前が挙げられた。また『ニューヨーク・サン』紙に、一三人の女性と共に「著名なフェミニスト」として彼女の名前が掲載された。

蒐集された資料は、有名な個人の資料（ハリエット・ビーチャー・ストウ[*1]の書簡、組合組織家レオノラ・オレイリ[*2]の文書、ブロンテ姉妹[*3]の著書）、各種婦人団体（アメリカ婦人参政権協会や大学婦人協会）のドキュメント、オーストラリア・メルボルン議会資料、医学史の原資料、日本女性の伝記、書かれた資料だけではなくオーラルな資料、美術品、魔女の薬も含まれた。アーカイブセンターはクリアリング・ハウスとして機能し、議会図書館や古文書館などと連携した展示会やラジオ・トークも開催された。

＊1 **ハリエット・ビーチャー・ストウ**（Harriet Beecher Stowe 一八一一―九六） 十九世紀米国の小説家。著書『アンクルトムの小屋』。

＊2 **レオノラ・オレイリ**（Leonora O'Reilly 一八七〇―一九二七） 米国労働運動のリーダー改革者。全国婦人労働組合連盟の活動家。

＊3 **ブロンテ姉妹**（Brontë sisters） 英国の小説家、詩人の三姉妹。シャーロット・ブロンテ（Charlotte 一八一六―五五）は『ジェーン・エア』、エミリ・ブロンテ（Emily 一八一八―四八）は『嵐が丘』、アン・ブロンテ（Anne 一八二〇―四九）は『ワイルドフェル屋敷の人々』の著者である。

このように、世界女性アーカイブセンターは、一九三八年に絶頂期に達した。しかし、次の二年間は、派閥争いという苦難の道を旅し、財政的支援を得ることに失敗した。資料の蒐集が始まると、ロシカ・シュワイマーはアーカイブを国際フェミニスト・アーカイブとして位置づけて、蒐集の範囲をフェミニストの平和関係資料に限定するよう主張した。一方、メアリは、長い歴史における女性の力を著すすべての資料、女性が自己主張をするようになったのはセネカ・フォールズ以降である、とするフェミニストの言説を打ち破る資料の蒐集を主張した。さらにさまざまな女性、「力」をふるった残虐な女性も含まれるべきだとした。このような資料蒐集をめぐる方針の違いから、二人は対立するようになった。また黒人などエスニック・グループの資料の蒐集も企画したが、これは白人の会員の反対で、実現することが出来なかった。

一九四〇年七月、メアリは夫との共著『航海半途のアメリカ』の執筆や、耳が聞こえなくなった夫の世話のために、センター長の職を辞し、九月にはプロジェクトは閉鎖に追い込まれてしまった。ロシカ・シュワイマー等との蒐集方針の違いに加え、戦争勃発による資金不足が原因であった。[3]

世界女性アーカイブセンターの閉鎖は、メアリをひどく落胆させた。しかし、アーカイブセンターの活動は、短期間であったが、のちに合衆国で女性史研究所が発展するきっかけとなったのである。メアリは、センター長辞任後資料の管理人として、一部の資料を所有者に返却し、その他の資料は全米各地の大学に分散して送った。そして、これらの大学に女性アーカイブの設立を働きかけるとともに、男女平等教育のカリキュラム開発に力を注いだ。

彼女の地道な努力の結果、資料保存の重要性が次第に認識されるようになり、資料はスミス・カレッジやラドクリフ・カレッジなど大学図書館で所蔵され、今日のソフィア・スミス・コレクションやシュレジンガー・ライブラリー・コレクションなど、主要なコレクションの基盤となった。メアリは、なかでもラドクリフ・カレッジとスミス・カレッジのプロジェクトに深く関わった。

スミス・カレッジのコレクションの発足は、メアリからの著作物の寄贈に、アーキヴィストのマーガレット・グリアソンが大きな関心を示したことがきっかけである。スミス・カレッジは世界女性アーカイブセンターの目的を引き継いで、それを実現するためにプロジェクトを発足させ、マーガレット・グリアソンをその責任者に抜擢した。一九四二年にメアリは彼女と組んで、世界最大の女性史資料コレクションの一つであるソフィア・スミス・コレクションを発足させた。

マーガレット・グリアソンは、一九四〇年代初めから孤立を深めるようになったメアリの数少ない理解者であった。このような二人の信頼関係がコレクションの発展に結びついたのである。二人の親交とアーカイブに託す熱い思いを記した往復書簡（一九四一年からビーアドが亡くなる二年前の一九五六年まで）がソフィア・スミス・コレクションに所蔵されている。

メアリは、ハーバード大学の歴史家たちとともに、ラドクリフ・カレッジのシュレジンガー・ライブラリー設立にも寄与している。彼女のラドクリフ・カレッジとの関わりは、一九四三年、ラドクリフ・カレッジからハリエット・ビーチャー・ストウの書簡、組合組織家レオノラ・オレイリの文書、ブロンテ姉妹のコレクションのアドバイザーとして協力してほしい、という熱心な要請を受けたことから始まった。以来二年間、ジョルダン学長との書簡を通して、あるいは大学での企画会議に出席して、コレクションの構想や女性史教育について意見を交わした。しかし最終的にラドクリフ・カレッジのコレクションは、婦人参政権ロビイスト、モード・ウッド・パーク[*1]の資料の寄贈によって、「婦人の権利コレクション（Woman's Right Collection）」と命名された。メアリは、これを男性の後追いをするフェミニストのコレクションである、として不快感を示したため、ラドクリフ・カレッジは、他の支援者を求めることになった。しかし、ラドクリフ・カレッジは、世界女性アーカイブセンターの趣旨を引き継いで、「女性アーカイブズ（Woman's Archives）」をつくった。メアリはこのプロジェクトに協力するとともに、ラドクリフ・カレッジを訪れた一九四四年には、「女性を学ぶための歴史的アプローチ」という演題で講演している。ウィルバー・K・ジョルダン学長[*2]は、メアリ・ビーアドが誰よりもアーカイブの設立に貢献した、と彼女の功績を高く評価している(4)。

＊1　モード・ウッド・パーク（Maud Wood Park　一八七一—一九五五）　婦人参政権運動家、ロビイスト。
＊2　ウィルバー・K・ジョルダン（Wilbur K. Jordan　一九〇一—八〇）　米国の歴史学者。一九四三—六〇年、ラドクリフ・カレッジ学長。

この二つの施設は、メアリの助力により、世界女性アーカイブセンターから多くのドキュメントを譲り受け、その精神を受け継いだのである。

石本（加藤）シヅエの英文の自叙伝『フェイシング・トゥ・ウェイズ』

一九三〇年から三二年にかけて、石本シヅエは、次第に深まる夫恵吉の生き方との違いに悩んでいた。恵吉は三井鉱山を退職したのち、事業に手を出し始めたが、殿様商法のためことごとく失敗した。借金が払えなくなった友人の連帯保証人として、家財が差し押さえられ、石本家の財産が減っていった。その上リベラルで社会主義的考えをもち、労働者の解放を自分の使命のように思っていた夫が、「満州に理想郷を作りに行く」「国策、国策」といって「満州」に渡ってしまった。石本シヅエは、妻の苦しみを理解しない夫に頼るまいと決心した。自力で二人の息子の学費を調達するために、叔父の鶴見祐輔が紹介してくれたフィーキング講演社と契約して、一九三二年十月から三カ月間、アメリカで講演旅行を実行した。演題は「日本における産児制限と人口問題」「日本における婦人運動」「日本人の美的感覚」であった。アメリカ各地の小規模な集会で講演するとともに、多くの家庭に招かれて、アメリカの家庭生活に直接ふれ、多くの友人を得た。

一九三三年に石本シヅエは、メアリに誘われて、シカゴで開かれた全米女性会議に参加した。この会議にはキャリー・チャップマン・キャットやジェーン・アダムズなど、アメリカや諸外国の著名な指導者が参加して、「文明」をテーマに活発な意見交換が行われ、シヅエにとって国際的な視野を広げる絶好の機会となった。「スピーチは短い方がよい。十五分を十分に短縮するように」とメアリは事細かに彼女を指導した(5)。

講演旅行が終わり一段落したときに、レクチャーがどんな風だったかを伝えるために、シヅエはビーアド夫妻が議会図書館で仕事をするときに借りているニューヨークのワシントンスクエアーにあるアパートを訪ねた。しばらく話しておいとましようとしたところ、メアリが送ってくれるということで、二人はアップタウンからダウンタウンのホテルまで、ブロードウェイを二時間近く歩きながら、いろいろなことについて話し合あった。メアリがシヅエに語った話のメインテーマは、人間がどのように歴史をつくっていくのかということであった。具体的にどのような内容であったか、という筆者の問いに、シヅエは次のように語っている。

メアリ・ビーアドは「何か書いたり、考えたりするならば、まず、歴史を勉強して身につけることから始めなさい。これがもとになるので絶対に必要です。……歴史は人生にとって知識の「ものさし」で、それがいかに大切かというと、――それは誰の歴史であるかは関係なく

――歴史という広い意味での人間の文化の流れを一通り踏まえておくと、その「ものさし」で何事も正確に見ることができる。……なぜ歴史を勉強するか、歴史という学問をして学者や先生になるということではなく、人がものを見る「ものさし」をもつためです」と話をしてくださいました。……

私は、長い歴史において人間のどのような行動が国を動かしたかを知るために歴史を勉強し、歴史の尺度で物事を考えることがいかに重要であるかを教わりました。それは私のその後の人生の指針となりました。また男女平等は女性が男性と全く同じになることではないというメアリ・ビーアドの意見に共感を覚えました(6)。

石本シヅエは、講演旅行を通じてアメリカ人があまりにも日本文化について無知であることを痛感したので、近代日本の風俗や習慣を正しく理解してもらうために、日本女性の真の姿を一冊の本にまとめたいと話したところ、メアリは、「それは面白い。アメリカでも日本の女性について知りたいという要望が高まっている。単なる風俗習慣を書くのではなく、一人の女性が具体的にどう生きてきたかをありのまま書けばいい(7)」といって自叙伝の書き方を指導し、ファーラー&ラインハート社という出版社を紹介した。

一九三五年、メアリが原稿に手を入れてブラッシュアップしたのちに、ファーラー&ラインハート社から『フェイシング・トゥ・ウェイズ』(*Facing Two Ways*)として出版された。その後ロンドンとストックホルムで出版されて欧米で大きな反響を呼び、一躍石本シヅエの名前は世界で広く知られるところとなった。この本はのちに「日本を知る好書」として、占領軍スタッフのための日本占領の基本テキストとして採用されることになる。

「世界女性史エンサイクロペディア」編纂計画

日本女性史エンサイクロペディア編纂会

一九三五年、「世界女性アーカイブセンター」設立に漕ぎ着けたメアリ・ビーアドのもとへ、女性史に深い関心をもつウィーンのフェミニスト思想家アンナ・アスカナジー[*1]から、「世界女性史エンサイクロペディア」編纂計画に賛同してほしいという依頼がきた。それは各国（ロンドン、ベルリン、ウィーン、ジュネーブ、ワシントンなど）の女性が、自国の女性史エンサイクロペディアを編纂するチームを編成し、その成果をもち寄って「世界女性史エンサイクロペディア」を完成する、という壮大な計画である。メアリは直ちにこれに賛同して、その趣旨と内容等を示す企画書を作成し、日本チームの責任者として、石本シヅエをアスカナジー夫人に紹介したのである。

＊1　**アンナ・アスカナジー**（Anna Askanasy　生年未詳）　一九三〇年、婦人国際平和自由連盟会長で英国の平和運動家であるメアリ・シープシャンクス[*2]が組織した無国籍者に関する会議でスピーチをした。また彼女は社会人類学者ロバート・ブリフォートやメアリ・ビーアドと交流をもち、シュワイマーやメア

リの女性運動の仲間となる。ナチ占領下のオーストリアからカナダへ亡命後、一九七〇年頃まで活躍した。未刊行の著書『家父長制の破局』がある。

＊2 **メアリ・シープシャンクス**（Mary Sheepshanks 一八七二―一九六〇）婦人国際平和自由連盟会長で英国の平和運動家。フェミニスト、ソーシャルワーカー、ジャーナリスト。

この趣旨に共鳴した石本シヅエは、さっそく長谷川時雨*や新妻伊都子らに声をかけて、三五年十二月、「女性史エンサイクロペディア編纂日本委員会」を立ち上げた。翌三六年一月十五日付で参加者募集のための広報「国際女性史編纂委員会より――石本静枝」を『婦人運動』誌に掲載して、設立の経緯や目的を示している。(8) 見てみよう（次頁以下）。

＊ **長谷川時雨**（一八七九―一九四一）劇作家・小説家。作家三上於菟吉の妻。雑誌『女人芸術』を創刊し、女流作家の団結と地位向上に努めた。戯曲『花王丸』『さくら吹雪』、著作『近代美人伝』等。

記事が掲載された翌日の一月十六日から四月十二日まで、石本シヅエは二回目の講演旅行のために渡米する。講演テーマは、「日本文明における女性の使命」「今日の日本における東西の闘争」、「日本の古典文化と現代文明」、「日本における国際主義とナショナリズム」であった。彼女がアメリカに滞在中の三月のことである。メアリは世界の女性史の動向についてのインタビューに答えて、「日本の文明は女性の関心に基礎をおいた米作と工芸の技術の上に築かれている」というポール・ラクロア*の言葉に注意を喚起したうえで、「現在取り組まれている石本男爵夫人の日本女性史プロ

〈経緯・目的〉

「大和島根のをみな達——と云えば奥ゆかしき特異な存在の如く言葉は輝くが、今日の我々の生活は意識するとしないとに拘はらず世界の女性の生活に密接な関連をもち、欧米その他の国々の女性の活躍或いは沈滞は、私たちが好むと好まぬとに頓着なく直接間接にその波紋を我々の生活の上に及ぼしてゐる。……中略……

『ファッショ』と云う言葉が私達の耳に未だ新しく響いたとき、それは遠い伊太利の国内に起こった黒いシャツの運動と聞かされた。和服とは縁もゆかりもない事かと思ってゐたそのことが数年ならずして我々の日常用語として加へられ、黒シャツは白エプロンと姿をやつして我が婦人会にも乗り込んでゐる。ひと頃は華やかな存在を示してゐた我無産婦人の陣営が、全く鳴りをひそめてしまったのも、凄くこなたの岸に打ち寄せられ、女の世界も大いに動揺した証拠である。今や『世界の日本』とは単なるジャーナリズムの大見得ばかりではない。女性の問題を我々の今後の動向を知る上にも、『世界の日本女性』としての国際的展望の重要性が痛感せられるのである。……」

女性の動きを幅広く丈長く見ることの必要性を唱え、具体的な哲学的検討の方針と綱領が先頃米国における女の歴史家および婦人問題研究の権威として知られ、わが国でもなじみ深いメリー・ビアード夫人によって書かれ米国の大学出身婦人協会の手で廣く世界の婦人運動者および世界の運動家や共鳴者に配布され、女子大学の教室或いは婦人クラブの集会等でこの手引きによる討議が盛んに行われてゐるこの刺激が一つの動機となってこのたびの国際女性史編纂委員会の企てとなって現れたのである。……

世界女性史エンサイクロペディアは、ロンドン、ベルリン、ウィーン、ジュネーブ、ワシントン、東京などを拠点にエンサイクロペディア事業を完成させ、米独二カ国語で出版することになっている。」

〈方針と組織〉

①「女性史エンサイクロペディア編纂日本委員会」の編集方針は神話や説話に現れた女性から現代までを網羅し出典を明らかにし、女性の立場を明らかにした文化意識を高揚すること、そのことにより、女性に自信を与え自覚を喚起することとする。

②組織として、会の方針決定・運営に当たる理事会と、人名の選択と資料に基づいて叙述された原稿を検討する編集委員会、男性の歴史専門家のアドバイザーを置く。

③編纂本部では十二月から事務員による資料整理のためのカード作りがすでに進められており、将来日本版を出版する計画である。

ジェクトは、歴史的に女性の仕事は人間主義的なものであり、女性が人間主義的な面での力の創始者であることを明らかにすると信じている[9]」と述べて、日本のプロジェクトに対して大きな期待を表明している。

＊　**ポール・ラクロア**（一八〇六―八四）　フランスの著述家、ジャーナリスト。

アメリカから帰国後の六月に、石本シヅエは新たに三井禮子[*1]を加えて、長谷川時雨、新妻伊都子の四人をメンバーとして、改めて「日本女性史エンサイクロペディア編纂会」という名称で正式に会を立ち上げた。しかしこの任務を実行に移すのは容易ではなかった。まずこれを引き受ける女性の歴史家がいないこと、研究のために必要な資料を備えた図書館が女性に開かれていないことが、困難として彼女たちの前に立ちはだかった。そこで、リベラルな男性の歴史家で東洋史学者三島一[*2]と、その弟子である日本女子大学校で女性史を教えていた遠藤元男[*3]、元津田英学塾教授三島すみ江[*4]、正規のメンバーではなかったが渡部義通[*5]の助けを借りて仕事を進めた。東京帝国大学図書館は、この目的を実現する最適な場所であったので、その一室を研究室として使うことに決めた。当時は大学の一室を女性が借りる権利はなかったので、遠藤元男の名義で研究室を借り、本の貸出しを依頼した。石本シヅエは当時の状況を、「図書館へ行きたかったが、女性は聖なる敷居をまたぐことが出来ないと言われました。だから参考文献を調べたいときは男性に頭を下げ、私たちの参考文献を見つけてくれるようにお願いしなければならなかったのです[10]」と述べている。

＊1　**三井禮子**（一九〇五―八九）　三井高棟の四女として東京に生まれる。一九二四年女子学院高等科

を卒業後東京帝国大学の聴講生時代として社会学を学ぶ。同年長坂町三井家九代三井高篤と結婚、一九二九年旧三井物産ニューヨーク支店転勤に同行し渡米。米国に四年、英国に半年滞在。ニューヨーク滞在中に石本シヅエと知り合う。その機縁で帰国の翌年『世界女性史エンサイクロペディア〈日本の部〉』編纂事業に参加。「日本女性史エンサイクロペディア」全体に目を通して英文に翻訳したのは三井禮子である。その頃『日本母系時代の研究』で知られる渡部義通と知り合い、唯物史観の研究や渡部周辺の研究者と交流を深める。戦後、民主主義科学者協議会内に婦人問題研究会を発足させ、共同研究の中心的な存在として活躍する。一九五四年高篤と離婚後渡部と結婚。著書『近代日本の女性』（一九五三）『現代婦人運動史年表』（一九六三）。三井文庫創設（一九六五年）に尽力し、嘱託、研究員となる。

＊2　**三島一**（一八九七―一九七三）　東洋史学者。一九二六年東京帝国大学東洋史学科卒業、祖父三島毅（中洲）が創設した二松学舎を発展させ、二松学舎専門学校を創設し、同教授、明治大学教授を兼任。一九三二年歴史学研究会創立に参加し、代表となり、科学的歴史研究の発展に尽力。戦後中国研究所、日本民主主義教育協会、歴史教育者協会創立に関わり、副会長に就任。日中友好のために尽力した。著書『中国史と日本』。

＊3　**遠藤元男**（一九〇八―九八）　一九三一年東京帝国大学文学部国史学科卒業、一九三八年日本女子大学校で女性史を教授、古代から近世に至る職人史研究の第一人者。一九三四年から五年間世界女性史エンサイクロペディアの手伝いをしたのが機縁で、戦争直前と直後に『日本女性の生活と文化』（四海書房、一九四一）『女性文化史』（新府書房、一九四六）を著した。金沢大学・明治大学・東京電機大学教授を歴任。メアリ・ビーアドは遠藤元男の業績に注目している。

＊4　**三島すみ江**（?）　ウェルズレー大学卒業、元津田英学塾教授、西洋中世史の研究者で著述家。三島一の妻。

＊5　**渡部義通**（一九〇一―八二）　社会運動家、政治家、歴史学者。一九四六年民主主義科学協会幹事長。唯物論の立場から『日本母系時代の研究』『日本原始社会史』『日本古代社会』『古事記講話』を刊

行。戦前の古代史論争では奴隷制論争を主導した。三井禮子は戦前から歴史研究で渡部義通に師事し戦後渡部と結婚した。

編纂会では、エンサイクロペディアの内容について議論を重ね、古代から近代までの日本女性を百人選ぶことにした。その際、今までの歴史とは違った見方で、隠れた存在であってもその時代を象徴している女性を探し出すことに決めた。三井禮子は「後世の出版物からの孫引きではなく、古文書に直接当たらないと意味がない」と主張して、多額の資金を出して、『群書類従』全巻などの古文書を購入して参考にした。(11) それは計り知れないほど役に立った。

資料の編纂が終わったときには、日本はファシズムへの道へ邁進し、国家政策に反する事実を扱う歴史はすべて禁止された。多くの著名な学者は裁判にかけられ、日本史の真実を書いたり教えたりすることができなくなった。このように歴史を書くこと自体が危険な行為としてみなされるようになっていたので、日本語の原稿を全部英語に訳した。

高群逸枝の女性史事始め

日本女性史エンサイクロペディア編纂会には直接関わらなかったが、日本女性史の草分けである高群逸枝*は、一九三六年十月に『大日本女性人名辞書』(厚生閣)を出版している。この出版を契機に、平塚らいてうの発案で、高群逸枝後援会が組織され、平塚らいてう、市川房枝等と共に長谷川時雨や新妻伊都子も、後援会メンバーとして名を連ね、高群の研究を支援した。『大日本女性人名辞書』は編纂会のメンバーが参照した重要な情報源の一つであったと思われる。

＊**高群逸枝**（一八九四―一九六四）　女性史研究家、詩人。『婦人戦線』の編集に関わったのち、女性史研究に専念した。著書『母系制の研究』『招婿婚の研究』『女性の歴史』など。

高群は、『二千六百年史』（厚生閣、一九四〇年）第二部「道遠し」で、日本女性史エンサイクロペディア編纂会と当時の女性史の研究状況について以下のように述べている。

> 女性史
> 新妻伊都子氏のおたよりによると、世界女性史エンサイクロペヂャの日本部の編纂が完了したといふ。また、全国高等女學校長會の日本女性文化史も、近く第一巻が出るといふ。
> この両者は、単に女性史あるひは文化史の編纂といふ以外に、世界女性史の一部としての国際的意義や、広く教育的意義をもつところに、一層の期待がかけられる。
> 二千六百年の記念事業として同協会で、女子教育史の編纂も提案せられてゐるし、また記念事業であるかどうかは聞漏らしたが、櫻陰會の會史も、女子教育史の実質を具備して、編纂されるといはれる。
> また通史ではないが、吉岡彌生女史詳伝の編まれることも、一般女性史に寄与することが少なくあるまい[12]。

なお、本書第一部「二千六百年史」において、日本の歴史の特質について記述しているので、その要点を紹介しておこう。

①日本の歴史は天照大神に始まり、古代には女性の優秀な能力が発現したが、以後女性の能力は低下し、現代になり男女同権論や女性の自覚が見られた。

②建国には二つの型があり、一つは他族を征服して彼らを奴隷としそのうえに建てるもの、もう一つは他族を包容して血縁的に建てるものであるが、日本の建国は後者である。

③古代の男女の生活においては、女性の地位が高く、教養の程度と内容において男女差はなかった。その後中世思想の影響により、跛行的な女性観が生まれた。

④女性文化は健全な保守性、伝統の保存と発揚、愛郷、愛国、日本文化の特有の観照的な優美な特性を培った。女性の男性に対する寛容の特性は被虐者としての習性ではなく固有の日本文化の教養、遺産からきた特性であり、一方男性は進取性により他の文化を摂取した。

高群逸枝は一九三一年、『婦人戦線』廃刊後、世田谷町に研究所を建て、女性史研究に没頭する研究生活に入った。彼女が最初に選んだテーマは「母系制の研究」で本居宣長『古事記伝』をてがかりに進めた。研究結果は『母系制の研究』として一九三八年に刊行されるが、これは母系制から父系制への転移過程を系譜的にとらえたもので、それは原始共同体の崩壊過程に照応するものであった。

一九三一年はメアリ・ビーアドが『女性を理解することについて』を出版した年である。モルガンなどの文化人類学的な知見を援用して、有史以前から生命に関わってきた女性の貢献に着目し、歴史の範疇を文化や生活に拡げることによって、隠れた女性の存在を顕在化させる歴史的アプローチを明確に理論化し、男性と共に歴史を創りあげてきた力としての女性を描いた。二人は直接接触した痕跡は全くないが、日米の女性史研究の先駆者としての貢献を、比較検討する価値があると思われる。

人民戦線事件による検挙と日本女性史エンサイクロペディア編纂会の解散

一九三七年十二月十五日朝六時、突然私服の刑事が四人やってきて石本シヅエは逮捕され、家宅捜索を受けた。人民戦線派といわれた日本無産党、日本労働組合全国評議会、社会大衆党などの左翼労農派を、治安維持法違反で、一斉に検挙・拘留した第一次人民戦線事件である。逮捕者の中に加藤勘十[*1]、山川均[*2]、荒畑寒村[*3]、鈴木茂三郎[*4]が含まれていた。女性は石本シヅエと作家の平林たい子[*5]の二人である。石本シヅエは日本無産党のシンパ、加藤勘十の支持者として参考人召喚されたのである。長男新《あらた》は、石本シヅエが逮捕されたことを、ドロシー・ブラッシュに知らせている。『ニューヨーク・タイムズ』紙の特派員ヒュー・バイアス[*6]が書いた記事「日本のサンガー夫人逮捕される」は、『ニューヨーク・タイムズ』紙で大きく報道され、アメリカで釈放のための請願運動が起きた。石本シヅエとアメリカの友人たちとの強い絆は、斎藤博駐米大使[*7]を動かし、彼はマーガレット・サンガーらと共に請願書を提出した。その結果石本シヅエは二週間の拘留の後、十二月二十九日に釈放された。翌年の三八年一月には産児調節相談所閉鎖命令が下された。

＊1　**加藤勘十**（一八九二―一九七八）労働運動家、政治家。一九三六年衆議院議員、一九三七年日本無産政党委員長となったが、同年人民戦線事件に連座。戦後は日本社会党から衆議院議員に復帰し、四八年の芦田内閣の労働大臣をつとめる。加藤シヅエの二番目の夫。

＊2　**山川均**（一八八〇―一九五八）社会主義理論家。一九〇八年赤旗事件で投獄。一九二二年に日本共産党準備会に参加。党が創設されると大衆運動との乖離を批判し距離を置いた。一九二七年雑誌『労農』を創刊。戦後は日本社会党左派を思想的に指導。一九五一年大内兵衛らと社会主義協会を結成。山川菊栄の夫。

＊3　**荒畑寒村**（一八八七―一九八一）社会運動家。赤旗事件・人民戦線事件などで数度入獄。労農派として活躍し、戦後日本社会党の結成に参加。著書『谷中村滅亡史』『寒村自伝』。

＊4　**鈴木茂三郎**（一八九三―一九七〇）政治家、ジャーナリスト、エッセイスト、社会運動家。戦後日本社会党から衆議院議員に初当選。党内左派の中心人物。

＊5　**平林たい子**（一九〇五―七二）プロレタリア作家。著書『施療室にて』『かういふ女』「砂漠の花」。

＊6　**ヒュー・バイアス**（Hugh Byas　一八七五―一九四五）両大戦間の日本通の英国のジャーナリスト。戦前二〇年間日本に滞在した。『ロンドン・タイムズ』『ニューヨーク・タイムズ』記者、『ジャパン・アドバタイザー』編集長。著書『敵国日本――太平洋戦争時、アメリカは日本をどう見たか』。

＊7　**斎藤博**（一八八六―一九三九）大正・昭和の外交官、駐米大使。ロンドン海軍軍縮会議全権随員。日米関係の調整に努力したが、任地で病死。

石本シヅエは一九三八年一月十一日付のサンガー宛書簡で勾留の理由を次のように伝えている。

検挙はリベラル派と組合労働者がマルクス主義を掲げて平和を乱したという警察のでっち上げによるものです。私は友人である加藤勘十が合衆国に派遣されたとき彼の手助けをしました。また日本無産党が産児調節プログラムを党の政策として採用しましたので、私は党首である加藤勘十を選挙で応援しました。このことから、日本無産党と合衆国の共産党日本セクションが連携しようとしている証拠を私がもっているのではないかという嫌疑をかけられて家宅捜索されたのです。当然のことですが、当局の予想は外れて、証拠となるものは何も発見されなかったのです。(13)

ニューヨーク、パリ、ウィーンなどの新聞は投獄を栄誉の記録として称賛した。アメリカから帰国した叔父鶴見祐輔は、「九九パーセント排日の米国でひとり人気があるのはバロネス・イシモトの本だけだ」とシヅエに伝えている。(14)一方、日本では石本シヅエの親族や運動の同志からメディアに至るまで、彼女に対する世間の風当たりは強くなった。例えば『家の光』二月号は投稿したシヅエの原稿を名前を変えて出している。(15)

一九三八年二月一日の第二次人民戦線事件では、検挙の範囲は大内兵衛[*1]、有沢広巳[*2]、美濃部亮吉[*3]などリベラルな大学人にまで及び、シヅエの大学の出入りが危険な状況になった。シヅエたちはエンサイクロペディア編纂の仕事を急ぎ、二月十六日、ついに「大和女性を世界の舞台に出陣させる事業」を完成させた。三月三日に新妻夫妻の采配で、エンサイクロペディア編纂会解散会を開催し、同時に女性史研究所を設立した。

＊1 **大内兵衛**（一八八八―一九八〇） 経済学者、財政学者。マルクス経済学労農派グループの筆頭。一九三八年の人民戦線事件で起訴され東大を追われる。一九五〇―五九年法政大学総長。著書『財政学大綱』『大内兵衛著作集』（全一二巻）。

＊2 **有沢広巳**（一八九六―一九八八） 統計学者、経済学者。大内グループの一員として人民戦線事件に巻き込まれ東大を追われた。戦後大学に復帰。退官後一九五九―六二年法政大学総長。経済統計を実証経済学の分析に駆使し、戦後日本の経済分析に貢献した。著書『世界経済図説』。

＊3 **美濃部亮吉**（一九〇四―八四） 人民戦線事件で法政大学を辞職。一九六七年から三期東京都知事として福祉重点の施策を行い「対話の都政」を標榜した。美濃部達吉の長男。

女性史をどのように書くか

あらたに設立した女性史研究所はシヅエの自宅に置かれた。三島一教授や遠藤元男教授をチューターとして何回か研究会を開催し、十一月末までに、アカデミックではないが、正しい歴史観に基づいて誰もが読んで面白い女性史を完成させる、という企画書を作成している。シヅエは孤独感と心の傷を癒やすはけ口を、読書と女性史の執筆に求めたのである。八年前『フェイシング・トゥ・ウェイズ』の執筆をはじめたのは五月一日であったので、同じ日に日本女性史を英文で書くことを決意し、コフマン著『世界人類史物語』、ヴァン・ルーン著『人類文化史物語』やジョージ・サンソム著『日本文化史』などを読み、女性史の構想を模索しながら執筆を進めた。一九三八年六月二十八日の日記で、石本シヅエは、女性史をどのように書くかについて、彼女の考えを次のように記している。

唯物史観がこの本のレールです。そこへ編年的に生活様式や社会形態、政治、思想というようなものを枕木として打ちこみます。このトラックの建築工事はしっかりしていなくてはならないが、トラックはトラックなのであんまりデシャバッては味も色彩もありません。人が読みません。それでその上を面白い代表的女性がゾロゾロと通ります。しかも各自各様の手荷物をもたせます。ある女性は恥ずかしそうに下を向いておとなしく歩く、ある女性は滔々と議論しながら走るかもしれない。(16)

「通俗的歴史」は私は書きたくない。あくまで高級な、科学的見地に立った歴史を書きたい。それに大衆性をもたすことに私の苦心があるのです。「科学としての女性史と大衆性の加合（ママ）」ということに私は少々ウヌボレているようですが自信をもっています。……
私のような一人のあたりまえの女性が、人間としてのハートを通過させて書く歴史、「通過させる材料は権威或るものとして定評あるもの、および権威者に一々質問してたしかめたもの」こういう歴史こそ権威あり大衆性ある女性史が生まれてくるのだと思います。(17)

ではジャーナリスティックに面白く書けばいいのか。石本シヅエはそのように女性史を書くように薦める友人の助言には聞く耳をもたなかった。一九三八年十月十九日付日記で、「能う限り深く掘り下げよ」「ベストをつくして良きものをつくれ」「汝の読者を知れ」というメアリ・ビーアドの忠言を心得るべきであると考えたと記している。(18)

シヅエにとってショックだったのは、一九三九年二月、日本にある外国の大使館夫人等が会員になっている Tokyo Women's Club（東京ウィメンズクラブ）(19)の図書委員会が、岡倉天心* *The Book of Tea*（『茶の本』）や新渡戸稲造の *Bushido: The Soul of Japan*（『武士道』）などに加えて、ビーアド一家の著書を当該年度の廃本リストに挙げたことである。その中にメアリの *On Understanding Women*（『女性を理解することについて』）も含まれていた。廃本処分にして売却する本は、三カ年一度も借りた記録がないものであるという。二月三日の日記で、シヅエはその時の心情を次のように明かしている。

＊**岡倉天心**（一八六三―一九一三）明治期の美術行政家・美術評論家・思想家。本名覚三。フェノロサに師事。日本文化の優秀性を内外に知らせた。著書『東洋の理想』『日本の覚醒』『茶の本』。

ビーアド夫人の *On Understanding Women* は、まだ五年くらいしかたっていない。しかもフェミニズムの権威本である。しかし、この本はいたずらに広範な知識を展望し、読みづらく、フェミニズムそのものの学問的研究者以外には理解できない内容である。このことは私の日頃尊敬する夫人の書であるだけに私にとって耳のそばで早鐘をつかれたような警告を与えた。

フェミニズムを一般婦人に理解させるために、どうしてわずか少数婦人よりほかに読めないような本を書く必要があろうか。良薬は口に苦くてはならないのか。薬はどうしても苦くしか調剤できないというなら、滋養物として、甘く安価に作ってみんなに愛され、たくさん食べられ、そしてみんなを肥らせるのでなければ、全く知識は持腐れに終わる。

今一つ考えたことは、たとえ婦人問題を論議するのが最後の目的であっても、どうしてそれは必ず円卓会議でdiscussされなければならないのだろうか。私はそれを詩にして朗読し、劇にして人を泣かせ、小説の面白さをもって読者の胸に迫ったら、そのほうがどんなに、ああ、どんなに最終の目的に忠実であるかしれない。日野葦平*は兵隊の心を唱って何度私を泣かせたかしれない。彼の素直さは、機械化《ママ》部隊よりも強い威力をもって人の心臓を占領した。私が女性と社会の問題を理屈でなく、ハートで書き綴れないっていうことがあろうか。(20)

＊**日野葦平**（一九〇七―六〇）昭和戦前・戦後の小説家。福岡県生。日中戦争に平氏として従軍中に、『糞尿譚』で芥川賞受賞。他に『麦と兵隊』『土と兵隊』『花と竜』。

石本シヅエを悩ませた「女性の歴史をどのように書くか」という問題は、「日本史における女性の力」の執筆過程で、メアリが当面した最大の課題であった。第八章で述べるように、メアリは、熟慮の末、石本シヅエが述べるように、人々の興味を惹きつけることに精力を注ぐことよりも、長い歴史における女性の貢献が、どのように歴史を創りあげてきたかを表現することに重点をおくべきだ、という結論に達している。

日本女性史エンサイクロペディアの原稿をメアリ・ビーアドへ送る

一九三九年二月に、石本シヅエは日本女性史エンサイクロペディアの原稿が完成したことをメアリ・ビーアドに伝えた。折り返し彼女から届いた手紙には、アスカナジー夫人にふりかかった悲しい出来事が書かれていた。一九三八年に、ドイツ軍がオーストリアに侵攻し、ウィーンの自宅が銃撃を受けて、夫が悲劇的な最期を遂げ、蒐集されたエンサイクロペディアの資料は、全部没収されて焼失してしまったこと、その直前に亡命したアスカナジー夫人は行方不明だ、というニュースはいたくシヅエの心を打った。次第に戦争の機運が色濃くなって、日本でも同じことが起きるのではないかという不安に駆られた石本シヅエは、日本女性史エンサイクロペディア編纂会のメンバーの了解を得て、原稿の安全を確保するために、コピーを最後の交換船浅間丸でメアリに送った。日本語のオリジナル原稿は三井禮子が保存し、彼女は以後ずっと専門的に歴史を研究し、女性史研究家として、戦後日本の第一人者として活躍することになる。

一九三九年四月十四日、メアリから返事が届いた。二月末に送った手紙と原稿を受け取ったとあった。それには、原稿を感激して、興味深く読んだこと、女性史編集の仕事は決して無駄ではなかったこと、「イギリスもフランスもちっともやらないしアメリカも一向に作業が進んでいない。日本だけがまじめに研究に取り組んで完成させたのは立派で、敬意を表します」[21]という称賛の言葉とともに、原稿はワシントン（ニューヨークの間違い）のアーカイブセンターに資料として納められるであろうという内容であった。シヅエはこのことを知ったとき、肩の荷が下りた思いであった。また、アスカナジー夫人は、ドイツ軍の侵攻の直前に、二人の子どもとともにカナダに亡命して、バンクーバーに移り住み、仲間と一緒に無農薬の農業に取りくんで元気をとりもどしつつあることも書かれていた。彼女の不撓不屈の精神は、暗中模索するシヅエにとって良い刺激となった。[22]

シヅエ、私たちは信念を問われたら何と答えようか――総力戦体制下の苦悩

総力戦体制下の苦悩

総力戦体制下で戦争に反対し、平和主義に徹する行為を貫くために、メアリ・ビーアドと石本シヅエは、孤立無援の状況に打ち勝つ強靭な精神を求められた。世界女性アーカイブセンターは、一九三八年に、前途有望の絶頂と思えるまでに達したが、次の二年間は派閥争いという苦難の道を歩み、財政的支援を得ることに失敗した。これは合衆国の国民感情が、中立主義から次第にヨーロッパにおける反ファシズム戦争の可能性を容認する方向に移行したのと同じ時期であった。メアリは、アーカイブセンターへの取り組みと同じ熱心さで、合衆国のヨーロッパ戦争への参加を阻止するという、結局無駄に終ってしまった仕事に、夫と共に深く関与していた。彼らはドイツやイタリーと同じように、高揚する非合理的な男性の戦闘への崇拝が、アメリカで広がる可能性を否定しなかっ

た。アメリカがヨーロッパでの戦争に関与することは、戦争となり、それによって軍事に対する文民優先のアメリカの伝統を変え、女性の平和的な建設を覆してしまうのではないかと恐れた。メアリは、女性たちに「文明の建設」という歴史的役割を十分理解させて、戦争に反対するように懸命に働きかけた。しかし一九三〇年代終わりまでには、女性に平和的傾向を期待する、という彼女の希望的な信念は打ち砕かれた。

一九四〇年までに、メアリは、二重、三重に拒絶された気分になったにちがいない。自分のまわりに結集することができると思った女性たちは、今や市民的役割を捨て、陣太鼓に合わせて行進した。フェミストたちは、アメリカの参戦に反対するよりも、女性が少将や陸軍元帥になるまでは真の平等はありえない、と主張しようとしているように思えた。女性たちを「宇宙的な考えに目覚めさせる」という恐慌時代に描いた彼女の夢はかき消された。しかも女性の生活を記録するアーカイブセンターの計画は、半分実現したが中途で消滅してしまった。次第に夫は出版界で非難を浴び出し、メアリ自身も、彼とまったく同じ考えを共有したために、直接に激しい非難を浴びせられるようになった。数年前世論への影響力が絶頂期にあった二人は、一九四〇年には周辺に追いやられてしまった。追い打ちをかけるように、出版社は『女性を理解することについて』の改訂版を出すことに同意したが、メアリが提案した『女性――歴史の共同形成者』という新しいタイトルでの改訂版を出版することを断ってきた(23)。

ちょうど同じころ、石本シヅエは、火野葦平の著書『麦と兵隊』『土と兵隊』（ともに一九三八年刊）を合本して英訳し、*Wheat and Soldiers* としてファーラー&ラインハート社から刊行した。[24] *Wheat and Soldiers* の冒頭には、ジャーナリストのウィリアム・H・チェンバレン*の「紹介文」と石本シヅエの「訳者はしがき」が掲載されており、アメリカで大好評を博した。『ニューヨーク・タイムズ』紙、『ヘラルド・トリビューン』紙や『ワールド・テレグラフ』紙など、有力新聞が著者の写真入り紹介記事を掲げ、『ニュー・リパブリック』誌は、パール・バックによる称賛の評論を掲載している。

＊**ウィリアム・H・チェンバレン**（William Henry Chamberlin 一八九七―一九六九） アメリカの歴史家、ジャーナリスト。一九二二―三四年『クリスチャン・サイエンス・モニター』特派員としてモスクワに滞在。共産主義シンパから反共主義者となる。その後ドイツでナチを取材し、集団主義や全体主義より個人の権利と合衆国憲法の重要性を認識した。東アジアの特派員になると、日本の軍国主義を取材。ヨーロッパやアジアで共産主義の拡大を防ぐために、米英は戦争に介入すべきではないという立場をとった。

この小説には何らの宣伝もない、もったいぶったところもない。自分の主張することは何でもかでも正しいと主張するふうなところもない。いかにも穏やかに真面目に簡潔に書かれている。……自分はこの小説の筆者たる日本人が善良な青年であること、そしてその作品が偉大なものであることを否定することはできない。そしてその真実性、その簡潔さ、そしてその美に

対するデリケートな感覚、さらにまた人間性に対する理解の深さにおいて圧倒されてしまうのである。(25)

日本が帝国主義と民族主義と排外主義の熱にうかされているなかで、石本シヅエは依然として人類の終局的平和を世界主義に見いだそうとしていた。その矢先、*Wheat and Soldiers* を受け取ったメアリから一九三九年七月十三日付の以下の手紙(26)が送られてきた。見てみよう。

親愛なるシヅエへ

チャールズも私も、今やニューヨークの我が家に、日本からの〝文化使節〟を招くことを望まなくなっているのですが——古き良きあの頃には尊敬すべき友人であった人たちが含まれているにもかかわらず——、あなたには、あなただけには、手紙を書きます。

もっと暗い夜が地球全体を覆ってしまう前に、通信の道が開かれているうちに手紙を差し上げます。中国大陸での軍事指導者たちの活動によって、その心配は現実になりそうですが。わがアメリカが、彼らに軍備を与えるために相当なことを行ったことを残念に思います。それがもたらした結果が、合衆国の非常に平和主義的な男女の神経をすり減らし始めています。

あなたに手紙を書くのは、あなたと私が以前、すべての文化の根底にあるものについて長い時間話し合ったことがあるからです。そして私たちは、ともに女性でもあります。あなたがご存じかわかりませんが、あなたが逮捕〔一九三七年、人民戦線事件〕されたとき、私は、あなたが日本から我が国への最良の使節であったことを理由として、アメリカ人があなたの解放を要請するように全力を尽くしたのです。わが国民はあなたを信じたのです。

今、あなたが訳された日本兵の日記を手にして、あなたの紹介文〔訳者はしがき〕を深い関心をもって読んだところです。代わりにというわけではありませんが、――いかなる本も別の本の代わりそのものにはなりえないので――、チャールズと私の書いた『航海半途のアメリカ』を送りします。アメリカの外交政策についての「孤立主義者」の見方は、極東で起こっている事件への関与から、身を引くことだと解釈されるべきではありません。あなたの日本兵日記を西洋に紹介したチェンバレン氏は、東京の住まいからこちらの報道機関に対して、中国の抗日運動に関しては万事休す／もう駄目だ（All is over in the matter of Chinese resistance）と主張しています。彼の言うことが正しいかどうかは判断できません。もし本当だとしたら、私は二度と極東にはもどりません。私たちが会うことは二度とないかもしれません。

いかなる本も別の本の代わりそのものにはなりえないと書いたのは、本というものは、それぞれ異なる方法で研究範囲を異にするものだからです。でも、今回の本の交換は、私たちが最も奥深くにもっている信条のいくばくかを相互に伝えるものです。そして、そうであるがゆえに、貴重な通信というものは、ここに同封した小さな紙片の、単なる小さな紙きれとしての価値を超えるのです。あなたにはわかると思います。

愛をこめて
メアリ

この手紙を受け取った石本シヅエは、メアリから「絶交状に等しい手紙」をたたきつけられたと思った。そしてウィリアム・H・チェンバレンがアメリカのメディアに送った記事が、あたかもシヅエが軍国主義者に協力しているかのような印象を与えてしまったのではないかと想像した。シヅエは一九三九年八月六日付の日記で、その時のショックを次のように記している。

この手紙は簡潔に過ぎているので、どうして私が兵隊の日記を英訳したことがビアード夫人の私への信頼を裏切ることになったのかどうしてもわからない。そして日本が軍部の破壊力の前に完全にお辞儀をしてしまう日には、その中に住んでいる個人も他国の個人との友情を断ち

切ってしまわなければならないのだろうか。（中略）
侵略国の兵隊はその侵略主義の共鳴者であると即断することがどうしてできようか。たとい彼らに残虐行為があったとしても彼らはその責任者ではないないのだ。私は最後までこの狂気の日本にあって狂気の日本人に交じって冷静に還る日を待つつもりだ。彼らが悪いからと言って私は口をぬぐって、我が闘いの地を捨て去るような卑怯者にはなりたくない。だから私が兵隊の人間精神を米国に紹介したことは自分にとって正しい行為であり、B夫人の信頼を裏切るものでは決してない。（中略）
国際主義観の強いB夫人はその最愛の弟子である私を民族主義の箱の中へ追い込もうとされた。私はこんなに悲しく思ったことはなかった。されど幸い今ではB夫人をも、自分をも分析なしえて、少なくとも自分の心の悩みや興奮は納めることができた。B夫人にはこのために手紙を二通も書いた。[27]

石本シヅエは、これらの二通の手紙によって、完全にメアリの誤解を晴らしたと考えた。戦後、石本シヅエはエセル・ウィードを通じて（ウィードからメアリへの一九四七年六月二日付手紙）、チェンバレン氏の解説は、彼女の同意したものではないこと、『アジア』雑誌に日本の軍国主義者を擁護する記事を一切書かなかったことを、メアリに伝えている。[28] また、メアリは、一九四八年八月八日付ディック宛の手紙で、「一九三九年八月五日付の手紙でシヅエが日本の兵士の翻訳について彼女に書いた私の手紙から受けたショックにふれていた。私は私がよく知っている著名な女性たちが戦争遂行の政策に加わったことを聞いたし、また、ヘレン・パンクハースト〔エメリン・パンクハーストの孫娘〕はシヅエ自身が強い支持者のように書いている、と私に伝えてきたが、シヅエからの手紙は、これらのすべての疑念を晴らした[29]」と述べている。

それにしても、石本シヅエは、いったい一九三九年七月十三日付手紙に託されたメアリの真意を本当に理解したのであろうか。彼女は同年八月六日の日記で、メアリの手紙の第四パラグラフの後半を次のように訳している。

そしてお前の英訳を米国に紹介するために執筆しているチェンバレン氏は東京の居住所から当地の新聞に電報を出して言っているではないか「事変は支那の抵抗がその息を絶つことによってすべては終わるのだ」と。ああ、そんな日が来るのか。そしてその日が来た時、私は、二度と再び、東洋に顔を向けないだろう。そして、お前とも決して会うは思わない。[30]

先に引用したメアリの手紙の訳と比較すると、日記に書かれた訳は、石本シヅエの思い込みによる過剰反応によって生じた意訳である。筆者は、メアリが『航海半途のアメリカ』を送ることによってその本に示された、シヅエと共有することができる深い信条、極東に平和をもたらすという強い意志をシヅエに伝えようとした真意を、手紙を受け取った時点で、シヅエは十分に理解していなかったのではないかと考える。

しかし、メアリに対するシヅエの不信感が氷解する日がすぐにやってきた。メアリから本が送られてきたのである。その本には『Credos（We Believe）〔私たちは信じる〕』という表題のもとに、三八名の欧米と中国の現代思想家の言葉がまとめられていた。一九三九年十月四日付の日記には、「私は今、この本を前にして、"What would you say if asked for your belief, Shizue? September 3, 1939, Mary R. Beard"〔シヅエ、私たちの信念を問われたら、私たちは何と答えようか、一九三九年九月三日、メアリ・R・ビーアド〕、このメアリ・ビーアドの呼びかけに対して、私は何と答えるだろう。それよりまず私は私のインテレクチュアル・ライフの内部に深く植え付けられたこの先輩の友情に対して、うれしくて熱い熱い涙がこぼれた。そしてこの涙は私自分《ママ》の思想問題の悩みストラグルからのこぼれた汗のしずくなのだと思った。私はもっと自分に力をつけて、自分の内部にある自分の力を正当に認めて、自らを過小評価視する善良なる私の癖を矯正して力強い足取りで一歩一歩踏みしめることとしよう[31]」と書いている。

「絶交状」はこれが最後ではなかった。戦争が起きる一年前（一九四〇年）の冬、前田多門がビーアド夫妻と同じアパートメント・ホテルに宿泊していたときのことである。前田多門は夜チャールズ・ビーアドと食堂で出会い、部屋に来るように言われた。居室を訪ねると、チャールズから、「近ごろの日本のやり方、真に非難すべきものがある。ついては、私交とはいえ、日本人と交際するのに忍びないものがある。あなたとは永年の交誼ながらその例外たるを許さぬ。今後断交したい」という悲痛な宣言を受けた。

前田多門は「やむをえないと私は諒承したが、談話のうち、別に日本政府の立場を弁護したつもりはなかったが、かような成り行きについて、生物学的《バイオロジカル》な運命に置かれているという意味のことを述べたとき、夫人の眉毛がピクと動いて、生物学的とは何か、私はさような言葉を嫌うと、ごきげんきわめて斜めであったことを想起し」ている。そして「かように、日本の侵略政策に対して強硬な抗議を表現した同一の博士が、日本に対する非難はいぜん維持して、何らあらたむるところがないにもかかわらず、研究の結果、内に顧みて、自国の政府にも、表裏があったと認めると、敢然これを抗議してはばからないあの『ローズヴェルト大統領と一九四一年の開戦』の著述となるところに、真実の前に何ものをも恐れない博士の面目がある」(32)と述べている。終戦の翌春、一九四六年二月に来日したアメリカ教育使節団の一員が、チャールズ・ビーアドの伝言をもたらし、前田多門との交誼が復活した。

この二つのエピソードは、日本と合衆国が戦争への道を突き進むことに対する、ビーアド夫妻の強い抗議と平和への希求、正義感を如実に表わしている。

第5章　憎悪の包囲の中で——第二次大戦下の著作活動

1939–45

『アメリカ精神の歴史』

メアリ・ビーアドは、『女性を理解することについて』を執筆して以来ずっと、文明——個人と社会がより良き生活様式に向かって進歩すること——は歴史に内在し、女性がそれを創る中心であるという確信に固執してきた。しかし一九三〇年代後半には、女性は平和的傾向を示すという希望的信念が打ち壊されてしまった。恐慌とヨーロッパのファシズムの台頭以上に、第二次世界大戦へのアメリカの参戦は、直接的に彼女の論理的バランスをたたきつぶした。彼女の言説は、女性は男性よりも断固として戦争に反対する傾向がある、という考えを一般化することを断念した。では戦争中、彼女はどのようにして、何によって、彼女の信念を守り通すことができたのであろうか。

アメリカが参戦したとき、一九四二年に出版したチャールズ・ビーアドとの共著『アメリカ精神の歴史』（*The American Spirit*）[1]は、悲観主義と敗北主義に挑戦するビーアド夫妻の意志を示す最高の行為であった。そして、何人かの批評家が、夫より妻のほうが多く関わった、と評した唯一の共著である。メアリは、この本の著述に没頭することによって、文明の進歩と女性の貢献に対する信念を支えたのである。

『アメリカ精神の歴史』は、『アメリカ文明の興隆』の第四巻で、次々に登場する著者や思想家の言説の引用と、その吟味から構成されている完全な精神史である。ビーアド夫妻は、この本で世界の文明の観念を背景として、アメリカ人による文明の観念の使用の足跡をたどり、アメリカ合衆国が文明を進めるうえで、独自の位置にあったことを示している。彼らのアメリカ文明の骨子は、社会的上層部の少数者ではなく、人類多数の善、社会協同の原理の下に一般社会生活の普遍的向上を求めるというヒューマニズムにあり、「個人主義」とは正反対の社会原理である。

『アメリカ精神の歴史』の結語で、ビーアド夫妻は、アメリカの歴史を進展させる文明の理念は、真理はすべて感覚、欲望、慣習、社会生活の事実から引き出されねばならないと主張するプラグマティストの経験論と、人類は歴史の主潮とともに歩みゆくものであり、それに逆行するものではない、とする絶対主義哲学との板挟みになりながらも、そのどちらにも屈するところがなかったとして、次のように論じている。

その理念は、経験論の指摘する習性、慣行および経験されたものへの従属ということがもつ恐るべき保守的な影響力に対して、以下の三つの主張をもって応戦する。①人間事象（ヒューマン・アフェアーズ）における進歩ということは、慣習（カスタムズ）と習性（ハビッツ）の永続性と同じ程度に確実に事実なのである。②人間の叡智はその性格において、決まりきった日常の行事のようであるとともに、想像力のあるものである。③歴史における発展の研究、すなわち創造的叡智が現実に作業していることの研究は、習性的経験の研究から得られる結果が取り消し難いものであると同じように取り消し難い真理を産みだすものである。

〔また一方絶対主義哲学に対しては、〕文明の理念は、人間的経験を超絶する一つの絶対理性などの救いを求めることをなさず、「〔人間的の〕理性と善とが、歴史の全体量としてではなく、歴史の裡において漸次現実化されてゆくものであるという思想を産んだ。アメリカ文明の理念を説述するものたちは、全宇宙を「解明（エキスプレイン）」しようなどという努力を厳重に警戒しながら、唯物主義の機械的限界や絶対主義の機械的論理を回避した。文明の理念にとっては、真なるもの、善なるもの、美なるもの、社会的なるもの、生活的効用あるものが、記録された歴史の最初から人間の経験のうちに実存してきたのだということで十分なのである。そのことは、やがて、無秩序と反対を克服し、現実を理想に近づかしめる努力におけるインスピレーションと導きをもたらすものであるからだ。(2)

加えて、ビーアド夫妻は悲観主義と闘うために、人間は「創造的叡智が働くことができ、また現実に働いている部分的に開かれた流動的な世界[3]」に住んでいる、という確信を意図的に示したのである。

第五章「民衆興起に伴う文明の観念の擴充」では、十九世紀前半のいわゆる民衆の覚醒と興起の時代に、文明の観念が、この時代の理想と実践を表す象徴となったと述べ、その一つとして、民主主義運動への婦人の参画を挙げ、これを担った「婦人運動指導者たちの文明の観念」について言及している。そこでは、「婦人運動の理論家たちにとっては、権利とは単に、数多くの中の一つの関心事（インタレスト）にすぎない。——根底的には相違ないが、婦人運動の目的を全面的に包括するものではなかった。……婦人運動の人々は、権利は他の目的に達する手段であるとの見地に立ち、当時アメリカの全土を揺り動かしていた一大問題・利害の一大衝突の渦中に自らを投じたのである[4]」と述べられている。

十九世紀の婦人運動への参加者の奮闘の実例として、奴隷制反対運動から婦人解放運動に進んだルクリーシア・モット*と法律家のエリザベス・キャディ・スタントンを取り上げている。ルクリーシア・モットは、キリスト教友の会（クエーカー）の一員として修養を積んだ数少ない女性の教師である。彼女は、知的進歩のみを重視する文明論では不十分であり、キリスト教の倫理と社会（協同）の原理が、文明の観念の支柱であると主張した。セネカ・フォールズにおいて、権利の要求に参加したが、元来彼女の関心は広く当時の思想的・社会的運動全般におよび、婦人労働に限らず一般の労働問題、低賃金、貧困、犯罪、奴隷問題に意を注いだ。モット夫人を婦人運動の哲学者とすればエリザベス・キャディ・スタントンは婦人運動の法律家である。古い家柄の出身で、優れた女子教育を受け、婦人の地位を規定する法律を研究したスタントン夫人は、その才覚を生かして、雑誌・新聞の論文を編集・執筆し、請願書や決議文を起草し、州や連邦議会に呼びかける実務をこなした。彼女の関心と活動は、モット夫人と同じく労働問題、貧困、奴隷制度など、婦人運動の範囲をはるかに超える広範囲に及んでおり、彼女を支えた信念は、文明における進歩の観念であった。二人は偏狭なフェミニストとしてではなく、多面的な方法で——すべての社会問題を彼らの思想と議論の範疇に取り入れて——文明のために努力したとして、メアリは、その社会的貢献を高く評価している。

＊ **ルクリーシア・モット**（Lucretia Mott　一七九三—一八八〇）　アメリカのクエーカーの教職、奴隷制反対運動家、婦人運動家、社会改革者。エリザベス・キャディ・スタントンとともにセネカ・フォールズの大会を組織し「所信の宣言」を起草した。

古い伝統の殻を破って、反撃の矢面に立ったのは、このような「新しい女」であったが、その責任の一担を担おうとする「新しい男」として、メアリは、一七七六年の人権宣言を、男性のみならず女性にも及ぼして、普遍化するよう主張し、婦人運動を強力に支援したウェンデル・フィリップス＊の物語を挙げることを忘れなかった。メアリは、フィリップスが、「婦人は本質上、社会協同主義の特別の守護人でなければならない。だから、(社会生活に寄与し)文明を守り進める機会を、婦人のために増大せしめることは、単に婦人だけの利益よりむしろ公共の利益の要請である[5]」と主張した。さらに彼は、議論の支持を得るために、十八世紀のフランスにおいて男子が社会思想の革命をもたらしたのは、彼らが招き入れられた婦人のサロンであったという事実を挙げ、近世の思想に婦人がいかに寄与したか、を歴史事実に基づいて説明したこと、また、婦人が主義の達成のために、真の勇気、道徳的勇気において優れていることを、自らの体験に基づいて雄弁に語った、とメアリは記述している。

＊ **ウェンデル・フィリップス**(Wendell Phillips 一八一一—八四) アメリカの弁護士。ハーバード・ロースクール卒。奴隷廃止論者、女性の権利主張者。

女性の視点からの百科事典改訂

『女性の扱いに関するエンサイクロペディア・ブリタニカの研究』(一九四二年、未公刊)

一九四一年に、メアリは、自らの創造性を開花させる新たなチャンスをつかんだ。女性の視点からブリタニカ百科事典の改訂版を提出するよう、編集長ウォルター・ユスト＊から依頼されたのである。このプロジェクトの成果は、報告書『女性の扱いに関するエンサイクロペディア・ブリタニカの研究[6]』としてまとめられて、一九四二年十一月五日にユストに提出された。四二頁からなる報告書の記述の多くは、『女性を理解することについて』で示され、のちの著作『歴史における力としての女性』において、さらに深められ展開された興味深い内容であり、今日の「女性学辞典」の源流であるといっても過言ではない。

＊ **ウォルター・ユスト**（Walter Yust 一八九四―一九六〇） アメリカのジャーナリスト、著述家。『エンサイクロペディア・ブリタニカ』のアメリカの編集長。

報告書は、第一部「推奨」（三―七頁）、第二部「批判」（七―二八頁）、第三部「新しい項目と説明のための提案」（二九―三九頁）の三部から構成されている。第二部で男性の前任者が書いたものの中から項目を選んで検討し、批判を加えている。例えば、「アメリカのフロンティア」の記載では、女性が果たした市民的役割や、「個人の意欲を社会的能力へ高めたコミュニティ・ライフと協同組合事業における相互援助」について気づいていないと指摘し、「フレデリック・ジャクソン・ターナー[*1]にあまりにも厳密に従ったために、非常に狭く頑迷」で、「フロンティア」を野蛮とし、女性を伴わないで、男性のみによって行われた」と叙述していると批判している。(7) フランスの政治思想家アレクシ・ド・トックヴィル[*2]は、フロンティアで文明の担い手としての女性の役割に深い感銘を受けたと述べていることから、この項目は削除するか書き直しすべきだとしている。加えて『エンサイクロペディア・ブリタニカ』で取り上げられてこなかった女性の諸活動（例えば尼僧による最初の病院設立など）を列挙して、古文書の読み方を提示している。第三部では鋭い洞察力によって、空調、入浴、製パン、女子大学、料理、家庭裁判所、エチケット、女神、ハル・ハウス、飢え、洗濯、母系制、軍国主義、無抵抗、家父長制、女囚、革命、（武器と対照的な）社会的手段、女性、戦争といった数十のトピックを新たに登録した。報告書は、数多くの事例に基づき、議会や大学や医科大学の設立が、女性を排除するようになった歴史的事実を挙げ、これらの制度が発達するにともない、初期の伝統的な女性の力が次第に弱められたのだと述べている。

＊1　**フレデリック・ジャクソン・ターナー**（Frederick Jackson Turner　一八六一―一九三二）　米国の歴史家。論文「アメリカ史における辺境の意義」（一八九三）で歴史学者としての地位を確立。

＊2　**アレクシ・ド・トックヴィル**（Alexis-Charles-Henri Clérel de Tocqueville　一八〇五―五九）　フランスの政治思想家・政治家・法律家。著書『アメリカのデモクラシー』（第一巻一八三五、第二巻一八四〇）。

報告書で示された『ブリタニカ』に対する彼女の批評と改訂は、『ブリタニカ』が無条件で受け入れるには、あまりにもラディカルすぎたようである。彼女は改定の仕事を終えると、さらに著名な女性たちの小伝を提供して、多くの才能ある女性を登録したので、編集者の関心は頓挫してしまい、ついに出版されることはなかった。女性の視点から『エンサイクロペディア・ブリタニカ』を改訂する努力が実を結ばなかったことは、メアリをひどく落胆させることになった。仮に、『エンサイクロペディア・ブリタニカ改訂版』が出版されていれば、定評あるフェミニスト研究の手引き書として、高く評価され活用されたことであろう。

女性を総合史に包含――『アメリカ合衆国の基本的歴史』

一九四四年のはじめ、ビーアド夫妻は最後の共著である『アメリカ合衆国の基本的歴史』(*A Basic History of the United States*)を完成した。これは、チャールズとメアリの関心が響き合い、二人の知的能力が融合され、女性を総合史に包含するというメアリの意図がある程度反映された本で、読み易くて人気が高く、最も売れ行きがよかった。

この本には、男が家畜の世話をし、女たちはろうそくを作っている植民地(北部)での家族単位の農場の風景、ニューイングランドの婦人が経営した小学校、茶の輸入や販売を禁止した英国の規定に反対する婦人団体、一八七八年連邦議会上院委員会で参政権を訴えるエリザベス・キャディ・スタントンの演説風景など、女性が登場する絵画が多く掲載され、視覚に訴えて読者の関心を喚起している。(8) アン・レーンによれば、一九六六年の調査において、アメリカ史の代表的な歴史教科書二七冊(そのうち二五冊は一九六〇年以降出版された本である)の中で、女性に関する記述が最も多い本としてあげられている。(9)

女性の男性への従属という神話を打破した代表作——『歴史における力としての女性』

チャールズがかつての友人たちからの憎悪と敵意に囲まれる中で、メアリは『歴史における力としての女性』[10]を、戦争の最後の年、一九四五年六月に原稿を完成し、約一年後の四六年四月にようやく出版に漕ぎ着けた。七十歳の時である。この本は初期の著作のアイディアやテーマが発展させられ、深められた彼女の代表作である。メアリは、チャールズが著作全体に目を通して、事実の証明や判断の正確さや文体について、綿密な校閲をおこなったことを公然と認めている[11]ように、この本は全面的に夫の協力を得て完成した自信作である。

これまでの人類の歴史において、女性は常に男性に隷属してきたが、これからは、男女は平等にならなければならない、これが十八世紀から今日に至るまでの代表的な婦人解放論者のスローガンであった。メアリは、このような男性への女性の従属という「ドグマ」は、全人類の歴史において他に例を見ない、根拠のない神話である、と主張し、メアリ・ウルストンクラーフト*やジョン・スチュアート・ミル、アウグスト・ベーベルなどの十九世紀の女性の権利主張者や、「従属理論」を受容する後継者を、以前にもまして、容赦なく激しく非難した。

* **メアリ・ウルストンクラーフト**（Mary Wollstonecraft　一七五九—一七九七）　イギリスの社会思想家、作家、フェミニズムの先駆者。男女同権、教育の機会均等を提唱した。著書『女性の権利の擁護』。

メアリは次のように主張する。女性たちはこれまでただ子どもを産み育ててきただけではない。それよりはるかに多くのことをしてきた。女性たちは、人間の思想や行動によって織り成される歴史上の出来事を方向づけるために偉大な役割を果たしてきた。女性たちは、歴史をつくる力であったと。歴史家メアリ・ビーアドは、この命題が正しいことを証明するために、「歴史的事実」をつきつけ、新しい女性論と女性運動の方向性を指し示そうとしたのである。

本の構成は、第一章「すべての人の関心事――男と女」で、いかに新しい男女の地位に関する論議がアメリカ社会一般の関心事になっているかを述べ、第二章「女の態度」と第三章「男の態度」では、現代アメリカの代表的な男女の歴史家、社会学者、社会科学者、教育家や政治家が、女性をどのように扱っているかをたどり、彼らの中に女性の従属理論やあるいは完全な黙殺の慣習がいかに根強いものであるかを指摘している。第四章「絶えずつきまとう考え――その特徴と起源」と第五章「アメリカにおけるブラックストンの影響」では、英米の法学者における女性の従属理論の内容と起源について論じ、第六章「法制と衡平の挑戦」と第七章「従属からの解放としての平等」では、アメリカにおける法律上政治上の男女同権の闘いの歴史をたどる。第八章「長い法律史によって試される従属理論」、第九章「中世の女性――衡平裁判」、第十章「中世の経済社会生活における女性の力」、第十一章「中世の教育的・知的関心の形跡」は、この本の主要論点である。主に中世ヨーロッパの経済・法律・社会・政治・文化生活における女性の地位を詳述して、これまでの婦人論が主張したように、女性は男性に「隷属」しているのではないことを立証しようと試みる。最後の章「長い歴史における力としての女性」では、人類の歴史の始まりから十七、八世紀の啓蒙時代に至るまで、いかに女性は社会の進歩の原動力であったかを論じて結語としている。

中心的な論点は、フェミニストの女性史の概念は誤りであるということである。メアリは、フェミニストたちの誤りの源泉を、ウィリアム・ブラックストン*の思想までたどり、彼の女性抑圧の思想が十九世紀のフェミニストによって定着させられた、という斬新な主張を展開している。その論拠となったのは、ウィリアム・ブラックストンの『イギリス法論評』(*Commentaries on the Law of England*, 1769)である。彼の慣習法の注釈では、結婚によって市民としての女性は消滅し、既婚女性の法的地位は、全体的に夫の地位に依存するというものであった。メアリは、アメリカのフェミニストたちが、ウィリアム・ブラックストンの法的な従属理論を技術的に誤読して、「女性は男性に従属してきた」という彼の断言を、一八四八年セネカ・フォールズの「フェミニスト宣言」の基礎として採用したと指摘して、女性たち自身が(男性の歴史家と同じように)女性の真の力を隠蔽してきたと批判する。そして彼女たちによって使用されたこのフレーズの解釈に、次のように挑戦している。

ブラックストンは比喩的にこれを使っているのであって、文字通りに解釈してはならない。彼がいう法律上とは、イギリス法の一部である慣習法を意味しており、慣習法で認められなかった女性の権利は、正義のもとに特別裁判所で衡平法によって認められることになる。また、ここでは既婚女性のみについていっており、女性一般が視野に入れられていない。このほか、滅多に法廷に持ち込まれることはないが、一般的な日常の事柄を規定している男女間の私的な約束事があると述べて

いる。(12)

＊ **ウィリアム・ブラックストン**（William Blackstone　一七二三―一七八〇）　イギリスの法学者。著書『イギリスの法釈義』。

このように、ブラックストンの見解は、衡平法裁判所を無視しているため不公平なものだと、多くの頁を使って、反対論を展開している。ここでのメアリの論証は、近世から今日にいたる英米の法律において、婦人が完全に平等であることを言おうとしたのではなくて、一般に喧伝されるほど虐げられたわけではない、という条件づきの否定である。彼女が強調していることは、婦人を隷属的地位におく法律の存在が、それ自体実際生活上の婦人の隷属を意味しない、ということである。

評　価

メアリが自信をもって世に送り出した『歴史における力としての女性』は、必ずしも人々から好評をもって迎えられたわけではなかった。例えば『ニューヨーク・タイムズ』(13)で、この本を書評したジャック・ヘクスター＊教授は、攻撃のために大きなスペースを割いて、「男性たちがすべての文化パターンを作ったのであり、メアリ・ビーアドの主張はすべて間違っている」と宣言した。メアリは、一九四八年四月三日付エセル・ウィードへの書簡において、「この教授は単に女性たちの歴史を知らないだけなのです――それどころか、彼の心を男性主義で染めあげ、男性の反射鏡以上のものとしての「女性」の存在を彼に拒絶させる、男性についての理論さえもっているのです」と激しく反論し、「私は間違いなく正しいのです。彼は断じて間違っています。私の物語はドラマティックな真実なのです。……女性としての私たちの課題は、彼女らに実際に彼女らを構成していた肉体と血を与えることなのです」[14]と主張している。

＊ **ジャック・ヘクスター**（Jack H. Hexter 一九〇一―九六）米国の歴史家。十七世紀英国史を専門とする。

メアリは、衡平法に関する研究を誇りに思った。それは決定的なものではなかったが、意味ある示唆に富むものであった。しかし著者の名前がチャールズであろうとメアリであろうと、姓が忌み嫌われている〝ビーアド〟であることが分かったときに、彼女の著書は、歴史の専門家や一般の人々の視野から消え去り、期待したほどの高い評価を得ることができなかったのである。

人気を博すことができなかった別の要因は、強い「反フェミニズム」の論調にある。メアリは、初期の著作でフェミニズムの「正当な不満」と「名誉の闘い」を認めたが、この著作では、「フェミニズム」の意味を男性に対する敵対、矮小な個人主義として狭く解釈し、十八世紀以降のフェミニズムは、女性のイニシアティブではなく、「男性の模倣」へと女性を導いたと批判した。

この本を書いたとき、彼女の前をパレードする第二次世界大戦中の女性たちの業績と戦後の活躍との落差は、彼女のジレンマになった。加速する男性の産業分野、軍事サーヴィス、行政職や専門職への女性の華々しい進出は、女性が公的生活の中心において「平等に管理する」社会的な力であるという彼女の主張の好例[15]として役に立った。これまでにもまして遠慮なく、女性は選択の自由を得たこと、女性の男性への従属という考えは、「幻想的な」虚構でしかないことを強調した。このように彼女の絶頂期の著作は、「反フェミニズム」と呼ぶにふさわしいトーンを帯びている。それは狭い意味では正しいが、彼女の生涯の目的から見ればそれは正確ではない。

実際のところ、戦時中におけるさまざまな分野でのアメリカの女性の活動は、男性の労働力不足を補う暫定的な措置であり、たとえ女性が男性の分野の仕事に就いたとしても、「女らしさ」が重視され、家庭役割が最優先するとするものであったから、その後の女性の社会的地位の変化に決定的な影響を及ぼすことにならなかった。戦後男性の分野の仕事がなくなると、社会の一般的な風潮は、女性的な活動を再び強調するようになった。仕事と家庭の両立に苦しんだ女性にとって、家庭は二重責任から逃れる場所であったし、兵役から帰った男性にとって、家族関係の回復は重大な問題であった。また軍隊経験者の教育・職業復帰を保障した「兵隊憲章」(GI Bill of Right)は、高等教育や職場から女性を締め出した。かつて強力な圧力団体として力を発揮した婦人団体は、女性の地位向上のための有効な運動を展開することは出来なかった。

また、一九四〇年代のアメリカの女子教育は、女性の経済的地位向上に貢献したが、その教育内容は、必ずしも社会的・経済的役割を担う力を養うものではなかった。戦時中は、軍部による大学での訓練プログラムの実施、男女共学の拡大、科学的知識の強調による女性の学科選択に変化がみられたが、戦後の教育の民主化・大衆化は、かえって男女差を拡大した。このような状況の中で、戦後のアメリカにおいて、相次いで表れる反フェミニストの主張は、社会不安の責任を、女性が精通している家庭役割への女性の裏切りに負わせ、「女性よ家庭へ帰れ」という風潮を作り出したのである。

一方、同時期に占領政策の一環として日本に派遣され、四年制の女子大学の設置を指導した女子高等教育顧問ルル・ホームズ博士（在任期間一九四六年八月―四八年四月）や男女共学の新制大学の実現に寄与した後任のヘレン・ホスプ・シーマンズ博士（在任期間一九四八年七月―五〇年三月）は、日本で大学出の女子に対する職業教育の重要性を強調した教育政策を推進した。その一つとして、ヘレン・ホスプ博士は、全国の新設の大学から公募した女子教員のための「女子補導研究集会」（一九四九年十月十日から十二月二十三日）を主導し、現在のフェミニスト会議を先取りした進歩的なカウンセリング・プログラムを実施したが、皮肉にも、母国アメリカで、女性が職場を追われ、「女性は何でもできるという行きすぎの議論から、もっと女性にふさわしい場所に戻るべきであるという考え方に回帰しつつある」[16]厳しい状況が進行しているのを見て、彼女は女子学生の職業の長期的展望にとって憂慮すべき事態であると嘆いている。

ナンシー・コットは、「このような戦後の歴史的コンテクストが、メアリの『反フェミニズム』の論調を注目すべき重要なものとしたという点で、『歴史における力としての女性』は他のどの著作よりもこの時代の風潮に調和していた」と述べている。そして、「『歴史における力としての女性』における平等権フェミニズムに対する反対の簡潔な説明は、戦後痛烈な非難をうけた最も有名な類似の評論、ファーディナンド・ランドバーグとマリニア・ファーンハムによる『現代女性――

失われた性』[17]の主張を先取りしたものであった」[18]と論じている。ちなみに『現代女性――失われた性』（一九四七年）は第二次大戦後の女性の社会的・心理的状況を論じた科学文献で、全米でベストセラーとなり、女性の家庭復帰と精神分析的な反フェミニズムに貢献した著書である。

メアリの著書は、この本と同様に、フェミニズムは男性への従属に不平を言い、ただ単に男性を模倣した男女平等を提案する性の反目であると描いた。両書は十八世紀以来のフェミニストの伝統が、女性本来の使命を追求する代わりに、男性モデルに従うように促し、女性を甚だしく間違った方向に導いたと主張した点で共通している。しかし女性の「使命」という点で決定的に違っていた。メアリは女性の歴史的な使命は、「養育」ではなく「世界建設」にあると主張し、これまでの著作以上に女性の公的な役割を強調したが、一方ランドバーグとファーンハムは女性の歴史的使命を母性主義に見いだしたのである。[19]

当時『現代女性――失われた性』が得た多くの読者と注目は、メアリを激怒させた。エセル・ウィードへの書簡で、その悔しさの一端を吐露している。

私の著書は、その年の五〇冊の優良図書の一つとして、図書館協会によって取り上げられたのですが、ベストセラーのリストに載らなかったのです。私の本は、その年（一九四七年）の最も不愉快な本、『現代女性――失われた性』が得ているほどの人気をかちとることはできないと思います。合衆国では私たちは泥沼に嵌っているのです。[20]

メアリは、女性の目をふたたび家庭内の暖炉に向けさせる主張を擁護する、戦後の論評者たちに対して好意的ではなかった。女性の公共的努力を基礎とする彼女の主張は、個人主義的自由主義フェミニズムよりも、人種の垣根を越えて、女性たちに訴える潜在的な迫力をもっていたといえる。しかしながら、『歴史における力としての女性』は、女性従属理論の神話を打ち破るために、歴史における女性の力に人々の関心を向けさせようと奮闘した結果、排除され周辺に追いやられている女性の共通の不満の正当性を過小評価した。

多くの批評家が指摘するように、私たちは『歴史における力としての女性』に、文明の形成者としての女性の強調と、男性に善悪があるように女性もまた建設的な側面と破壊的側面の両面をもっているという別の主題との、ダイナミックな緊張関係を見いだすことができる。大文字の Woman（単数の抽象化された女性）と小文字の女性たち women（複数のさまざまな個性をもつ個人としての女性たち）で表現される複眼的、併存的なメアリの考え方は、一九四七年の論文「社会における女性の役割」[21]（本書巻末附2）において簡潔に展開されている。

鶴見和子の論評

では、日本で『歴史における力としての女性』は、どのように評価されたのであろうか。管見では本書を日本に紹介して論評した評者は鶴見和子[*]のみである。

＊**鶴見和子**（一九一八―二〇〇六）　社会学者。鶴見祐輔の長女。『思想の科学』を創刊。柳田国男、南方熊楠らの民俗学の研究から比較社会学理論を確立し、内発的発展論を論じた。著作集『鶴見和子曼荼羅』全九巻など。

鶴見和子は一九一八年に父鶴見祐輔と母愛子（後藤新平の娘）のあいだに、四人きょうだいの長女として生まれた。ビーアド夫妻が来日した時は五歳であるから、彼らに会っているであろう。彼女がビーアド夫妻に対して、どのような印象をもったかはわからない。成城小学校から成城学園へ進み、女子学習院へ転校して、一九三六年、津田英学塾に進学した。この年両親と共に米国へ渡航している。記録はないが、おそらくその時、メアリに会ったであろうと思われる。また一九三五年にいとこの石本シヅエがメアリの指導で出版した『フェイシング・トゥ・ウェイズ』が欧米で高い評価を得たので、いとこを通じてメアリのことを知っていた。一九三九年、ヴァッサー大学大学院に入学し、四一年修士号（哲学）取得後、コロンビア大学大学院（哲学科）へ進学するが、太平洋戦争中の四二年六月、同大学院を中退して、ハーバード大学を卒業した弟鶴見俊輔[*1]と共に日米交換船で帰国した。留学中に鶴見和子はメアリに会おうと試みたが、すでに日本人との絶交を誓ったメアリは、鶴見和子との接触を拒否している。メアリはのちに彼女と会わなかったことを後悔していると述べている。戦後一九四六年に鶴見和子は、弟俊輔や武谷三男、武田清子、都留重人、丸山眞男[*2]、渡辺慧等とともに雑誌『思想の科学』を創刊し、六六年プリンストン大学社会学博士号を取得し、六九年以降上智大学教授を務め、比較社会学で新しい境地を開いた。

＊1 **鶴見俊輔**（一九二二―二〇一五）評論家・哲学者。鶴見祐輔の長男。ハーバード大学で学んだ後、太平洋戦争中に帰国。一九四六年丸山眞男や姉の鶴見和子と『思想の科学』を創刊。プラグマティズムや論理実証主義を日本に紹介した。

＊2 **丸山眞男**（一九一四―一九六）日本の政治学者、思想史家。日本の超国家主義を分析。著書『現代政治の思想と行動』。

鶴見和子は一九四九年、『世界評論』六月号に『歴史における力としての女性』の書評を投稿している[22]。鶴見は、本書の婦人論の論旨を明らかにするために、反対の立場に立つ婦人論と比較検討したうえで、メアリ・ビーアドの歴史観は「歴史的多元論」であると指摘し、それは戦後日本の婦人運動の方向性を考える上で貴重な論点である、という興味深い論評を展開している。鶴見はメアリの論旨を次のように要約している。見てみよう。

ビアドは、第一に、法律上の婦人に対する不平等の規定は、実際生活の上では、いわれているほど婦人を抑圧していなかったこと、第二に、中世ヨーロッパの婦人が、農業・手工業・商業等の生産的な面において、男子と協同して働いていたこと、第三に、教育・科学思想・宗教等の面においても婦人は人類文化の進歩のために貢献してきたこと、等をあげて、過去の歴史において婦人は「力」であったことを強調する。

しかし、婦人隷属論者がこれらの諸事実を無視しているとは認められない。……一つの社会の、大多数の婦人が、財産もしくは生産手段の所有関係において男子に従属している場合には、婦人は依然として「従属者」なのである。このように考えると……ビアドの主張するように、「婦人は歴史をつくる力であった」という命題も、「これまでの歴史（私有財産制確立以後）において、婦人は男子に隷属していた」という命題も、同時に成り立つわけである。

それでは同じ歴史的事実に対してなぜ異なる結論が出てきたのか。ビアドの立場は「歴史的多元論」であって、婦人の経済的・政治的・法律的・文化的地位に対して均等の価値を付与する。その中のいずれの要素が決定的であるかを評価しない。それ故にその中のいずれかの面において婦人が活動していれば、それらはすべて「婦人は歴史を作る力であった」という命題の例証になる。これに対してベーベルは経済的な地位を決定的とみる唯物史観の立場に立って婦人の歴史的地位の発展を分析した。[23]

このように、両者の論点の違いを明確に描き出したのちに、メアリの「多元的原因論による婦人問題の分析を、私〔鶴見〕は全く無意味だときめつけることはできない。それは、現象把握の仕方において、あらゆる可能性をつかみ出そうとする努力である」と評価した上で、「いろいろなデータの中で、決定因子と被決定因子を見定めて何が婦人の地位を低くしている決定的な要素であるかを分析しなければ婦人問題の発展的解明はのぞめない[24]」と歴史的多元論の課題を示唆している。

最後に、全国女性党の機械的な男女同権運動に対する批判として、男性の模倣ではなく、婦人としての「力と可能性と任務」を伸ばすことを目標とすべきだと論じているメアリの立場は、過渡期の日本の「男女平等論」にも示唆を投げかける、と述べて評論を締めくくっている。鶴見和子の論評については、『日本史における女性の力』を検討したのちに、最終章でとりあげて論評したい。

第二次世界大戦後メアリ・ビーアドは、『歴史における力としての女性』の刊行に引き続いて、その姉妹編『日本史における女性の力』の執筆に取りかかる。

第Ⅲ部　戦後日本とメアリ・ビーアド

女性政策推進ネットワークを支えた婦人問題担当室の秘書たち。左から富田（高橋）展子、椛島敏子、エセル・ウィード、伊藤和子

新日本婦人同盟のメンバーとともに選挙権行使のためのプログラムを検討中のウィード（中央）。左から２人目が田中寿美子、３人目が斉藤きえ、４人目が藤田たき

１万人が参加した横浜市体育館での講演

メアリ・ビーアドが高く評価した、いきの合った通訳との二人三脚

選挙権行使を奨励するために全国遊説中のエセル・ウィード（右）。左は椛島敏子（1946 年）

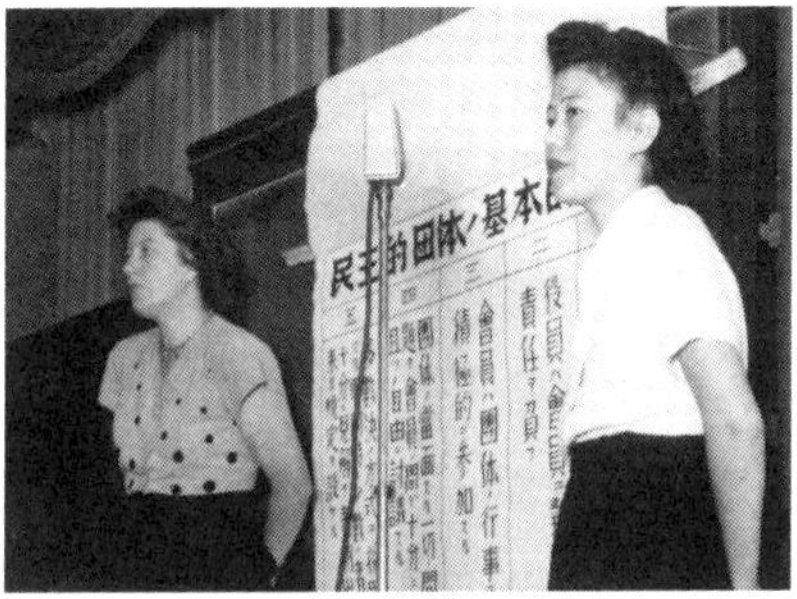

民主的団体の基本についての講演

中央奥に、エセル・ウィード（左）と椛島敏子

第6章　日本占領政策と女性解放

1945―52

メアリ・ビーアドとエセル・ウィードの往復書簡

メアリ・ビーアドは戦争中ずっと石本シヅエの消息と未刊行の日本の原稿のことが気になっていた。一九四〇年に世界女性アーカイブセンターが閉鎖されたため、原稿を自宅に保管していたが、ついに決心して、一九四四年四月六日付グリアソン夫人宛の手紙で、資料としてスミス・カレッジのコレクションに加えるように提案し、寄贈を申し出た。

これは短い覚え書きです。それでも、あなたに話した日本の資料を間違いなくスミス〔・カレッジ〕へ寄贈することに決めたことを報告することによって、私があなたのスミスでの事業に今もって忠誠であること——たんに言葉での忠誠以上に忠誠であることが分かっていただけるでしょう。……

資料が寄贈されることになったことを、ニューズレター等で予告してくださると、お望みなら、これらを使ってくださって結構です。

資料（英語に翻訳されています）は、一九三五年までの日本の神話や記録された歴史における女性たちについての多くの素描からなっています。石本男爵夫人シヅエさんと一緒に日本史における女性たちのこの記録に関心をもった、日本の最高の学者グループによって準備されました。これはアスカナジー夫人と有名なヨーロッパの女性たちが、ナチスによって占領されるまで、ウィーンで作業していた世界女性史エンサイクロペディアの日本の章になるように企画されたものでした。原稿はアスカナジー夫人の家に置かれていました。彼女は（ナチの）侵攻の前夜スイスに逃れましたが、彼女の家は銃撃され、勿論原稿は燃えてしまいました。

石本男爵夫人は、まだ東京で生きているなら、どうしているのでしょうか。ウィーンでの出来事を知ったあと、彼女から私に送られてきた資料を贈与するのと一緒に、一九三四年〔一九三五年〕だったと思いますが、ファーラー＆ラインハート社が出版した彼女の自叙伝『フェイシング・トゥ・ウェイズ』（*Facing Two Ways*）と、子ども向けの本『日本の少女時代』の複写を、これも彼女自身の物語ですが、お送りします(1)。

戦争が終わった一九四五年十月のことである。メアリは、偶然にも『ニューズ・ウィーク』誌で、石本シヅエの消息についての記事を見つけた。そこには、シヅエが一九四四年に離婚し、その後労働運動の指導者加藤勘十と再婚して加藤姓となったこと、子どもが生まれたこと、戦争を生き延びて健在であることが書かれており、彼女の無事を知ってうれしさがこみあげ胸が一杯になった。どのように拘置所とそれに続く家での拘留、食糧不足、空襲を生きのびてきたのか、想像すらできなかった。メアリは、さっそくこのことをグリアソン夫人に伝えた。

> あなたは石本男爵夫人が彼女の自叙伝で語っていた大地震と今次の大戦を生き延びた、というニュースに関心をおもちでしょう。大変うれしいことに『ニューズ・ウィーク』誌で、彼女の記事を見つけました。これも保存用に同封します。おそらく彼女は今、マッカーサーの庇護のもとで、戦前に始めた産児調節クリニックを再開していることでしょう。彼女は日本の人口問題の答えは、移民ではなく産児調節だ、と言明した最初の日本人だったかも知れません。これが彼女の功績であることは、それを真実だと信じる人々によって認められてきました。自伝の中で彼女は日本が中国に対して戦争を引き起こしたことをひどく嫌っていると主張していました。彼女はまた幅広い一般的な社会哲学をもっていました。もちろん一九三五年《ママ》〔実際には一九三九年〕以降は彼女から便りがありません。ですから彼女が生存しているというニュースを見つけた時の興奮は想像していただけると思います。……

私が、スミスに寄贈した日本の資料に基づいて書く本については、石本男爵夫人と連絡がつくまで待つのが良いでしょう。私はすぐにマッカーサー将軍を通じて連絡をとるよう試みてみます。彼女はそのような本に取り組むことができる最適の人を知っているかもしれません。出版が彼女の本国でなされることが可能なら、彼女はこの資料に基づいて書かれることを望んでいた本を母国語で書くこともできるのです。そうであれば、彼女の本を英語にするよりも簡単だと私は思います。そして、西洋人によって書かれるよりも真実味の深い本になるでしょう。

あなたのアーカイブについての識見と一般的な知恵に対しては、脱帽とともに称賛の気持ちでいっぱいです(2)。

手紙に書かれているように、メアリは、マッカーサー将軍を介してシヅエに連絡をとり、日本で素描を本にしたいかどうかを確かめることにした。幸いに、G・H・フィリップ中尉が、GHQの規則に従い、東京に駐在している陸軍女性部隊のエセル・ウィード中尉を介して、加藤シヅエと通信ができる、という情報を東京から送ってきた(3)。この規則に基づいて、メアリはCIEに女性情報班が設置された、一九四五年十月から占領が終了する九五二年一月まで、エセル・ウィードとの間で書簡を交わすことになる(4)。

初めのうち、エセル・ウィードはメアリと加藤シヅエとの間の仲介役であったが、次第に日本女性史出版プロジェクトに深く関わるようになった。そして二人は出版を実現するための同志として、強い絆で結ばれる親密な関係を築くことになる。二人の関係の変化は、書簡の冒頭に書かれる相手方の名前が、「親愛なるメアリ・ビーアド（Dear Mary Beard）」から「親愛なるメアリ（Dear Mary）」へ、「親愛なるエセル・ウィード中尉（Dear Lt. Ethel Weed）」から「親愛なるエセル（Dear Ethel）」へ、とファースト・ネームに変わっていったことに端的に象徴される。

エセル・ウィードと書簡を交わすうちに、メアリは占領下の日本の女性政策に深い関心をもち、その進展状況を知りたいと考えるようになった。一方、書簡で示されるメアリの幅広い見識は、エセル・ウィードが日本で女性政策を企画する上で、基本的に重要な意義ある情報であった。アメリカ人として、日本の女性政策をどのように援助すべきか、模索していたエセル・ウィードは、メアリに当面する課題について助言を求めたのである。一九四五年から四七年の書簡には、日本での女性政策の立案と実施上の課題について、メアリの具体的な見解が述べられており、エセル・ウィードはそれを日本での女性政策に反映させたのである。これらの往復書簡から、メアリはエセル・ウィードを力づけるとともに、日本での女性政策を進めるうえで、いかに重要な示唆を与えたかを知ることができる。まさにメアリは、「隠れた占領政策推進者」であった、といっても過言ではないであろう。

一九五三年に、加藤シヅエの翻訳で出版された『日本女性史――日本史における女性の力』は、『歴史における力としての女性』の姉妹編ともいうべき著作である。この本には、神話時代以来の日本史における女性の活躍と、進行中の占領下の女性政策の進展について描かれている。一九四七年以降の書簡の多くは、日本女性史の構想および制作過程と日本語の翻訳に関するものである。このようにメアリは、間接的にエセル・ウィードの政策への助言を媒介にして、直接的に『日本女性史――日本史における女性の力』の刊行によって、戦後の日本社会の民主化に女性たちの力を結集する占領政策と戦後改革に介入したのである。

日本占領政策と婦人解放

マッカーサーによる婦人参政権付与

連合国は、一九四五年七月二十六日、「ポツダム宣言」を発し、占領の目的が日本の民主化・非軍事化にあることを宣明し、占領形態が間接統治であることを示唆した。ポツダム宣言一〇項後段には、「日本政府ハ、日本人民ノ間における民主的傾向の復活教化ニ対スル一切ノ障害ヲ除去スベシ」とあり、日本女性が戦前から要求してきた婦人参政権の実現を確信させた。

終戦直後の八月二十五日、市川房枝は山高しげり[*1]（別名金子しげり）、赤松常子[*2]らとともに「戦後対策婦人委員会」を立ち上げた。いち早く行動を開始した政治部は、日本政府の手で参政権を実現するよう政府に働きかけた。しかし当時の東久邇宮稔彦総理大臣は、「考えてみよう」と消極的な態度であった。九月二十五日市川らは、

①衆議院選挙法改正により二十歳以上の女性に選挙権、二十五歳以上の女性に被選挙権を与える

こと

②地方議会の女性の公民権

③治安警察法改正により女性の政治結社への参加を認めること

④文官任用法改正により女性の行政機関への登用をみとめること

を政府と政党に申し入れている。

＊1　**山高（金子）しげり**（一八九九―一九七七）婦人運動家、参議院議員、全国地域婦人団体連絡協議会会長。戦前婦人参政権獲得期成同盟結成から解散まで市川房枝とともに活躍。戦後は婦人有権者同盟、全国婦人団体連絡協議会を結成した。

＊2　**赤松常子**（一八九七―一九六五）大正・昭和期の労働運動家、戦後社会党参議院議員。「紡績女工の母」として慕われた。

十月十一日、マッカーサーは、「日本民主化のための五大改革指令」（①婦人解放、②労働組合の助長、③教育の自由化・民主化、④秘密的弾圧機構の廃止、⑤経済機構の民主化）を発表し、「選挙権付与による婦人解放」をその冒頭に掲げ、民主的諸改革の中心に位置づけた。指令には「国家の構成員」として、「女性が国の福祉に直接奉仕する政府という概念を日本にもたらすであろう」と、その理由が述べられている。選挙権付与は、すでに米国本国で作成された全般的な占領計画構想に、部分的あるいは断片的に混在していたが、女性を別個に独立させて占領政策の対象として検討するのは、「参政権付与による婦人解放」指令が初めてである。(5)

十月九日に成立した幣原喜重郎内閣は、マッカーサーの五大改革指令が発表される前日の十日に開催された内閣の初会合で、堀切善次郎*内務大臣提案の婦人選挙権について、全閣僚の賛成を得ていた。マッカーサーの指令を受けた日本政府は、十二日に「二十歳以上の男女に衆議院議員の選挙権を与えること」を、二十三日に「二十五歳以上の男女に被選挙権を与えること」を閣議決定した。これに基づき、十二月十五日選挙法改正案が成立し、十七日公布された。

＊ **堀切善次郎**（一八八四―一九七九）内務官僚。帝都復興局長官、東京市長、法制局長官、幣原内閣の内相などをつとめる。

しかし日本政府の選挙法改正の真意は、必ずしも民主的な意図によるものではなかったことは、堀切内相の議会での答弁で明確に示されている。彼は選挙権の拡大を、国民の普遍的権利ではなく、国家的義務に対する責任と能力の問題として説明し、戦時中女性が国家に尽くした見返りに、選挙権を付与すると述べており(6)、ポツダム宣言の内容と著しく乖離している。

マッカーサーの意図とメアリ・ビーアドの評価

ではマッカーサーはどのような意図で、「婦人参政権付与」に着手したのであろうか。

マッカーサーは、ポツダム宣言の諸原則に基づいて、日本国民を奴隷状態から解放することを、当面の課題であると考えており、日本へ着いたら真っ先に、これまで不当な扱いを受けてきた日本の婦人たちに選挙権を与えよう、彼女たちは再び軍国主義の復活を許さないだろう、と側近たちに決意を表明していた(7)。しかしながら、日本女性に対するマッカーサーの真意が、公式文書として残されているのは、唯一メアリ・ビーアドの質問に対する回答においてである。

すでに述べたように、戦前から戦後にかけて、メアリは、社会において力を発揮するよう合衆国の女性たちに呼びかけてきたが、彼女の周りに女性たちを動員することができず、深い無力感に襲われていた。そんななかで、一九四五年十月以来、エセル・ウィードからの書簡で伝えられる日本におけるSCAPの政策は、メアリの高い関心を喚起した。なかでも日本占領下でのマッカーサーによる婦人参政権付与のニュースは、彼女にとって一筋の光り輝く光明のように見えた。七月十日付ウィード宛の書簡で、マッカーサーの女性に関する政策を、アメリカのドイツ軍事占領と比較して論評し、次のように称賛している。エセル・ウィードは、直ちにこのことを上司に報告した。

女性の力を民主主義に積極的に参加させるという日本における進め方全体は、アメリカのドイツ軍事占領よりもはるかに聡明であり、この点においてマッカーサー将軍のリーダーシップは華々しく光り輝いています。またあなたが彼のすばらしい協力者であることは、大変喜ばしいことです。ドイツで活動している将校の中には、自由主義志向のドイツ人女性を無視することは危険であることを、十分に認識している人がいるに違いありません。私はホン・クレア・ブース・ルース*議員に、ドイツにおけるわがアメリカ軍政府の誤りを改めるよう促してもらいたいと一筆書いて送りました(8)。

＊**クレア・ブース・ルース**（Clare Booth Luce　一九〇三―八七）　編集者、劇作家、米下院議員、後にイ

タリア大使に就任。

「是非ともマッカーサーの真意を知りたい」。メアリは、思いきってそのことを、一九四六年八月十六日付の手紙でエセル・ウィードに尋ねた。

……マッカーサー元帥がどのようにして日本民主化のための十字軍に女性を基本的に参加させるという決意をするに至ったのか、あなたは私に話すのをためらうかもしれません。しかし、それは全面的に彼自身の知性と精神から生まれたのか、それとも、彼の助言者のうちの一人かそれ以上の人物も同じようにそれがとるべき正しい道だと考えたのか、このことを私は是非とも知りたいのです。女性たちを味方につけることにドイツとオーストリアのアメリカ占領軍が失敗したことは確かに重大な誤りでした。しかし今日ようやく国務省は、女性国会議員たちの圧力を受けて、すべてのリベラルな女性を自分たちの周りに集めることができる生存している女性たちが存在することを承認することよって、この誤りを訂正するよう努め、これらの地域において、日本でとられてきたような種類の行動に対して、力強い支援を打ち立てるよう、勧告されるにいたっているのです。(9)

エセル・ウィードは、メアリからの手紙の抜粋を添付して上層部に問い合わせ(10)、マッカーサーの副官ウィーラー准将[*]から、以下の公式回答[11]を得てメアリに伝えている。

＊ **ウィーラー准将**（H. B. Wheeler） マッカーサーの側近。

■マッカーサーの婦人参政権付与の意図の公式回答

マッカーサー元帥は、永年アメリカの女性たちのアメリカ政治への参画は、我が国の政治史において最大の安定化的作用を及ぼす出来事であると考えてきました。このように考えてきたため、日本占領にあたっての統治政策の彼の計画は、最初から、女性たちを早期に解放し、彼女らに自立した政治的な思想と行動をとるよう奨励することに力点を置いたのです。この目的がいかに深い意味をもつかは、すでに一九四五年八月三十日、日本へ向かう飛行機「バターン号」の中で同行の側近に、彼が、そのような行動は、日本の進路を変更する包括的なパターンを確立するために計画された、最初の指示の最優先事項のなかに位置づけられることになるだろう、と述べたときに明らかにされていました。

マッカーサー元帥は、民主的な社会の要件に適合するよう日本を再編成するに際して、日本の女性たちが自由で着実な力を発揮するよう奨励することに力点を置いたものですから、日本の女性たちが、彼女らに参政権が与えられた最初の総選挙に挑戦することによって応えてくれたことにことのほか喜んでいます。そこでは彼女らは参政権が与えられた結果、一千三百万の勢力になりました。そして、家庭のなかでの伝統的な補助的立場から突如離脱して、力強い積極的で自立した行動をとり、選挙で自分たちの立場を主張して、立法府に三九名のメンバーを送り出したのです。彼は日本の女性たちによるこの革命を、政治史上先例のないものと見ると同時に、女性たちが一旦機会が与えられると、日本の政治体制に重要で独立した役割を演じる能力がある、という彼の信念を、十全に実証したものととらえたのでした。来たるべき日本の政策決定に、家庭の智恵を直接反映させることによってです。[12]

■メアリの論評

上記の回答で示されたマッカーサーの意図について、メアリは次のように論評している。

私はこの回答を単なる宝物にするだけではなく、重要な歴史記録として使いたい——そして効果的に使いたいと思います。その効果的な方法として、私が引き受けた『アメリカ政治社会学会年報』(*The Annals of the American Academy of Political and Social Science*)(一九四七年六月発行)の女性特集号『現代社会における女性の機会と責任』の長い序文[13]の中でこれを使用します。

この文書の中には、なんらかマッカーサー元帥が家族を社会の中核あるいは中心であるととらえ、女性を家族の主要な守護者と考えていることを示すものがあって、その文書を私はすんでのところで、ほとんど孔子に立ち戻ったものと受け取ろうとしていました。しかし、もし私の唯一の頼みの綱がそのようなものであったのならば、それはまことに残念なことでしょう。

なぜなら、その中国の古代の賢者は封建主義者で、家族をあのような全体主義の養成所と見ていたからです。実際にも、孔子の思想は日本では封建制度を支えるものとして採用されました。マッカーサー元帥が家族の世話と養育を政治的民主主義に結びつけようとしているのは――そして他人からの押しつけではなく彼自身の意志でそうしているのは――、私の心の中では、政治的手腕についての私の判断のトップに位置する立場を彼に与えています。私はまさにこの種の宣言を、民主主義制度のもとにあってさえ家族が果たしている役割を、かくも悲劇的なことにも、見落としている私たちの過激なフェミニストたちを、なんとかして社会化しようと努力している私の力添えとして必要としているのです。私が「悲劇的にも」と言うのは、アメリカの家族はほとんど破滅的な権利侵害を被っているからにほかなりません。(14)

エセル・ウィードは「これらの交信は最高司令官にとって関心があるとおもわれる」と判断して上司に報告した。この報告書はウィーラー准将宛文書に添付されてマッカーサーに送られている。(15)

メアリとエセル・ウィードの往復書簡とGHQスタッフの間で取り交わされた文書から、次のことが明らかになるであろう。

第一に、メアリは社会の中核である家庭の知恵を政策決定に反映させ、日本社会の安定要素として機能する日本女性の力に期待したマッカーサーの婦人解放政策は、メアリ自身が求める政策そのものであったことから、マッカーサーの政策が妥当であると高い評価を表明した。この交信の内容は直ちにウィーラー准将を通じてマッカーサーに伝えられ、女性を政治に包含する政策を推進させる役割を果たした。

第二に、選挙権付与による婦人解放は、マッカーサー自身の考えであることを、文書によって明らかにしたことである。上層部は、マッカーサーの意図を文書で明らかにすることによって、(一)日本と海外における司令部の威信を高めるとともに、(二)日本女性の地位向上を目的とするSCAPの情報プログラムの価値を非常に高める、という広報の効果を期待したことが、民間情報教育局長ニュージェント准将*からウィーラー准将宛ての一九四六年八月三十一日付公文書[16]に示されている。

第三に、マッカーサーが被占領国の非抑圧者である女性を解放する、という強力なイメージを創り出したことである。

このようなアメリカによってジェンダー化された日本における女性の救世主としての演出は、マッカーサーの求心力を高め、占領政策の推進に大きな効果をもたらしたといえる。

＊ **ドナルド・R・ニュージェント准将**(Donald R. Nugent 在任期間一九四六―五〇) 二代目民間情報教育局長。戦前日本での教育歴があり日本通。保守的でレッド・パージを強行したが、六・三制などの教育改革などを推進した。

フェミニズム（女権拡張）運動に対する強い警戒

このように、マッカーサーを中心とするGHQ上層部は、日本女性に選挙権を認める政策を実施し、制度的に日本女性の解放を進めるうえで画期的な役割を果たした。しかし彼らの意図した「婦人解放（women's emancipation）」は、女性が家庭を足場として社会活動をおこなうという、性別役割分業を前提としており、当時の一般的なアメリカの市民的家族観の枠を越えるものではなかった。そして彼らの日本における「婦人解放」に対する態度は、個人が埋没した家・国一体の戦前の軍事的・半封建的国家を、個人を主体にした非軍事的民主国家につくり変える、という占領目的に沿った政策を遂行するうえで、安定要素として機能する限りにおいて認める、というものであった。このことから、女性が女性陣営（ブロック）を形成して「女権拡張運動（feminism movement）」を助長することに強い警戒心をもち、その動きを封じ込めた。

例えば、一九四六年六月二十日、戦後第一回総選挙で選出された三九名の婦人議員との非公式の会見で、マッカーサーは、「日本の婦人達は非常によく民主主義の要望に応えてゐる。四月十日の総選挙に参加した婦人達の記録は、世界に一つの例を示したものだ」と称賛したのち、「しかし婦人のブロックをつくって立法府に影響を与えようとする誘惑には、注意深くなければならない。国家の当面する緊急問題に特別の注意を払い、その解決のための責任を十分に引き受け、男子代議士と完全な平等の立場で職責を果たすべきである」[17]と警告を発している。

このような上層部の「フェミニズム（女権拡張）運動」に対する態度は、占領期を通して一貫して堅持され、女性政策を推進するエセル・ウィードの前に、常に障壁として立ちはだかったのであった。

エセル・ウィードの女性政策

エセル・ウィードと女性情報事業

日本占領初期において、女性に関する広範な改革を主導したのは、実務担当者の女性職員である。そのなかで中心的な役割を果たしたのが、CIE（民間情報教育局）女性情報担当（婦人問題担当とも呼ばれた）のエセル・ウィード中尉（在任期間一九四五―五二年）である。

エセル・ウィードは、一九〇六年五月十一日ニューヨーク州シラキューズ市に生まれる。一九一九年、オハイオ州クリーヴランド市に移り、レイクウッド高校卒業後ウェスタン・リザーブ大学で英語学を専攻、一九二九年に学士を取得し、卒業後八年間『クリーヴランド・プレーン・ディーラー』紙の特集記事担当記者を務める。その後、自分の事務所をもち、婦人団体や市民団体の広報業務を引き受ける。

一九四三年、陸軍女性補助部隊（WAAC）が、クリーヴランドで一〇万人の女性隊員募集のための実験的な広報作戦を、民間団体とボランティアの協力を得て大々的に実施した。そのとき、WAAC隊員募集キャンペーンの広報に協力したエセル・ウィードは、五月に自らWAACに志願して入隊する。基礎的訓練の後、一九四四年八月、正規軍として昇格した陸軍女性部隊（WAC）少尉に任官され、一九四五年までWACの広報担当官として徴募業務に携わる。その後、ノースウェスタン大学民事要員訓練所日本研究コースで、二〇人の女性隊員を日本占領のスタッフとして養成する計画があることを知り、これに応募、千人の応募者の中から難関を突破して抜擢される。一九四五年九月二十六日、占領開始にともないエセル・ウィードを含む一九人のWAC隊員は、第一次輸送船部隊とともに横須賀に入港した(18)。

日本で女性の教育に携わりたい、と希望したエセル・ウィードは、一九四五年十月一日、CIE企画・実施班に設置された女性情報サブ・ユニット（通称女性問題担当室）に配属され、女性情報担当官に任命される。以来占領終了まで、かつての新聞記者、団体やWACでの広報活動の経験を生かして、日本女性の地位向上のための政策立案と実施、女性の再教育と民主化のための情報プログラムを作成・普及し、女性の選挙権行使キャンペーン、民主的婦人団体の組織化、婦人少年局の設立、民法改正などに尽力する。

一九四六年九月二十三日に、女性の選挙権行使キャンペーンや、民主的婦人団体の組織化の功績が認められ、「陸軍特別賞」を授けられる。四七年に中尉に昇格後、WACの軍籍を離れたエセル・ウィードは、文官として占領が終わる最後の日まで仕事を続け、五二年四月に帰国する。その後コロンビア大学東アジア研究所で、博士号取得のための研究に従事するが、中途で断念し、ニューヨークで、六九年からはコネチカット州ニュートンで、アジア関係専門の書店を開き、日本紹介に専念する。占領時代から親交を深めてきた、日本政府関係者や婦人団体のリーダーに招かれて、七一年に来日している。七五年六月六日、肺炎のためニュートンで死去した。

女性政策推進ネットワーク

初め一人の職員からスタートしたエセル・ウィードの企画班は、占領機構の片隅に位置し、日本女性の政治的・経済的・社会的地位向上を支援するための関連情報を提供することを任務とし、特に婦人団体を担当した。その後ＣＩＥの組織改革にともない、組織が強化され、次第に女性問題に関する政策立案と実施の拠点として、中心的な機能を果たすようになった。

その要となったのは、インフォーマルな「女性政策推進ネットワーク」の形成である。婦人問題担当室の主要な業務の一つは、女性政策推進に関する連絡調整機能であったことから、ＧＨＱの他のセクションや地方軍政部の担当者、日本の政府機関や婦人団体指導者等と連携して、政策立案と実施過程において、重要な役割を果たすことができた。

ここでいう「女性政策推進ネットワーク」とは、占領軍内部の中・下級の女性職員（少数ではあるが男性職員も含む）と指導的な日本女性のグループや政府関係者からなる、非公式でゆるやかな網状の双方向型の組織で、日本における女性の権利確立政策の事実上の推進力となった。(19)

エセル・ウィードがつくったネットワークは、編み目のように自在に形成され、広がっていった。例えば学校教育における男女共学や女子大学の設立は、ＣＩＥ教育課女子教育担当のアイリーン・

ドノヴァン陸軍中尉[*1]（在任期間一九四五年十月―四八年六月）や女子高等教育顧問のルル・ホームズ博士[*2]（在任期間一九四六―四八年）のイニシアティブですすめられていた。ドノヴァン中尉は、村岡花子、山室民子[*3]（文部省視学官）、大森（のちに山本）松代[*4]らと、ホームズ博士は藤田たき[*5]（大学婦人協会初代会長）や上代タノ[*6]（日本女子大学教授）、星野アイ[*7]（津田塾大学学長）等女子高等教育関係者と、それぞれ緊密に連携を組んでいた。彼女たちは、女性の地位向上のための民主的な婦人団体の再組織化を推進するウィードの女性政策推進ネットワークに参画して、これをフルに活用して、自分たちのプロジェクトを成功させた。

＊1 **アイリーン・ドノヴァン陸軍中尉**（一九一五―九六、在任期間一九四五年十月―四八年六月）エセル・ウィードと一緒に来日したアメリカ陸軍女性部隊の中尉で、女子教育や学校教育の男女平等を進めた。一九四六年七月陸軍特別賞を受賞。在任中に外交官試験に合格し、CIEを退役後、国務省の外交官として活躍し、のちにバルバドス島のアメリカ大使に就任した。

＊2 **ルル・ホームズ博士**（一八九九―一九七七、在任期間一九四六―四八年）アメリカ大学婦人協会の会員。コロンビア大学博士取得後、ドウルーリ大学、ワシントン州立大学で女子学生部長を歴任するかたわらアメリカ大学婦人協会で女子高等教育の向上に努めた。実績により、女子高等教育顧問に抜擢され、日本大学婦人協会と女子大学の設立を支援した。戦前神戸女学院で教職の経験がある。

＊3 **山室民子**（一九〇〇―八一）昭和期の救世軍活動家。東京女子大学、カリフォルニア大学卒業後ロンドンの救世軍士官カレッジで社会事業を研修。戦後文部省初の女性視学官、社会教育施設課長に就任。その後救世軍に戻り、成人教育の分野で活躍した。東京女子大学理事、救世軍大佐補。山室軍平と機恵子の長女。著書『聖書物語』。

＊4 **山本（旧姓大森）松代**（一九〇九―九九）戦後の女性官僚、生活改善運動の草分け。東京女子大

学卒業後ワシントン州立大学大学院で家政学を専攻。この時ルル・ホームズと出会う。戦後文部省で「新しい家庭科教育」創設に携わる。一九四八年農林省農業改良局普及部生活改善課の初代課長に就任、六五年まで農村生活改善事業に努めた。

＊5　**藤田たき**（一八九八―一九九三）　教育者、女性運動家。津田英学塾卒業後、ブリンマー・カレッジに留学。帰国後市川房枝とともに婦人参政権運動に参加。戦後大学婦人協会初代会長として女子高等教育制度の確立に尽力した。一九五一年から四年間労働省婦人少年局長、六一年津田塾大学学長に就任。また国連婦人の地位委員会をつとめる。著書『わが道――心の出会い』。

＊6　**上代タノ**（一八八六―一九八二）　教育者、平和運動家。日本女子大学校卒業後ウェルズ女子大学に留学。一九二一年日本婦人平和協会の設立に参加。戦後女子高等教育制度の確立に尽力した。一九五五年世界平和アピール七人委員会の創設委員。第六代日本女子大学学長。

＊7　**星野アイ**（一八八四―一九七二）　フェリス英和女学校、女子英学塾、ブリンマー・カレッジ卒。津田塾専門学校設立に尽力。戦後女子高等教育制度設立に尽力。一九四八年津田塾大学学長。

ルル・ホームズは、エセル・ウィードとの連携について、のちに次のように回想している。

エセル・ウィードと私は、しばしば一緒に旅行し、一つの手袋の中の手のように協力しあった。私たちは、女性たちが自分の団体の活動に関心をもつことが、優れたリーダーシップを養成する方法だということに気がついた。……戦前〔日本に滞在していた〕一九三四年から三五年には、兵隊が乗っていようといまいと、列車が入るごとに、エプロンをかけた女性たちが千人針と昼食を配っており、それが彼女たちの団体活動のプログラムの一部であった。彼女たちには、自分の関心に基づいた活動プログラムを創りあげた経験がなかった。エセル・ウィードは、彼女たちにプログラムづくりから始めさせ、素晴らしい成果を収めている。同様に高学歴の女性たちは、女子高等教育改革運動を行い、それを通じて、自分たちの活動の新局面を開いていったといえる。[20]

一九四八年に初代の農林省生活改善課長となった山本松代は、「自分で考えて自分の仕事をやることは以前にはなかったが、当時は自分がグループを作るしかなかった。やるしかなかった。一人ではやれなかったことを、上下関係ではなく、横の関係でつながっていく民主社会の始まりがこの時代に芽生え、新しい力の作り方を学んだ[21]」と証言している。

エセル・ウィードがネットワークを創りあげた最大要因として、彼女の仕事に対する構えを挙げることができる。エセル・ウィードは、ノースウェスタン大学民事要員訓練所で、六カ月の日本研究コースを受講したが、日本についての知識は十分ではなく、日本語を理解することができなかったので、日本文化や慣習から婦人運動に至るまで、謙虚に学ぶ姿勢で臨んだ。彼女は一九二〇年代から三〇年代に活躍した、婦選運動家や女性指導者と積極的に会って、顧問や協力者になるように要請し、彼女たちから情報を得るとともに、彼女たちの陳情や意見に熱心に耳を傾けた。

加藤シヅエを婦人問題顧問として抜擢

エセル・ウィードのネットワーク形成は、加藤シヅエを私的婦人問題顧問として起用したことから始まった。一九三五年に著した自叙伝『フェイシング・トゥ・ウェイズ』がベストセラーとなり、日本文化を理解する好書として欧米で高く評価され、加藤（当時石本）シヅエの名前は、一躍アメリカの知識人の間で広く知られるようになっていた。一九三七年の人民戦線事件による逮捕という彼女の苦難の物語は、『ニューヨーク・タイムズ』紙など、アメリカの多くのメディアによって取り上げられ、日本における軍国主義的全体主義体制に反対する人物としてのイメージを定着させた。本書には、戦前の貴族から炭鉱労働者など一般庶民に至るまでの生活が描かれていることもあり、新渡戸稲造の『武士道』やジョン・F・エンブリー*の『須恵村の研究』(*Suye Mura, A Japanese Village*, 1939) とともに、日本研究コースのテキストとして採用され、占領軍スタッフによって広く読まれていた。本書を参照した一九四一年から四四年の諜報機関OSSレポートには、「反軍国主義者で、アメリカに友好的であり、軍部で利用できる人物」として、石本シヅエの名前が挙げられている。(22)

＊ **ジョン・F・エンブリー** (John F. Embree 一九〇八—五〇) アメリカの社会人類学者。農村社会の研究で知られる。一九三五—三六年熊本で最も小さい農村、須恵村で村落社会の構造を実地調査した。調査の結果は『須恵村の研究』にまとめられた。占領政策に大きな影響を与え、ルース・ベネディクトの『菊と刀』の重要な参考文献となる。

音信不通になった一九三九年以来、シヅエが歩んだライフヒストリーについてのメアリ・ビーアドの質問に、シヅエは次のように答えている。

一九四二年長男新は京都帝国大学を卒業するとすぐに陸軍に召集された。一九四三年は最初から最後まで悲惨な年であった。四月に長男は兵役でスマトラへ送られ、六月に次男民雄を肺結核で亡くし、十二月には家主から転居を迫られた。頼りにする人もなくすべてが困難な状態であった。翌四四年に石本男爵と正式に離婚が成立し、加藤勘十と再婚し、ささやかな幸せをつかんだ。四五年三月空襲のさなかに長女多喜子を出産した。食糧もミルクも無くどんなに大変であったかをはっきり思い出すことができないが、なんとか生き延びることができた。

一九四五年九月の末食糧の買い出しに行き、想像を絶するほどの混雑した汽車に乗り、ジャガイモをいっぱい詰め込んだリュックを背中に背負い　爆撃で破壊された道を家に向かって歩きながらあまりのおもさに何度も倒れた。——すると家の前にジープが止まっていて、横にＧＨＱからの訪問者が立っているのを見て驚いた。それは当時の家庭にとっては興奮させる出来事で、一体何が起きているのか想像することもできなかった。訪問者はＣＩＥのトム・塚原中尉であった。彼は加藤夫妻のバックグラウンドに戦争犯罪の痕跡がないことを確かめに来たのである。しばらく経って二人はアーサー・バーストック大佐に招かれ、戦後の労働運動と婦人運動についてＧＨＱのスタッフと議論した。二人は労働事情と婦人問題についての情報を得るための協力を依頼された。(23)

このような経過を経て、加藤シヅエは、エセル・ウィードの私的問題顧問となったのである。メアリは、エセル・ウィードへの書簡で、加藤シヅエが顧問になったことを喜び、「いま、日本でこのような重要な立場にいるあなたが、日本女性の重要性を認識し、日本人や他の国の人々について広い視野をもつ加藤夫人の研究を利用することができることは喜ばしい限りです(24)」とその意義について述べている。

ネットワークの拡大

では、具体的にどのようにネットワークが形成されたのであろうか。

一九四五年十一月二日、エセル・ウィードは加藤シヅエと女性の選挙権行使を促進するための方策を協議し、「婦人諮問委員会」を組織することを決めた。二十一日、羽仁説子を加えてさらに協議し、メンバーを加藤シヅエ、羽仁説子[*1]、山本杉[*2]、佐多稲子[*3]、山室民子、赤松常子、宮本百合子[*4]、松岡洋子[*5]の八人に決定している。このメンバーは、さっそく二十九日に初会合を開き、エセル・ウィードの提案で、民主的婦人団体のモデルとして、「婦人民主クラブ」を結成することに合意した。翌年三月十六日に「婦人民主クラブ」が設立された。しかし、婦人民主クラブの結成は、当初から波乱含みであった。「民主主義」の定義をめぐって、加藤シヅエと宮本百合子の間に、見解の相違が露呈したのである。宮本百合子は、アメリカ的民主主義はブルジョア民主主義で、もはや時代遅れの考え方である、これからはソ連の主導する新民主主義の時代であると主張し、両者の間に修復不可能な対立を生み出した。加藤シヅエは赤松常子、山室民子、山本杉らとともに、一九四七年に「婦人民主クラブ」を脱会している。

＊1 **羽仁説子**（一九〇三—八七） 評論家、社会運動家。幼児教育を通じて子どもを守る運動や平和運動を推進。羽仁吉一、もと子の娘。日本子どもを守る会会長、婦人之友社取締役。自由学園評議員。社長。著書『羽仁説子の本』（全五冊）。

＊2 **山本杉**（一九〇二—九五） 医学博士。参議院議員（自由党）、前日本仏教婦人会会長。

＊3 **佐多稲子**（一九〇四—九八） プロレタリア作家。婦人民主クラブ委員長。

＊4 **宮本百合子**（一八九九—一九五一） 小説家。戦前、共産党の指導的存在として弾圧される。戦後中野重治らと新日本文学会を結成。著書『伸子』『播州平野』『道標』。

＊5 **松岡洋子**（一九一六—七九） 評論家、翻訳家。民主クラブ結成に参加し、『婦人民主新聞』編集長として活躍した。

また、エセル・ウィードは、一九四五年十一月五日、「新日本婦人同盟」（十一月三日結成）の市川房枝と藤田たきに会い、戦前からの婦選運動や新日本婦人同盟の活動、婦選運動を目的とする諸団体について情報を得る。その後も市川と会合を重ね、「改正選挙法」公布の十二月十七日に、「新日本婦人同盟」を含む十の婦人団体が大会を開催することを決めている。このようにエセル・ウィードは、有力な女性指導者と接することによって、日本の婦人団体が当面している課題を把握したのである。

このほか、ガントレット恒子[*1]、石田アヤ[*2]、鷺沼登美枝[*3]、久米愛[*4]、渡辺道子[*5]、川島武宜[*6]（民法改正）、山川菊栄らと接触し、連携の輪を拡げていった。

＊1 **ガントレット恒子**（一八七三―一九五三） 社会運動家、婦人参政権運動家。日本基督教婦人矯風会会員として廃娼運動を行った。
＊2 **石田アヤ**（一九〇八―八八） 教育者。文化学院創立者西村伊作の長女。文化学院校長。
＊3 **鷺沼登美枝**（生年未詳） 新聞記者。
＊4 **久米愛**（一九一一―七六） 女性初の女性弁護士。婦人運動家、日本婦人法律家協会会長。
＊5 **渡辺道子**（一九一五―二〇一〇） 戦後初の女性弁護士。日本婦人法律家協会会長、日本YWCA理事長。
＊6 **川島武宜**（一九〇九―九二） 現代日本の代表的法社会学者。東京大学名誉教授。民法改正に尽力した。

GHQ内部においては、CIE情報課のD・リンゼイ（ラジオ課）、M・ミッチェル（新聞・出版課）、M・ストーンやM・グレラム（女性問題・企画）、CIE教育課のE・ドノヴァン（女子教育）、L・ホームズ（女子高等教育顧問）、コクレン（婦人団体コンサルタント）、ESS労働課のG・スタンダー（労働基準法）、地方軍政部のM・ギャグナー（第八軍、女性問題担当）、J・スミス（東京軍政部教育担当）らと連携している。彼女たちの多くはWACの将校たちで、基礎的な軍事訓練、幹部候補生としてのリーダーシップ養成訓練、日本研究や日本占領に関する基礎的政策を共に学んだ仲間である。また、CIE情報課企画班の塚本太郎（労働運動や農民運動担当）、民政局GSのP・K・ロウスト（マッカーサー憲法人権条項起草者）など、女性の人権に関心を持つ男性スタッフとも連携している。

これらのGHQ担当者に、日本の婦人指導者を紹介したのは、主に加藤シヅエであったが、エセル・ウィードの通訳や助手として働いていた椛島敏子[*1]、河北（伊藤）和子、島崎ちふみ、富田（高橋）展子[*2]、笠原よし子たちも大きな役割を果たした。彼女たちは日本女性の実態調査、婦人問題に関する情報収集、協力者に対する助言、政府機関の各部署の担当との連絡を通して水面下で政策の方向付けを誘導した。彼女たちは、中央で日本の婦人指導者とエセル・ウィードの連携に貢献しただけではなく、地方での一般女性への橋渡しにも、大きな役割を果たしている。エセル・ウィードは、常に自分の考えが人々にどのようにうけとられるか、彼女たちの意見を聞いて事前に検討して、地方での講演に臨んだ。

＊1　**椛島敏子**（生年未詳）　一九四五年九月加藤シヅエの紹介でCIE企画課に入り、一三年ミシガン大学へ留学するまでエセル・ウィードの通訳として全国を回った。父は椛島勝一画伯（ペン画家）。

＊2　**富田（高橋）展子**（一九一六―九〇）　GHQに勤めたのち労働省に入省、婦人少年局婦人課長、同局長、ILO本部の事務局長補、駐デンマーク大使、女性職業財団会長を歴任。

一九四五年十月末に、加藤シヅエの紹介でエセル・ウィードの最初の助手となった椛島敏子は、当時のエセル・ウィードとの仕事と人柄について、筆者に次のように語っている。

女性問題担当室は、のちにミス・グレラムが担当者として加わり、日本人では、富田（高橋）展子、河北（伊藤）和子が助手として採用されて、その業務が増えた。彼女たちの最初の仕事は女性政策を立案するに当たって、戦前からの指導者にコンタクトをとることであった。

人選はほとんど加藤が行ったが、椛島も提案した。

重要な活動として、一九四五年二月静岡から始まった共同通信がアレンジした全国遊説がある。地方紙と連携して小規模会合や大集会が開催され、「団体の民主化」について講演した。団体は上から指導することは間違っているという進歩的な話の内容であった。一般女性にわかりやすいように話をする工夫は通訳に任された。地方遊説は次第に規模が大きくなり、CIE教育課のドノヴァン中尉やホームズ博士や公衆衛生の担当者も加わり、映画などの視聴覚機器を駆使して、二日間にわたって行われるようになった。聴衆は初めのうちは上からの指示で集められた者が多かったが、一万人が参集した横浜の集会では、自発的意志での参加者が増えた。聴衆の中には老人や赤ちゃんをおんぶした女性たちもいた。

ウィードは、学者でも婦人運動家でもなかった。日本の女性に少しでも多く学びたいという熱意をもった謙虚な人柄で、敗戦国の女性のために懸命に努力していることが伝わってくるような彼女の人間愛を人々は高く評価した。彼女の周りに集まった人々は、また次の人を呼び寄せるというように、自然と協力の輪が広がっていった[25]。

ウィードのネットワークは、日本の婦人指導者にとっても、大きなメリットがあると認識されていた。それは「ウィードとは週に一―二回参政権行使の方策について話し合っているが、彼女は世界各国の女性運動に関する情報をもっており、素晴らしい人物である。彼女から日本女性の政治教育について数多くのアドバイスを受けている」[26]という市川房枝の発言からもうかがうことができる。

ウィードは、上層部に細部にわたる明確な女性政策の方針がなかったことから、上層部の意図を越えて女性政策推進ネットワークを拡大し、巧みに女性たちのブロックを形成して、婦人選挙権行使キャンペーン、民主的婦人団体の組織化、婦人少年局の設立と民法改正のための支援を進めたのである。

第7章 メアリ・ビーアドが女性政策に及ぼした影響 *1946–52*

メアリ・ビーアドは、具体的に戦後日本の女性政策に、どのような影響を及ぼしたのであろうか。本章では、選挙権行使のための情報事業、婦人団体の民主化政策、婦人少年局の設立、日米の知的交流などを取り上げ、メアリの見解が具体的に女性政策にどのように関わったかを検証する。

選挙権行使のための女性情報事業

婦人を投票させるためのキャンペーン

選挙制度改革に関するマッカーサーの唯一の指令は、五大改革指令の冒頭に掲げられた「婦人参政権付与」である。一九四五年十二月十七日、改正選挙法制定と同時に議会は解散され、新たな総選挙の準備が開始される。日本政府は翌年一月四日に選挙を実施する予定であったが、一月四日付で発令された連合国軍最高司令官指令（特定の政治団体の廃止、公職追放・排除、候補者の資格審査）への対処に時間がかかるため、投票日を延期して四月十日と決定する。

この間、選挙権行使を普及させるための広報活動が盛んに行われた。初めての選挙権行使の意味と行為を学ぶための政治教育の機会を提供したのは、エセル・ウィードと「婦人諮問委員会」と「新日本婦人同盟」のメンバーたちである。エセル・ウィードは、婦人指導者たちとの協議をもとに、「婦人を投票させるための情報プラン」[1]を作成する。計画書は、投票は女性の福祉と地位向上（食糧、住宅、日常品と物価、雇用と労働条件、婦人と子どもの健康と福祉、教育機会の法的権利）と直接関係していること、民主的社会にとって不可欠な要素であり、世界的運動の一環であることを強調し、広報の方法を具体的に示しており、「選挙での婦人の聡明な選挙権行使を勧告する覚書」（一九四六年二月三日）に添付して、CIEの各課長に送付された。エセル・ウィードは、CIEの関係部署の担当と綿密な打ち合わせを行い、ラジオ、新聞、映画、ポスター、演劇、団体、学校、公民館など、あらゆる媒体を駆使してキャンペーンを展開する。当時は紙不足のため、特にラジオ番組の企画・制作に力が注がれた。

婦人選挙権は婦選運動の賜

キャンペーンの一環として、エセル・ウィードの全国遊説がCIE、地方軍政部、地方教育委員会、新聞社の提携で、一九四六年二月十二日静岡市から始まった。講演内容は各地方新聞に写真入りで大々的に取り上げられ、婦人の参政権行使に大きな役割を果たしている。(2) その一つ『新潟日報』紙（三月二十三日付）は、エセル・ウィードの驚くべきメッセージを伝えている。

> 日本人は兎角婦人参政権はマッカーサー元帥から与えられたもので、自らの手で獲得したものではないと卑下してゐますが、選挙権は男女の性別を問わず、一定の年齢に達した人間にはすべて与えられる性質のものです。日本ではずっと以前から婦選獲得の運動が続けられてをり、もし戦争が起こらなかったらとつく《ママ》に議会を通過して日本婦人自らの手によって獲得されてゐたに違いありません。(3)

このメッセージでエセル・ウィードは、選挙権は普遍的に認められるべき人権であること、マッカーサーからの贈り物ではなく、日本女性の戦前からの選挙権獲得運動の賜であり、日本の女性は過去において「力」を発揮したことを認識し、自信をもって新しい社会の建設にむけて努めるべきであると強調した。これは、SCAPの公式見解を大きく越えている。

また、エセル・ウィードは同じ発言を、サンフランシスコ講和条約締結（一九五一年九月八日）後の五一年九月十九日、戦後初めて開催された文部省主催の全国婦人教育担当者会議（福島県湯本町公民館）で繰り返し述べている。一九四八年、二十三歳で神奈川県婦人教育担当になり、最年少でこの会議に出席した志熊敦子*は、エセル・ウィードの演説を聞き、深い感銘を覚えたと回想している。(4)

＊ **志熊敦子**（一九二六―二〇一四） 神奈川県教育委員会婦人教育担当（一九四八―六一）を経て、文部省社会教育局婦人教育課長、国立婦人教育会館館長、日本女子社会教育会理事長を歴任し、戦後の婦人教育政策を推進した行政官であり、この分野の専門家である。

私は婦人参政権について、これは与えられたものであるから長つづきするものではないという事をきくが、これは全世界の歴史的結果として世界の婦人が政治的にも経済的にも同一権利をもつものとして必然的に生じたものであって、マッカーサー元帥の個人的計画のもとになされたものではない。日本が戦争しなければ必然的に或いはもっと早く参政権をもったかも知れない。

（文部省「第一回全国婦人教育担当者研究協議会におけるウォード中尉のあいさつ」『全国婦人教育担当者研究協議会の記録』一九五一年）

エセル・ウィードは、同じメッセージを在任期間が終わる一九五二年まで、何度も繰り返して表明し、日本女性を勇気づけたのである。

ビーアドの助言と激励

では、エセル・ウィードは、なぜ「選挙権は日本女性による婦選運動の賜」である、と主張するに至ったのであろうか。一つには、エセル・ウィード自身が、日本の婦人指導者と接して、婦選運動の歴史を直接聞き学んだからであろう。二つには、往復書簡でのメアリの助言と激励に負うところが多いと考えられる。

■選挙後の女性運動の活性化の支援

一九四六年二月、エセル・ウィードは、選挙後の女性運動の活性化を支援することができる、アメリカ人に関する情報の提供をメアリに求めた。一九四六年二月八日付ウィード宛の手紙には、メアリの助言と激励の言葉が以下の通り記されている。

　選挙後の女性運動への新たな刺激を与えるのを援助するために、どのようなアメリカ女性を日本に招聘したらよいかという質問についてですが、このことを私は知恵を絞って考えてみました。しかし、私の著書のコピーを入手すればおわかりになると思いますが、そのような人物を提案することができませんでした。アメリカの女性たちはあまりにもナイーヴで、女性たちはここでもどこでも、最近になって、特にアメリカで、ようやく何世紀もの眠りから「目覚め」、「権利」と公的責任を意識するようになったと信じています。歴史における女性たちについて、それほど無知ではないアメリカ人女性がいるかどうか、思い浮かべようとしてきましたが、悲しいことに、わが国の女性たちや、わが国の女性を「自立した女性」のモデルと見てきた他の国の女性たちにとって、合衆国の有名な女性リーダーたちは、この件に関しては精神的に子供です。しかも彼女らはあまりにもブルジョアであって、現在あるいは遠い過去に、農村の女性たちが強い力をもった女性であることを想像することすらできないでいます。ですから、日本の婦人運動を助けるためには、あなたはもっと成熟した大人の知性の持ち主たちを必要としているのです。これはまさしく、私たちの運動において、農業を営む人々にまで届くように援助するためには、もっと成熟した大人の知性の持ち主たちを必要としているのと同じことです。

私は、わが国のカレッジや総合大学が、いわゆる「平等教育」なるものは、男性に強い関心をもつ男性の教育に似たものでしかなかったという理由で、わが国の女性たちを傷つけてきたのではないかと懼れています。要するに、最高の教養を身につけた女性は、正規の学校教育を受けたために、過去の永い時代あるいは植民地時代のアメリカの生活において、女性が力を発揮したということについて、なんらの知識ももっていないのです。それは私にはぞっとする情況です。そして遠方での〔日本での〕教育の使命をはたすために選ばれた女性たち〔第一次アメリカ教育使節団の女性たち〕(5)は、実際にそうした使命をはたすことのできるメンバーであるには、あまりにも単純すぎると私は見ています。(中略)

日本の女性運動が必要としていると私が考えていることは、日本女性の歴史的な力にもとづいて、女性の力の構造――現代のための創造的な知性の構造――を構築することです。アメリカの女性たちから、純粋に中産階級的な女性観を提示されても、日本にはそれを適用すべき基礎となる経済が存在していないので、精神的な自立を達成し、日本において民主主義を進展させる自信を獲得するよりも、彼女らはかえって感情面で「フラストレーションに陥る」ことだってあるでしょう。加藤夫人には、派遣された西洋の女性たちの相手をするよりはむしろ、理論一辺倒のタイプの軽率な西洋人たち、私自身（手書きで挿入）の足枷から自由になってほしいものです。彼女らは政治における女性たちについての都会的で浅はかな考えを説明しようとするにすぎないのではないかと懸念しています。私には、一九二二年から二三年にかけて日本に滞在していたとき、民主的な未来に向かって運動を組織し、指導していた日本女性との個人的付き合いから、もし彼女らの幾人かが生きていて、現在、社会的必要に照らし、日本経済の実態についての知識をもって事にあたることが許されるなら、どれほど上手にそのような運動を指導することができるかがわかっています。

しかし、もし繊細で知的なアメリカ人女性が彼女らを支援することができたとしたなら、彼女らは励まされ、希望に満ち、その価値に目覚めるでしょう。あなたがこの支援と激励をする適任者のようです。任命者たちはマーガレット・サンガーを公認しないでしょうし、また実をいって、彼女は日本人に心から歓迎されるようにも思えません。そのうえ、彼女と加藤シヅエとは、両人の育った背景の違いを反映して、産児制限の目的については、いささか異なった考え方をしていました。私の意見では、加藤夫人のほうが政治家としては偉大です。彼女のほうが社会における労働者階級の意味をよく理解しています(6)。

一九四六年十月三十一日の手紙では、「私を大いに立腹させるのは、外国の人々が救われるために、直ちに何をすべきかを知っているふりをしている、わが国の女性と男性の無知です。私たちには自分自身の教育が必要です。それにはあなたが現在就いておられるような現場での教育が最善なのでしょうが、しかし、そこでも、それは基礎的な価値に知性が開かれていて精神が敏感であるような場合にのみなされうることなのです(7)」と述べ、知ったかぶりをして日本人を教育しようとするアメリカ人の無知を痛烈に批判して、アメリカ人こそ教育が必要であると強調した。

■エセル・ウィードの日本女性に対する認識

メアリからのメッセージに勇気づけられて、エセル・ウィードは、一九四七年二月十二日の手紙で、「日本で女性たちは、今まで認められてきたよりもはるかに多く国に貢献してきた、と私は強く確信しています。私がここで絶えず強調しなければならない要点は、マッカーサー元帥によって成し遂げられたことは何であれすべて、過去において日本の女性たちが達成してきたこと、彼女たちの平等機会への欲求、そして女性と男性が一緒になって新しい世界を建設しなければならない、という彼の強い考えの結果としてやってきたという事実です(8)」と過去において日本女性は力を発揮してきたこと、参政権は彼女たちの努力のたまものであると明言している。

同じ手紙で、上層部による封じ込めによって、何度も女性の向上をめざす女性政策の計画の変更を余儀なくされた苦い経験から、エセル・ウィードは、日本での仕事で「女性たちを称揚してたえず政府などにおける彼女らの平等権のために働きつつ、同時に女性たちを『過度にもちあげる』のを避けるというのは、非常に難しいことです」と彼女の厳しい立場を打ち明けている。そして、「個人的には、私は真の母権主義の思想さえも嫌悪しています。男性と女性とは世界に別々の貢献をしているのであって、男女双方の貢献が、平和でうまく統合された文明のために必要とされると信じています。男女は共に働かなければならないのです」と述べている。

メアリは、三月二十五日付手紙で、ただちに返事を書いている。それはエセル・ウィードへの「母親」あるいは「メンター」としてのメアリの心配りが遺憾なく滲み出ている内容である。[9]

あなたの二月十二日付の素晴らしい手紙は、私を嵐のようにほとばしる言葉で返事を書きたくさせます。なぜなら、その手紙は社会の核心に向かわせるとともに、外に向けては、社会の周辺部すべてに渉っているからです。

「平和でうまく統合された文明」のためには、男性と女性が協力する必要があるという、あなた自身のものであると言明されておられる確信と、日本の女性たちは「今まで認められてきたよりもはるかに多くのものを彼女らの国に与えてきた」というあなたの確信は、私の確信でもあります。そしてそれは、現在の公的生活での男性との協力を、本当に「自然な」ことにしている、とジャーナリストたちなら言うかもしれない力とエネルギーの背景をもっていたのでした。

一九二二年に出版された過激なフェミニスト、山川菊栄の論文[10]に見られる狭い見方は、日本史における女性の力に関する本によって、かなりの程度まで克服することができる私は信じて疑っていません。

彼女〔山川菊栄〕は、女性は男性に従属してきたという考えを、西洋のフェミニズムから得たのだと思います。

このように、メアリは、エセル・ウィードの考えとの共通点と意義を強調するとともに、歴史における女性の力を認識させるために、是非とも日本女性史を出版することが必要だ、と繰り返し主張している。一九四七年二月二十七日付のドロシー・ブラッシュへの手紙で、メアリは、エセル・ウィードから送付された一九二二年二月の山川菊栄の論文では、女性は男性に支配された客体であると主張しているが、それとは対照的に、エセル・ウィードは、自分たち（メアリとドロシー）が取り組んでいる日本女性史の内容を知らないにもかかわらず、今日の日本女性の力の源が過去から受け継がれてきた力にあることを認識していると伝えている[11]。

これらの手紙から、メアリは、エセル・ウィードの主張が「女性は常に社会において真の力をもち、「一つの力」として歴史を動かしてきた」という彼女の命題そのものであると認め、そのことを高く評価していることが明白である。一方エセル・ウィードは、メアリの考えに共鳴し――それはウィード自身の日本女性との交流に基づいて得た知見でもあるが――過去の歴史において「力」を発揮して活躍してきたことを、日本女性に想起させ、力づけようとしていたことが明らかである。エセル・ウィードは、自分にとって「ビーアド夫人は日本での仕事に関する多くの着想や激励の源である」(12)と上司に報告している。

婦人団体の民主化

エセル・ウィードは、女性の権利拡張のための政策立案に加えて、政治・経済・社会分野における女性の再教育、民主化に関する啓発活動を任務としており、婦人解放のための政策立案・実施をバックアップし、世論づくりに影響を及ぼすことができる女性指導者層の形成と、一般女性の意識改革を目的とした民主的婦人団体の組織化に取り組んだ。戦時中、総力戦体制に組み込まれていた婦人団体を解体して、民主的な婦人団体をつくることは、占領政策が目指す婦人解放にとって、喫緊の課題であった。

メアリは、エセル・ウィードが当面している様々な課題に即して、それらを解決するうえで参考になると思われる著書や論文をその都度送っている。例えば『歴史における力としての女性』、『女性を理解することについて』『アメリカ合衆国史』、『アメリカ精神の歴史』、チャールズ・ビーアドの著書『ザ・フェデラリスト』と『共和国』、メアリの論文「社会における女性の役割」などである。エセル・ウィードはこれらの著作から、次のような考えを学び、彼女自身の具体的経験に照応してこれらを共有したと思われる。

第一に、女性は単に歴史の中で支配され抑圧されてきたのではなく、「ひとつの力」として歴史を動かしてきたという中心的テーマと、二十世紀以降消費者としての女性の役割が注目され、公共政策や政治への女性の影響力が増大した新しい傾向、第二に、インフォーマルな女性の集団活動とその結合力に対する高い評価、第三に、女性が行うことはすべて政治的・社会的であり、公的な分野は男性の排他的分野ではなく、男女が共に活動する分野であるという新しい公共性の概念。

メアリの考えは、「女性の集団は文化的な力であり、婦人問題を話し合い解決する力を養う場である」というエセル・ウィードの実践的課題に言質を与えた。エセル・ウィードは「婦人団体は女性が封建主義から脱皮するための教育の場であり、民主的な手続きによって婦人団体を組織化する活動自体が、民主主義を体得する方法である」と確信して、女性を対象とした民主的団体の組織化と運営のテクニックを習得する、体験学習の機会を提供したのである。

エセル・ウィードは、最初に婦人民主クラブや大学婦人協会など、目的意識の明確な知的エリートによる団体の組織化を支援した。ついで「民主的婦人団体の育成は、日本で最も遅れた集団である女性に対してポツダム宣言の線に沿った考え方を育成するための最も効果的な媒体であると」考え、「日本婦人の間に民主的な婦人団体の発達を奨励するための情報プラン」（四六年六月）と民主的団体の組織運営についての手続きを内容とした『団体の民主化とは』（四六年八月）を作成している。この冊子は、日本全国各地であらゆる種類の団体の指導者講習会でテキストとして使われている。また地方軍政部と連携し、婦人団体調査を実施して婦人団体の実態を把握し、問題となっている、婦人団体に対する地方公共団体からの補助金の拠出と干渉の禁止を、日本政府に勧告するように民政局に提案した。

一九四七年に地方軍政部に配置された、婦人問題担当[13]を対象に講習会を開催し、一九四八年にCIE主催で日本の婦人指導者のための講習会を、全国三カ所（熊本、盛岡、浦和）で開催した。これを契機に、地方軍政部による指導者コースが各ブロック、県別に開催され、地方教育委員会と婦人少年室の協力のもとに、市町村段階へと波及し、地方での婦人団体の民主化を促進した。これらの担当者たちの合同プロジェクトは、チェックリストをもとに、「団体は個人の意志による加入で民主的に組織されているか」、「戦前力を振るった婦人指導者や男性が会長を務めていないか」、「教育委員会の支配下におかれていないか」などを詳細に調査して、問題があると認めた場合には、解散を指示した。全国津々浦々で具体的に民主的な婦人団体の組織や運営方法を学ぶ事業が展開された。新潟県のファニー・メイヤー[*1]や四国地区のカルメン・ジョンソン[*2]など、特に日本人スタッフと緊密に協力して課題を把握した婦人問題担当官のもとでは、民主主義の概念を理解し主体性を涵養する婦人教育活動が芽生え、戦後第一世代の婦人リーダーを輩出したのである。

＊1　**ファニー・メイヤー**（Fanny Hagin Mayer　一八九九―一九九〇）宣教師の娘としてアイオワ州で生まれ一年後に来日し、十四歳まで日本で過ごす。WAC（米国陸軍女性部隊）に入隊し、一九四七年から四九年まで新潟軍政部CIE教育・婦人問題担当官。CIE閉鎖後は柳田国男の指導を得て日本研究・民話研究に専念し、日本の民話集を翻訳し海外に紹介した。著書『メイヤー手記』*The Yanagita Kunio Guide to the Japanese Folk Tales*。メイヤーについては土田元子（1993）「『メーヤー手記』に見る占領教育政策の展開――新潟県下の教育改革を中心に」（上智大学アメリカ・カナダ研究所編『アメリカと日本』彩流社、一九九三年、一三〇―一五六頁）参照。

＊2　**カルメン・ジョンソン**（Carmen Johnson　一九一〇―、在任期間一九四六―五一）教員、ガールスカート幹部の後、WAC（米国陸軍婦人部隊）に所属。四国地区の婦人問題担当。帰国後シカゴ大学で修士号取得し教育機関に勤務した。著書、池川順子訳『占領日記――草の根の女たち』（一九八六年）。

一方、文部省は成人教育担当J・ネルソン[*]の指導のもとに、「国が女性のみを行政的対象とすることは女性を差別的に扱うことであり、民主主義の教育原理に反する」とする形式民主主義の立場に立ち、女性を対象とした婦人教育施策を禁止した。これにより、一九四七年から五二年まで、「婦人教育」は文部省予算から削除され、行政施策としての婦人教育は一歩後退する。

＊　**J・ネルソン**（John Nelson　一九一六―八七、在任期間一九四六―五〇）CIE教育課成人教育担当。成人教育の民主化を推進。

エセル・ウィードは、J・ネルソンとは異なった立場から女性を対象とした学習活動を支援した。婦人指導者層の形成と民主的婦人団体の組織化を奨励したウィードの方針は、文部省の施策の主流とはならなかったが、労働省婦人少年局、地方軍政部と地方教育委員会の指導のもとで、多くの女性を対象とした民主主義の学習の場を提供した。このような地方の婦人の学習活動の高まりの中で、都道府県の婦人教育担当者から、婦人教育についての全国的な意見交換の場を求める要望が出され、文部省は占領が終了する一九五一年に、「第一回婦人教育事務担当者研究協議会」を開催した。これを契機に、四九年以来禁句とされていた「婦人教育」は官庁用語として復活することになる。

一九四六年七月二十七日付手紙で、地方で「民主的婦人団体」について講演するエセル・ウィードの写真を見たメアリは、かつて日本の農村で講演した自分の経験と比較して、「あなたとあなたの日本人通訳はピッタリ息が合っていますね。……あなたの場合は確かな現実を直接伝えるべき『メッセージ』をもっています。この点であなたはかつての私よりも強いのです。……あなたが一目置くべき年老いた女性、そして農村の若者たちを前にして、彼らの自治の方法と手段について話しているとき、あなたとあなたの相棒の通訳に対して、私がどんなに愛情を感じているか、お伝えすることは出来ません。あなたがこんなにも真摯に生きておられることに対して、私があなたを深く信頼していることを、請け合うことができるにすぎません(14)」とエセル・ウィードの草の根の実践活動に熱いエールを送っている。

労働省婦人少年局の設立

婦人少年局をめぐる議論

労働省婦人少年局の設立は、占領期女性政策のハイライトである。エセル・ウィードは、一九四六年一月から四七年八月までの婦人少年局の設立と、四九年の行政改革下の婦人少年局存続運動に深く関わった。彼女はGHQ上層部の方針に譲歩しつつ、さまざまな立場の意見の調整にリーダーシップを発揮して、アメリカの婦人局のもつ機能を越えた、あらゆる女性の地位向上を目的とする婦人少年局の設立に成功する。これにはメアリの助言が大きな影響を与えたことを、メアリとウィードの書簡は明らかにしている。

労働省婦人少年局は、一九四七年九月、日本女性の社会的政治的地位向上を実現するために設置され、女性（山川菊栄）を局長とした、わが国最初の行政機関である。日本政府の中に、このような婦人局（Women's Bureau、のちに婦人少年局と表記）をつくる計画は、占領初期からのもので、一九四六年一月九日、ＣＩＥダイク局長が「諮問委員会」のメンバーに意見を求め、その提案に女性たちは賛成した。選挙後社会党婦人部が中心になり、他の政党婦人部によって支持されたプロジェクトで計画が進められる。婦人指導者たちの間で、婦人問題を一括して扱う婦人局設立の要望が高まると、婦人局をどこに設置するか、その位置づけ、組織、規模、機能をめぐって、さまざまな意見が交わされ、次の三段階の過程を経て設立された[15]。
①独立の婦人局設立をめぐるＧＨＱ内部の意見対立と譲歩（一九四六年五月八日―八月二十七日）
②日本の婦人指導者内部での意見調整（一九四六年十二月―四七年一月）
③ＧＨＱと日本政府間、日本政府内における意見の調整（一九四七年二月―八月）

婦人局をどこに設置するかをめぐって、ＧＨＱ内部で意見の対立が表面化するのは、一九四六年五月八日のＣＩＥ覚書[16]においてである。この覚書は日本の婦人指導者との協議に基づいて、エセル・ウィードらＣＩＥ職員によって作成され、婦人の地位向上に関するあらゆる業務を行う婦人局を、内務省内に設置するよう提案した文書で、民間情報教育局長と民政局長に提出された。内務省内設置を提案する理由として、現行の政府機関は①各省が婦人問題の一部を部分的にしか扱っていない、また重複も見られる、②婦人問題を扱っている部署は行政機関の下位の地位にあり実質的権利を行使していない、③婦人問題の企画は訓練を受けていない男性職員に任され、女性職員の意見が反映されない、などの点を挙げ、内政を扱う中で最も重要な省である内務省の中に、特別の省を設置して女性のイニシアティブのもとに、女性の地位向上を推進すべきである、という大胆な提案である。この覚書は、八月まで上層部によって検討されることなく、放置されたままになっていた。

一九四六年四月ＧＨＱの要請で来日した労働問題専門家は、七月二十九日、労働諮問委員会の最終報告書を提出した。その中に、「米国の労働省の中の婦人局（Women's Bureau）と児童局（Children's

Bureau）の例にならって、新設の労働省の中に婦人少年局（Women's and Children's Bureau）を設置すること」というヘレン・ミアーズ[*]（労働諮問委員会の唯一人の女性委員）が書いたと思われる提案が含まれていた。(17) 八月二十一日、この提案は他の勧告とともに、GHQの公式政策として承認される。

＊ **ヘレン・ミアーズ**（Helen Mears 一九〇〇―八九） アメリカの経済評論家。労働諮問委員会の唯一人の女性委員。婦人少年局の設立に寄与した。著書『アメリカの鏡・日本』（一九九五）。

これより一カ月前の六月二十四日、労働諮問委員会報告書とは別に、ヘレン・ミアーズは、GHQ／SCAP内（民政局または新設を予定されている労働局）に、婦人問題担当部門（局または課）を設置するという興味深い補足報告書を提出している。(18) 七月一日経済科学局労働課長セオドーア・コーエン[*1]は、「婦人関連施策のすべてをGHQの一部局に集中させるべきであるとする報告書の論点には同意することができない」という労働課の見解を、上司のW・F・マーカット経済科学局長[*2]に提出している。(19) ヘレン・ミアーズの提案に同意できない理由として、コーエンは「女性問題は、食糧の供給や生命に関わる主題など性別とは無関係な男性と女性の共通の重要な問題の多くを消去してしまう」からであるとしている。結局、ミアーズの提案は労働諮問委員会とGHQ上層部の反対にあい、実現されることはなかった。

＊1 **セオドーア・コーエン**（Theodore Cohen 一九一六―八三） コロンビア大学で修士論文「一九一八―三八における日本の労働運動」（一九三九）を執筆。GHQ経済科学局労働課長（一九四六―四七）として日本労働運動の発展に寄与。著書 *Remaking Japan: The American Occupation as New Deal* (1987).

＊2　**W・F・マーカット少将**（W. F. Marquat　一八九四―一九六〇）　GHQ二代目経済科学局長。マッカーサーとともにバターン号で来日した「バターン・ボーイズ」の一人。日本経済の民主的改革を指揮した。

さらに労働諮問委員会報告書が公式見解となる数日前の八月十七日、民政局長特別補佐官アルフレッド・ハッシー*は、手書きの覚書[20]において、内務省内に特別の局を設置し、女性主導のもとで婦人の地位向上と保護施策を政治的に支援する、という五月八日付案について、「SCAPは直接日本政府に強制するものではない」としたうえで、「内務省の中に婦人局を設置したり、内閣府に半独立の婦人問題庁を設置したりすることは」男女の差異や不必要な紛糾を招き、男性の深刻な怨念と反発を引き起こすので、「得策ではない」と回答している。ハッシー民政局長特別補佐官は、女性は社会のあらゆる分野へ代表として送られるべきであるが、「それは女性としてではなく責任ある代表としてである。しかし女性陣営（women's bloc）の形成、または婦人の権利獲得運動（feminism movement）を奨励するなどということは、避けなければならない」「男性より劣った従属的立場にある女性が団結して『女性だけの独自の行動』で男性に攻撃をかけて窮状を打開すべきではなく『調整と協力』によるべきである」と主張している[21]。これは以下の社会党婦人部を中心とする婦人局設置の動きに対する暗黙の批判であり圧力であった。

＊　**アルフレッド・ハッシー**（Alfred Hussy　一九〇二―六四）　アメリカの弁護士。GHQ民政局長特別補佐官。マッカーサー憲法草案作成に中心的役割を務めた。

加藤シヅエを中心とした社会党婦人議員は、一九四六年の夏、「独立した内閣の省庁の設置」というCIE覚書より大胆な提案を行っている。[22] ハッシー民政局長特別補佐官は、この提案に対しても圧力を加え、九月、加藤ら婦人指導者を呼び、エセル・ウィードを出席させたうえで、「この計画は合理的なものではないので、連合国最高司令官の承認を得ることはとうていできない」と忠告している。[23] コーエン労働課長とハッシー民政局長特別補佐官は、すでに婦人局の労働省内設置という方向で一致していたのである。

このように、ハッシー民政局長特別補佐官は、エセル・ウィードや加藤等の日本の女性指導者を威圧して、婦人局の内務省内設置案や独立の省庁設置案を葬り去り、代わりに、GHQの公式政策である労働省内設置に、女性たちの同意を取り付けることに成功したのである。

メアリ・ビーアドの提案

■「婦人局」についての意見

一九四六年八月二十七日、合衆国の例にならって新設の労働省に婦人局を設置する、という労働諮問委員会の勧告案が、GHQの公式政策として承認されると、エセル・ウィードは、メアリに米国婦人局の資料の入手を依頼するとともに、日本の婦人局について、彼女の意見を求めた。メアリは、九月三十日の手紙で次のように助言している。

ご承知のように（合衆国の）婦人局は、第一義的には事実を発見するための局で、その事実は国勢調査局によって探査されるものよりも、手の込んだものであると私は確信しています。事実に関しては、それは平時と戦時の経済の変化を追跡します。そして労働の実態、生活費、失業、法的地位、最低賃金、母親の年金、老齢年金のような社会立法、労働災害補償、自分と家族のための扶養費用、そして余暇生活の範囲と、これがどのようにして獲得されるのかを、経済と生産過程における変化に関係づけます。

合衆国では、この種の生産過程の専門化によって、大量生産が女性たちのための大きな収入獲得機会を創出したことを、婦人局から学んだと私は信じています。専門化は多くの生産過程にとって、女性の器用な手を必要不可欠なものとしました。

しかし、軍需品の生産や男性が戦闘やそれに関連したサーヴィスのために徴募されたことが、おそらくはもっと多く、産業での女性たちの雇用を確保してきたのです。女性たちは、生計のために働く必要があるか否かに関係なく、これらの産業で働くことを望んだのです。これらの場合、婦人局は家庭外での労働が、家族の生活や子どもたちの福祉に及ぼす影響を研究したのかもしれません。あるいはこの問題を、他の諸機関、部分的には児童局に任せていたのかもしれません。

わが国の婦人局は労働省の中にあり、女性たちの労働がその第一義的な考察項目でした。それもろもろの企業内の労働です。

私の意見では、女性たちは農業労働者としても記録にとどめられるべきだと思いますが、合衆国では彼女たちは農業省の管轄下にあります。ですから、彼女たちの実情を知るためには、おそらく婦人局ではなく農業省を調べなければなりません。

女性の起業家や専門職に就いている女性もまた、たぶんこのように研究されるべきです。彼女たちは実際、その収入、法的地位、扶養者などに関して調査されていますが、それは主としてこれらの女性の所属する団体によって行われています。これらのケースでは、報告書はこれらの団体の事務局内と婦人局のファイルに納められていると思います。(24)

メアリは、日本で新設される婦人局は、このような女性農業労働者や女性の起業家や専門職に就いている自営業の女性を含むすべての女性の実状調査と地位向上を目的とすべきであると示唆した。また、アメリカでは、保護と平等をめぐる激しいイデオロギー対立のため、厳しい立場に置かれているが、平等主義者の運動だけでなく、男性との過酷な競争において、企業で働く女性を「保護」する改革運動にも深い関心をもって進めてきた、メアリ・アンダーソン[*1]前婦人局長の経験を聞くこと、フリーダ・ミラー[*2]婦人局長から米国婦人局の情報を得ることをすすめ、二人をエセル・ウィードに紹介している。

＊1　**メアリ・アンダーソン**（Mary Anderson　一八七二―一九六四）労働運動家、合衆国女性局初代局長。十六歳の時にスウェーデンから移住し、皿洗い、繊維工場の女工などの経験を経て婦人労働組合連

合のリーダーとなる。一九二〇年から四四年まで二五年間、婦人局局長として労働婦人の保護と地位向上に尽力した。保護と平等をめぐり全国女性党と対立した。

＊2　**フリーダ・ミラー**（Frieda Miller　一八九〇―一九七三）　アメリカの行政官。シカゴ大学大学院で学んだ後婦人労働組合運動にかかわる。一九四四年から五三年まで、第二代婦人局長として平等賃金の確立と婦人の労働市場への参入よる地位向上に尽力した。退任後はＩＬＯや国連、ＵＮＩＣＥＦで活躍した。

ここで注目しなければならないことは、メアリは、家庭で主婦がもつ養育機能とそれに基づく知的道徳的力は公的生活の一部である、という信念をもち続けていたので、「女性が世界の外〔家庭―上村〕に留まるのではなく、世界の中で知的に生きる」よう推奨してほしい、とミラーに進言することを忘れなかったことである。[25] メアリが日本の女性政策に期待したことは、「女性保護」だけではなく、女性が家庭の知恵を生かして公的分野で貢献するよう支援することであった。

■民主主義にのっとったエセル・ウィードの支援

一九四六年十月十五日の手紙で、エセル・ウィードは、「婦人局の設置に関する日本の女性たちとの議論のなかでは、婦人局の機能に関するあなたのコメントに沿ったかたちで、婦人局は農業労働者、主婦、工場労働者、商業、専門職の労働者など、すべての女性の利益のために使われることが必要であることが強調されている」ことをメアリに伝えている。そして、日本の女性指導者たちのあいだには、戦時中の婦人運動の教訓から、政府主導の婦人局設立に反対する意見と将来のために設立すべきであるという意見があったが、エセル・ウィードはこれらの議論から距離をおいて次のように対処したと述べている。

私がここでしている仕事では、できる限り責任と少なくとも外見上の主導権を、日本の女性たちに置くようにして、達成されるものが彼女たちの仕事であって、彼女たちの試行錯誤の結果になるように努めています。これは直接的な行動よりもゆっくりしたプロセスですが、永続的な利益になるものを達成する唯一の着実な方法だと信じています。……

私たちは、私たちの行っているどんな仕事でも、女性大衆に届くようにしてきました。投票するのは大衆なのです。そして彼女たちが自分たち自身の共通の利益のために、協力して行動することに知性を使うことを学ばない限り、指示通りに従うのも大衆なのです。この彼女ら自身の共通の利益のためのテクニックを私は教えようとしているのです。もし女性たちが圧力をかけて世論をかき立て、目的の統一を図ることを通じて、また行政府の男性たちの協力を得ることによって、彼女ら自身の婦人局を発展させるならば、彼女らは価値ある教訓を学んだことになるでしょう。(26)

一九四六年十月三十一日付手紙で、エセル・ウィードの取り組みに対して、メアリは、「私はあなたが着実に明らかになさっている、すばらしい知性と人格に魅せられています」と述べ、「他の情報源からのものを強制しようとしないで、女性たち自身に自ら婦人局設立にむかって活動するように仕向けているあなたの冷静なやり方は、疑いもなく、民主主義の理論と実践の両方にとって健全なものであり、永続性のより良き保証です」と民主主義の理論と実践の観点から、エセル・ウィードの指導方法を高く評価している。この手紙では加えて、新設の婦人少年局に対する期待、大きい政府か小さい政府かをめぐる議論、合衆国憲法への女性の寄与という議論にまで話題が及んでいる[27]。見てみよう。

日本におけるこのような制度についての議論において、それがすべての女性にとって、潜在的な価値をもつものであることが強調されていることを知って、私はうれしく思います。このことは社会の中心――家族――を考慮に入れることによって、最も創造的なタイプの婦人局となって結実するでしょう。そして男性たち自身も、そのような広い基盤をもつ婦人局なら、もっと容易に是認するかもしれません。人々が真に必要としていることについて、行動しながら学ぶあなたの気迫はあなたの優れた知性を証明しています。

〔「大きい政府か小さい政府か」に関する議論について〕日本の女性たちの一部がもっているとあなたが言う、政府に対する恐怖あるいは憎悪を、私はよく理解することができます。あなたもご存じのように、新しい国民のために私たちの憲法がつくられたとき、いくつかの重要な譲歩を導きだしたのは、このような恐怖と憎悪でした。「政府は小さければ小さいほどよい」というのが、ジェファソンの考えでした。しかし、彼は独立自体がそれを維持するのに足る強い政府を必要としていることを理解するにつれ、だんだん譲歩するようになりました。アメリカ史のこの段階、十八世紀における私たち自身の革命のこの側面は、政府に対する行き過ぎた恐怖を克服するために、巧みに利用された可能性があります。参考までに、チャールズと私の略名（B＆B）入りの著書『アメリカ合衆国史』（*A Basic History of the United States*）を一冊お送りします。

〔合衆国憲法制定への女性の寄与について〕この本の一〇章〔「共和主義的生活様式の確立」[28]〕を読んで熟考してくだされば、あなたはきっと今まで日本に存在したどの政府よりも民主的な政府の形態に変化させるための、女性が及ぼしうる影響力についての言質を得ることができるだろうと思います。私たちの若い国家の最初の首都が置かれたニューヨークで、女性たちが厚遇され、革命共和国の官吏に採用されたことは、この小さな物語の中ではわずかに暗示されているにすぎません。しかし、それはとてつもなく入念に練りあげることもできたでしょう。そしてそれがもつ意義は基本的なものでした。例えば、チャンセラー・リヴィングストン〔一七四六―一八一三、独立宣言起草者の一人、法律家〕夫人の家で、幾人かの新政府の指導者たちが、出版される前に印刷に回そうとしていた草案を読み、それらは彼女の客人たちによって議論されていました。

この女性のことを知ったとき、私は彼女が間違いなく議論に参加したと感じました。彼女は保守的な人物でしたが、王政から共和政への変化を受け入れ、若い政府が人々に広く受容されるように助力したのです。

アメリカ史における歴史的事実に基づいたメアリの助言は、婦人少年局の設立を支援するエセル・ウィードに、基本的な知識と確固たる自信を与えたであろうことは疑う余地がない。メアリから送られた『アメリカ合衆国史』を読んだエセル・ウィードは、一九四七年二月十二日付手紙で、この本を重要な参考文献として、一九四八年から四九年にかけて、日本人の学者の協力を得てCIEが編纂し、文部省が刊行した教科書『民主主義』（*Premier of Democracy*）の二つの章を執筆中の二人の日本人女性（そのうち一人は山室民子である）に貸与したと伝えている。[29] この本の第一五章「日本婦人の新しい権利と責任」三〇七頁では、アメリカ独立宣言の起草者ジョン・アダムズの妻アビゲイル・アダムズ夫人が、* 夫への手紙で婦人参政権を訴えたエピソードなどが紹介されており、ビーアド夫妻の共著の内容が『民主主義』に反映されていることを示している。

＊ **アビゲイル・アダムズ夫人**（一七四四―一八一八） アメリカ独立宣言の起草者で第二代アメリカ合衆国大統領ジョン・アダムズの妻。第六代大統領ジョン・クインシー・アダムズの母。アビゲイルはジョンからの多岐にわたる相談に手紙で答えるとともに、女性の権利を主張したことで知られている。手紙はアメリカ独立戦争の貴重な資料とされている。

一九四七年九月に新設された婦人少年局が、すべての女性の地位向上と女性労働者の保護を目的として設立されたことは、メアリの助言と合致している。手紙で述べられているとおり、婦人少年局の機能は、当時の日本女性の実情と婦人指導者の意見を反映したものであるが、同時にメアリとウィードが、アメリカの女性政策では叶えられない「夢」の実現を、婦人少年局の機能に託した結果でもあるといえよう。このようにして婦人少年局は、戦後日本において、最も多くの女性官僚を輩出する政府機関として、大きな役割を果たすことになったのである。

■婦人少年局廃止反対運動

その後、婦人少年局の整備が着々と進められるが、一九四九年一月行政改革の一環として、各省庁に三〇%の予算削減と行政機構の整理が義務付けられ、労働省内で婦人少年局廃止案が浮上した。エセル・ウィードは、いち早くこの情報を掌握し、政党婦人部、婦人団体、労働団体、労働省婦人少年問題審議会、労働省職員組合、GHQ担当者による緊急な連携を呼びかけ、廃止反対の運動の成功に寄与した。廃止反対運動の連携のかなめとなったエセル・ウィードの助言は、①「女性の立場」に立った婦人少年局の存在理由を説明すること、②政府やGHQに働きかけること、③労働省の審議会や職員組合を動かすこと、④民間団体に圧力団体としての活動を促すこと、⑤共産党や労働団体を巻き込み超党派で取り組むこと、であったことが彼女の会見記録から明らかになった(30)。

時間がかかる変革への通

明るい未来を切り拓くかに見えた、占領政策の前途に暗雲が立ち始めたのは、一九四七年一月である。全官公庁労働組合共闘委員会と全国労働組合共闘委員会の二・一スト決定に対して、GHQはスト中止命令を出した。三月十二日、トルーマン大統領は、トルーマン・ドクトリン（共産主義封じ込め政策）を発表し、占領政策は米ソの冷戦体制の影響を受けることとなった。

エセル・ウィードは、前述の一九四七年二月十二日付手紙の後段で、日本での占領政策の前途に対する不安を吐露して、何か妙案がないかとメアリに問いかけている。

私もまた日本が岐路に立っていると考えます。国民は強力な武器として投票権をもっていますが、現在の発展段階では、大衆は極左か極右かのいずれかのなすがままになっており、どちらのグループも大声で弁じ立てています。ですから、大衆はできるだけ早く民主的な手続きの基本を教えられなければなりません。そうしないと何が起こるか誰にも解りません。このことを成し遂げる何かマジックのようなやり方があったらと願っています。……私はせっかちすぎるのでしょうか。

不安を抱いて助言を求めるエセル・ウィードに、二月二十五日付手紙で、メアリは「いいえ、親愛なる若いあなた、責任を負ったあなたの置かれている状況の中にあって、あなたはけっしてせっかちすぎるわけではありません。……できるだけ時間の多くを培って、長期的な展望をもとうと努力してくださいい」と「年老いたおばあちゃん」が「カウンセリング」をするようにやさしく向き合い、「マジックを排除して民主主義と自由の制度を守るために、長い時間と忍耐が必要です(31)」答えている。続けて、

確かに時間がかかります。どの革命も国民を一夜で変えることはできませんでした。決してできませんでした。私はたった今カテリーナのドラマを描いてみようとしているところでした。……ロシア農民の解放のために――十分な耕作地の保証と政府に代表を送る権利を求めて――活動したブレシュコ・ブレシュコフスキー[*1]は、二十二歳から亡くなる九十歳まで、繰り返される恐ろしい収監の最終地シベリアへの流刑のまっただ中にあって、極寒の中を徒歩でシベリアまで、一度に二〇〇〇マイル歩かなければなりませんでした。それでも、アメリカの探検家ジョージ・ケナン[*2]に逢って、そのとき彼女はすでに年老いていて、中国国境近くの最後の流刑地から、なんとか生き延びて、人々にツァーリズムを打倒したいと思うように教えようとしていたのですが、彼から彼女の煽動活動の将来と、ひょっとして訪れるかもしれない運命についてどう考えているかと尋ねられたとき、「バブシカ」(初期の自由主義的な形態における革命の

「小さな母」）は実際こう答えたのでした。自分は大義のために死ぬかもしれないし、自分の子どもたちも、さらに彼らの子どもたちも死ぬかもしれないが、しかし大義は彼らよりも大きく、死ぬことはありえない、と。

今日では、彼女の希望はあまりにもロマンティックすぎるようにみえるかもしれません。しかし、私は現在のロシアの暴政は、その地全域にリベラリズムの種を蒔いたバブシカや数千人、いや数十万人の仲間の、苦難に耐え抜いた知性と精神によって覆されるだろう、と信じたいと思います。

おそらく、この気高い女性の物語は、日本人の思想と行動にリベラリズムを深く根づかせようと思っている日本の男女にとって、大きな意味をもっていることでしょう。

＊1 **キャサリン・ブレシュコ・ブレシュコフスキー**（Catherine Breshko-Breshkovsky 一八四四―一九三四）ロシアの社会主義者、ロシア革命の小さな祖母として知られている。

＊2 **ジョージ・ケナン**（George Kennan 一八四五―一九二四）ロシア帝国を対象とした地域研究を行った人物。外交官で歴史家のジョージ・F・ケナンの大叔父。雑誌 *Century* の記者。

メアリは、彼らのうちの誰一人として、彼女が行ったこと、そして彼女の多くの仲間がロシア文明の向上のために被ったことを経験することはあるべきではないとおもうが、対比することは現代の男女に勇気をあたえるであろうから、彼女のすばらしいアメリカの友人で憧憬者でもあるアリス・ストーン・ブラックウェル*が語った彼女の物語を、来月家に帰ったとき一冊かそれ以上エセル・ウィードへ送ると約束した。さらに続けて、

＊ **アリス・ストーン・ブラックウェル**（Alice Stone Blackwell 一八五七―一九五〇）アメリカのジャーナリスト、フェミニストで参政権運動家、急進的社会主義者、人権擁護者。

岐路に立つ日本ですか。そう、日本は岐路に立っています。同様に他の国々や人々もそうです。これらの国の人々は、過去の多くの時代、ずっと岐路に立ってきたように思います。……私たちの政治と自由の制度を守るためには、この制度についての膨大な知識を携えて、絶え間なく深い注意を払い、その価値について力強く認めることが求められます。このように絶え間なく注意を払い、ゆっくりと教育をしていくためには、忍耐が必須です。努力をともなった無限の忍耐が必須なのです。……

ですから、マジックを排除しなければならないということに関する限り、私たちはみな境遇を共にしているのです。昼も夜も旅の終わりまで私たちの灯りにしたがって行く、という意志を培いながら、私たち自身正しい道を進んできた、という信念を貫き通すのです。……そしてそれは、私たちの時代には良い結果が出ないかも知れなくとも、種を蒔いておけば、それらの幾粒かは、いつか穀物や果実になる、と計算するようなものなのです。

メアリは、あたかも自分自身にも言い聞かせるかのように、マジックを排除して忍耐強く民主主義への道を歩み続けることが必要であると説いたのである。

日米交流への寄与

日米の知的交流の架け橋として

■本を送る

看護を愛し、看護をすると同時に「これらのために戦争は終わらない」という印象的な記事を書いている一人の海軍看護婦が、傷病船上での看護の素晴らしい物語を、メアリに書いてきた。そこには、重い任務の合間のレクリエーションで、彼女と他の数人の看護婦が幾人かの医師たちと一緒に、自分たちだけで独占できる救命ボートに乗り込んで、野外読書クラブをつくったことが書かれていた。誰もアメリカ史を学んだ経験がないようだったが、B&B（共著者であるチャールズ・ビーアドとメアリ・ビーアドの略名）の小さな『アメリカ合衆国史』を読むことから始めて、とても楽しい経験をし、歴史に親しくなじむことができたと話してくれたこと、読書クラブの参加者は裕福な家柄の出身であったり、貧困家庭の出身であったり、アメリカ・インディアンや、ヨーロッパからの移民だったたが、アメリカ史の物語――それは船上図書館で借り出した五セントのハード・コピーだったとのことであるが――の中に、彼らは自分たちが出身に関係なく兄弟・姉妹であることを発見して、彼らの議論は、誰にとっても豊かな経験になった、と書かれていた。メアリ・ビーアドは、これこそ読書クラブで本を読むことを通してのコンシャスネス・レイジングであると考えた。

このような本についての記憶から、メアリは、「自分や日本女性のための図書館に必須だと考える図書リストを作ってくれないだろうか」というエセル・ウィードの依頼を快く引き受けた。メアリは、さっそくビーアド家の書庫の本の中から、英語で書かれている本に限定して、百冊以上の本を選びリスト作成に取りかかった。[32]アメリカ人はアメリカの行政など民主的な側面や社会生活における民主主義の理論と実践について、質と量の両面において十分書いていないので、日本人の男女にとって実際に価値がある文献リストを作成するのは、彼女にとって大変難しかったが、女性関連の本については、彼女が疑問の余地なく重要であると考えるいくつかの特別な著作があった。リストの中で特に重要だと思われる本を、ビーアド家の書庫から選び、リストとともに日本へ郵送した。

■メアリ・ビーアドへの来日の要請

折り返しエセル・ウィードから、リストアップした本を送ってくれたことに対するお礼の手紙が届いた。その手紙の後段で、「まったくオフレコの質問ですが、公式にもちかけた場合、女性と教育者との会議のために、日本へ来ていただけますか。私にはこのような質問をする権限はありませんが、お膳立てされる可能性があるのではないか、と胸を膨らませています。あなたの来日は、多くの人々が必要とする激励になるでしょう[33]」とメアリの来日の可能性を尋ねてきた。

「どんなにか日本へ行きたいことでしょう。その質問に答えることで、この手紙を書き始めたかったのですが、本当に残念ですが行くことができない、と言わなければならないので、ここまで返事を引き延ばしました」と詫びたのちに、メアリは、本当の理由は夫の側にいなければならないからである、と言って来日の要請を断った。

夫の体力は、まさに私の用心深い介護にかかっています。心深い介護にかかっています。彼はほとんど耳が聞こえません。彼が聞きたいと思うことや聞く必要があることを聞くのを助けるために、家の中で彼の近くに付き添いを置くことができますが、肝心の助けが必要なときに合わせて、実際に彼の耳の代わりになることができるのは私だけです。それだけではありません。著述家としてのチャールズ・ビーアドの仕事は価値があり、彼がそれを続けられるように私が援助しなければならないことを十分理解しています。彼は十一月で七十三歳になります。この仕事を前に進めるのを中断し、挫折しないようにするための最高の救済手段が必要なのです。(34)

■エセル・ウィードのビーアド家訪問

一九四八年四月に、エセル・ウィードは初めて三カ月の公休を得て帰国した。メアリを日本へ招へいするという夢をかなえることはできなかったが、直接彼女に会えるチャンスがやってきた。メアリは、「ついにあなたが合衆国にいるというのはすてきなニュースです。聖人と同様に、聖人ではないわたしたちアメリカ人ネイティブが、再び霊的に交わる大きな喜びを感じてください。なぜならそれはアメリカ人の安定した考え方を与えますので」[35]と喜びを表現している。

占領開始からメアリは、エセル・ウィードと、民主主義の基本的考え方や具体的な女性政策について、意見を交わしてきたが、二人が会うのはこれが初めてである。メアリは、「長時間話し合う必要があるので、少なくとも一晩は滞在してほしい、その時チャールズ・ビーアドとも会って、合衆国の外交政策について直接議論することができる」と伝えた。手紙でそれを議論しようとすると、彼の態度についてわかってもらえるよりも、むしろ彼女を混乱させることになるであろうと危惧したのである。

エセル・ウィードは、五月上旬にビーアド夫妻を訪ねて一泊し、三人は心から打ち解けて真摯にアメリカの外交政策などについて意見を交わす機会をもった。メアリは、その時の三人の深い心からの交流の意味について、エセル・ウィードに次のように書き送っている。

あなたは私たち全員、両ビーアドと義理の息子アルフレッド・ヴァクッに、めったにお目にかかれない人として、忘れられない印象を与えました。あなたはあらゆる意味でとても美しいので——外見もりりしければ人間的にも誠実なので——私たちは誰もが、あなたを忘れることができなくて、どうしてもあなたを思いださずにはいられないのです。

あなたを煩わせるようなことを何でも話してしまって、心の底では傷ついています。多くはそのような性質の話でした。……私たちは二人とも沈黙を守りませんでした。……　私たちは現在の人間の闘争が何であるかを理解しようとしているのだということを、少なくともあなたは理解してくれるものと私は信じています[36]。

■チャールズ・ビーアドの死去

一九四八年五月二十一日、チャールズ・ビーアドは、国立芸術文学院から彼の功績をたたえて金メダルを授与された。それは十年に一度授与される栄誉ある賞で、彼の人生の最後のハイライトであった。前年の六月に、エセル・ウィードから「女性と教育者の会議」のための来日の可能性を問う手紙が届いたが、メアリは耳が聞こえない夫の世話のために来日は無理であると断っていた。このところずっとチャールズの体調は芳しくなく、懸命の介護にもかかわらず、ついに一九四八年九月一日にこの世を去ったのである。七十三歳であった。チャールズの著書『共和国』が、日本での政策をすすめるうえで有効に使用されており、非常に役に立っているというエセル・ウィードの話を、彼に伝えられないのがつらかった。しかし、緊要なテーマと政府のシステムの研究を促したエセル・ウィードのリーダーシップは、孤独な晩年のチャールズをどんなにか勇気づけたことであろう。

■『アメリカ精神の歴史』の翻訳

チャールズの死後、高木八尺教授から六月二十九日付の手紙が届き、東京女子大学の教員グループが、ビーアド夫妻の『アメリカ精神の歴史』を訳したいと考えているが、同意が得られるかどうかをチャールズに聞いてきた。メアリは一九四八年十一月十四日付のエセル・ウィードへの手紙[37]で「彼は原著者としてチャールズだけに話したのですよ。しっー！　このことは当然あなたと私だけの秘密ですが」といつものように、自分が著者として無視されている不満を、ウィードに漏らしている。高木教授からの手紙は途中で災難に遭って、チャールズの存命中に、ニュー・ミルフォードに着かなかった。メアリは、「父の財産を相続した娘と息子が、この翻訳に喜んで同意しており、著作権を半分もっている私も、この本が日本語に翻訳されることをうれしく思う」と高木教授に返答し、岩波書店からの出版を阻んでいる一五％の印税の放棄を申し出たとウィードに伝えている。そして、当時は翻訳には占領当局の許可が必要だったので、司令部にいるウィードの力で、日本における『アメリカ精神の歴史』の翻訳と出版を後押ししてくれるよう支援を頼んだ。高木教授は一五％の印税の要求が継続するとすれば、ビーアドの本の翻訳の二番目の選択肢は『アメリカ文明の興隆』になるだろうと書いてきたが、メアリは二番目の選択肢は高等学校の教科書として書いたものであって、『アメリカ精神の歴史』の代わりにはならないと返事したとウィードに伝えている。メアリは、リーダーシップが絶対必要な知識人向けの日本の市場で売りに出してほしいのは、より大きな販路を求めている『アメリカ精神の歴史』であると考えたからである。この本はウィードの支援を得て、一九五四年、高木八尺・松本重治によって抄訳『アメリカ精神の歴史』として刊行された。

日本の女性リーダーとの交流

日本の婦人指導者を米国へ研修のために派遣するという企画は、占領政策にとって画期的な試みである。一九五〇年の第一回研修旅行には、戸叶里子（衆議院議員）、赤松常子（参議院議員）、江上フジ（NHKラジオ局社会部婦人課長）、富田展子（Publications の編集者、婦人少年局婦人課長）、丸沢美千代（国鉄労働組合大阪婦人部長）、後藤俊（主婦連、消費者運動）、久米愛（弁護士）、大森松代（農林省生活改善課長）、伊藤和子（通訳）が参加している。エセル・ウィードは、一九五〇年と五一年の二回、婦人指導者の米国派遣に同行した。

エセル・ウィードは、かねてから日本の婦人指導者が、メアリ・ビーアドに直接会って学ぶ機会をもつことを強く望んでいた。一九五〇年の研修旅行の際に、久米愛と富田展子を伴ってビーアド家を訪れて一泊している。メアリは、日本からの来客と話す機会を待ちわび、喜んで彼女たちを歓待した。その時メアリは、文化人類学と歴史学における未曾有の論考、ロバート・ブリフォート*の『母たち』（*The Mothers—The Matriarchal Theory of Social Origins*）三巻を三人に見せ、一冊を久米愛に送っている。メアリは、久米愛が読み終わると、東京の図書館の重要な財産となり、そこでより広く使われることを期待したのである。(38) メアリには、この二人の日本人女性が、日本の女性たちの歴史について何一つ知らないように見えた。彼女たちはかつて女帝が自分自身の権利で統治したことがあったことすら知らないことに驚いた。[39] この事実はメアリの日本女性史の執筆に一層拍車をかけることとなった。

＊ **ロバート・ブリフォート**（Robert Briffault 一八七四―一九四八） フランスの外科医、社会人類学者。著書 *Mothers: A Study of the Origins of Sentiment and Institutions.*

後日、エセル・ウィードから、婦人指導者の事後研修が行われ、彼女たちは全国で講演や、地域のスタッフとの会議やラジオ新聞、雑誌の取材を行い、四千人以上の聴衆が会議に参加した、というニュースの覚書が送られてきた。[40] メアリは、研修旅行から彼女たちが多くの知見と利益を引き出すことができたことを高く評価している。彼女たちが提出したレポートの中で、後藤俊が「日本では自由とアナーキーを混同している」と意見を述べていることに注目して、「他の国でもそれを混同している人々がいます。共産主義者は民主的自由を強奪して人々を彼らの集団に追いこもうとします。しかし朝鮮戦争があらゆる方向に広がらないならば、より合理的で創造的な自由の考え方が民主主義の中に根づくでしょう。社会システムの中に真の共産主義はありません」[41] と暗にスターリン体制への批判を述べている。

一九五一年、エセル・ウィードは、国連で三カ月間研修する人物交流のメンバーで、英語の会話能力には多少難のある引っ込み思案の若い女性、塩沢美代子＊（全国蚕糸労働者組合連合の女子部長）をメアリに紹介し、連日の研修で緊張するであろうから、彼女を母親のように遇して、自分を取り戻す時間をもたせてやってほしいと頼んでいる。[42] メアリは、かつて自分がかかわった労働組合の活動を話して、経験を交流しあうことができるだろう、と言って快く彼女の訪問を受けた。[43] 塩沢美代子は、のちに自伝の中で、占領期のエセル・ウィードが示した労働組合活動に対する理解と行き届いた優しい配慮に感謝の言葉を残している。[44] 彼女は米国での研修について、日程を追って記しているが、一泊したビーアド家での経験はそこでは語られていない。

＊ 塩沢美代子（一九二四―二〇一八） 労働運動家。日本女子大学卒業。全国蚕糸労働組合連合書記、女子部長（一九六三年まで）。アジア女子労働者交流センター所長、恵泉女子大学教授。著書『語り継ぎたいこと――年少女子労働の現場から』。

蠟山政道の「ビアード博士夫人を訪うて」より

政治学者蠟山政道は、一九五一年の春、チャールズ・ビーアド亡き後のメアリを訪れた。その時の様子を記した短いエッセイ[45]には、早春のニュー・ミルフォードへの道、居宅の佇まい、多くの訪問者が受けてきたビーアド夫妻の饗応、メアリの婦人問題観などが生き生きとした筆致で書かれている。メアリが、『日本史における女性の力』の出版を全ての出版社から断られ、出版をあきらめかけていた頃のことである。ここで蠟山政道のエッセイ（一部要約して抜粋）に導かれて、一九五一年のメアリを訪ねてみよう。

〈ビーアド博士のニュー・ミルフォード〉

ニュー・ヘヴンから故ビーアド博士の居宅を訪れメアリ夫人にお会いすることが日本をたつときからの私の宿願であった。ニュー・ヘヴンのホテルから電話をすると、すぐ元気な、非常に若々しい婦人の声が聞こえて、ランチを用意している、ニュー・ヘヴンからダンベリーまでくれば迎えに行く、という昔と同じ親切な言葉であった。ニュー・ヘヴンからダンベリーまで一〇時にでるバスがあるが、日曜日には出ないということが分かったので、七〇マイルの道のりをタクシーを雇って出かけた。

小さい工業都市ダービーを離れると道路はハウザトニック川に沿って走る。ニューイングランドの春は遅く、まだようやく柳の芽が出かかっているだけだ。川岸の林樹、渓谷のスロープを蔽っている疎林、住宅にある緑の芝生。今日は珍しく快晴で微風はまさに春の象徴である。いくつかの丘陵を超えて、自動車はサンディー・フークというこぎれいな村を通過する。ダンベリーにつく。ここは男子の帽子製造業で有名な小さい工業都市である。ビーアド夫人と行き違いなったので、二〇分ほどしてハーグト博士夫人が出迎えてくれた。日本に来られた時は十八歳の若いお嬢さんであったが、今はハーヴァード大学を優等で卒業した令息のお母さんである。

ダンベリーからニュー・ミルフォードへの道もまた美しい。ハウザトニック川の上流地帯の一つであり、なだらかなスロープを持った渓谷の間を坦々たる一筋の道が通じている。やがて、ニュー・ミルフォードの小さい町につく。前に一度見覚えのある「一七〇七年のセットルメント」という看板がかかっている植民地時代風の家が残っている。

二五年前家内と一緒にこの土地を訪れた時の記憶がゆくりなくもよみがえってきた。あゝ、あの時は、先生が谿間の低いところにある停車場に例の「オールド・ビュウィック」を駆ってわれわれを迎えにきてくれたのであった。

丘の上に立っている先生の邸に着く。ハーグト博士が現れて玄関のドーアをあけられ家の中に這入るやいなや、博士夫人も現れてきて、かかえるように握手してくださる。確かに年はとられた。しかし、思ったより元気でしっかりしておられるのにびっくりするほどであった。それよりも私を驚かせたのは、博士夫人の日本と日本人に対する愛情の熱烈であることであり、長年も帰らなかった不肖の子供の帰宅を迎えるような厚情であった。そうした心からの歓待を受けた者は私ひとりではないのである。

ニュー・ミルフォードの自然は変わっていない。美しい展望をもったこの大きな家――昔は小学校か何かに使用されていたのを改造されたものだという――も、その昔、先生とともに語ったヴェランダも、また先生の書斎もべつに変わりはなく、そのままであった。ただ二つ変わっていたことは、先生の在りし日の温容を示す大きな肖像画が書斎に掲げられていることと、二階への階段に自動的に動く椅子がつけられていることであった。博士夫人は確かに年をとられたのである。

〈メアリ・ビーアドの婦人問題観〉

午後二時を過ぎていたが、私の到着を待っておられたので、ハーグド博士夫妻と一緒に昼食の御馳走になる。ハーグド博士夫妻は、ニュー・ミルフォードから九哩ばかり離れたビーアド博士がつくられた農場におられ、歴史研究のかたわら農事に専念しておられる。ビーアド博士夫人は有能なハウス・キーパーと一緒に生活しておられるので、時々訪問されるのである。今日はわざわざ私のために来られたのである。

……せっかく博士夫人におめにかかる機会を得たのであるから、何か日本の婦人問題に関する意見を聞いて帰り、日本の婦人に伝えるお土産話をえたいと思った。……

私が月並みな質問ではあるが、「新憲法によって男女平等の権利を獲得した日本婦人の自由と解放をどう思われますか」というと、ちょっと「それは法律的ですね」と問い返された後、「とにかく、それはマッカーサー元帥の功績です。マ元帥は近頃は戦略に没頭されているようですが、最初は非常に政治的でした。婦人の解放のごときは日本の占領政策がドイツのそれに見られない成功の一つでしょう」などと鋭い批判を下された。博士夫人の頭は依然さえわたっているし、その動きも昔と変わっていない。

日本の婦人解放をどう思うか、など馬鹿な質問を博士夫人の前に提出すべきではなかったのである。博士夫人には、婦人問題に関する数冊の研究があり、一つの確乎とした見識があり、一般のそれと同視しえない独自の理論がある。なかんずく『世界史の力としての婦人』（*Women as Force in History*）という名著がある。ところが、私はまだそれを読んでいなかったのである。博士夫人によれば、婦人の解放というような問題は十九世紀的自由主義及び社会主義のイデオロギーから出た一種のスローガンであり、そこから発展した俗説の一つなのである。そしてそれは必ずしも歴史的事実に合致したものでもなく、また深く男―女の共同関係を正しい社会学的考察から把握したものでもない。それは世界史の長い流れと、人間関係の文明史的背景の下に考察されなければならぬ問題だとされている。

だから、私が日本の婦人の解放をどう思うか、と尋ねたとき、ただちに「法律的な解放ですね」と問い返されたのであった。この法律的――憲法的私法的――解放の意義については、もちろん博士夫人は軽視されていない。大いに重視されているのである。しかし、日本の婦人にしても、中世の婦人といったように、その歴史的な時代的な背景を深く探ってみなければならないし、近代における日本婦人の地位の変遷という社会的事情も考究しなければならない。そうしたときに日本婦人の歴史における力というものが、単に一定の法律関係における不平等

――男子と比較して――の地位ということだけでかたづけられるかどうかは問題となる。もちろん、婦人の財産相続権その他公私の法律行為の不平等といったような非民主的な社会関係の立法上の改善は、重要な意識ある改革であること明らかである。しかし、真の問題はそれにつきるものでなく、またそのようなところにあるのではない。それは男―女という一つの共同的関係から、男と女とを切り離して性別に考察されるべきものではない。それは女が男とともに歴史を形成し、世界を動かしてゆく文明史的現象として考察されるべきである。というような見解が博士夫人のそれなのである。

私は博士夫人におねだりして、日本へのお土産として前記の著書を頂戴した。それは家内と娘も読みたがっていた著書の一つで、今まで手にできなかったものである。いま、手元にあるのはすこし書き入れがしてはあるが、といって、それにサインしてくださった。

すると、戸外に自動車の音がして、近所のアーノルドさんという人に依頼して、ニュー・ヘヴンまで送ってあげる、自分も一緒に行く、と言って博士夫人も席を立たれる。ダンベリーとは違った近道をとる。車中で何くれと日本の知人のことなどいろいろ話してくださる。本当に心からわれわれ日本人のことを思ってくださるのには涙ぐましくなる。……お別れするとき、私の声はくもった。博士夫人の目にも輝くものがあった。先生亡き後の博士夫人はやはり寂しいのではないだろうか。

第8章　『日本女性史──日本史における女性の力』　*1946–53*

構想から刊行まで

エセル・ウィードとの交信が始まって間もない一九四六年二月のこと、メアリ・ビーアドは『歴史における力としての女性』の出版を知らせる書簡を送った。

歴史のこの時点における女性たちの潜在的かつ現実的な力を明白に理解されたあなたへ、海の向こうから心をこめた握手をさしのべます。私の著書『歴史における力としての女性』は三月十八日にマクミラン社から出版される予定です。必要ならば、あなたと加藤夫人に一冊ずつお送りすることができます。……この本は、フェミニストたちの解釈、女性は長い歴史において従属した性であったという独断的な考えを論破しています。そして、シヅエ（石本）加藤が収集した長期にわたる日本の歴史における女性たちの物語〔一九三六年から三八年に加藤シヅエが中心になって編纂しビーアドに送られた日本女性史エンサイクロペディアの研究〕が――本書では、戦争という今日までの情況があるため、ほとんど触れることができませんでしたが――私を支えてくれています。(1)

戦後日本の最初の衆議院選挙に当選して、国会議員として日本の復興のために立ち上がる加藤（石本）シヅエの姿は、メアリを勇気づけ奮い立たせ、『歴史における力としての女性』の姉妹編として、日本女性史エンサイクロペディアを素材に、『日本史における女性の力』（*Woman's Force in Japanese History*）の刊行を固く決意させたのである。メアリは、『歴史における力としての女性』をチャールズの完璧な助言と校閲を受けて完成させたが、奇妙なことに『日本史における女性の力』の構想については、チャールズに知らせることはなく、完全に秘密裏に進めた。何故だろうか。メアリは、これまで何度も、夫の偉大な名声の陰で、夫との共著における彼女の貢献が常に無視されて、自分を小さく認識させられてきたことに不愉快の念を抱いていることを友人たちに打ち明けてきた。それゆえに、独力で著述するという試みは、夫と同じように認められることを望む、メアリの自意識によるものではないかと思われる。

『日本史における女性の力』は、戦争で引き裂かれた日本とアメリカ、さらに世界の女性たちのゆるやかな連帯を築くという明確な目的をもって、一九五三年に日本で、続いてアメリカで刊行された。日本語版は加藤シヅエ訳『日本女性史——日本史における女性の力』(河出書房)、英語版は *Woman's Force in Japanese History*(パブリック・アフェアーズ・プレス)である。この本は、戦前加藤たちによって収集された一〇〇人の日本女性の素描が、海を渡り戦争を経て、メアリ・ビーアドの手で血と肉を与えられて蘇るという、実にドラマティックな過程を経て生み出された。英語版と日本語の翻訳を対比すると、誤訳や歴史的記述の誤りが散見されるが、それは、日本女性史エンサイクロペディアの編纂が、事実上歴史研究が禁止された戦前期におこなわれたこと、メアリの執筆時期が、占領下での情報統制によって資料収集が困難な状況下にあった、という二重の障害を反映している。現在のところ、加藤シヅエからメアリへ送られた、英文の原稿の所在が不明であるために、三者を比較して、誤りが原資料に問題があるのか誤訳によるものか、あるいはメアリの誤認によるものか、を判定することは不可能である。本章では、著作の精密な分析と評価を別の機会に譲り、メアリの書簡を手がかりに、『日本女性史——日本史における女性の力』の構想から刊行にいたるプロセス、刊行の目的、内容上の特色を述べる。

『日本史における女性の力』執筆の経緯

一九四六年六月、メアリは、一つの新聞記事を見つけ、それにくぎ付けになった。それは、コロンビア大学文化人類学教授ルース・ベネディクト*が、ロード・アンド・テイラーからアメリカンデザイン賞（一〇〇〇ドル）を授与されたこと、新しい著書『日本の課題』を執筆中であり、そこでは日本人の行動パターン、生活の所作や倫理観を論じるであろうという内容であった。そして、ルース・ベネディクトは日本の資料を使用するために、加藤シヅエに接触しようとしているというのである。(2) このニュースはメアリの『日本女性史――日本史における女性の力』出版への準備に拍車をかけた。日本での調査をしないで、本のベースを二次資料の論文のみに頼り、しかもアメリカの立場から占領政策を推進するための研究をしているルース・ベネディクトに、どうしてもこの資料を使わせたくなかったのである。

＊ **ルース・ベネディクト**（Ruth Benedict 一八八七―一九四八） ニューヨーク市で生まれる。一九〇九年ヴァッサー・カレッジ卒業、女学校教師の後、一九年コロンビア大学大学院入学、フランツ・ボアズのもとで人類学を研究、二三年Ph. D. 取得。主な著書は *Patterns of Culture*, 1934（『文化の型』）、*Race: Science and Politics*, 1940（『人種主義――その批判的考察』）、*The Chrysanthemum and the Sword—Patterns of Japanese Culture*, 1946（『菊と刀――日本文化の型』）。

メアリは、加藤シヅエの同意を得たうえで、出版社との交渉を始めるために、グリアソン夫人から紹介された編集者ドロシー・ハミルトン・ディック＊とともにラインハート社に提出する本の概要作成に取りかかった。ドロシー・ディックは、一九一七年度のスミス・カレッジの卒業生で、戦前産児調節運動家としてマーガレット・サンガーと共に来日し、シヅエとも面識があった。(3) 加えて、シヅエは、日本女性史エンサイクロペディア編纂会解散後、一九三八年にラインハート氏から資料を印刷したいかどうか意向をたずねられて、結局中途で断念することになったが、特派員のモーリン氏の助けを借りて日本女性史の英文著書の原稿を執筆し、ラインハート氏に送っていたこともあり[4]、メアリの出版への期待は大きく膨らんだ。

＊ドロシー・ハミルトン・ディック（Dorothy Hamilton Dick 一八九四―一九六八） 最初の夫ブラッシュ氏の死後再婚してディック夫人となるが、離婚後ブラッシュ姓を名乗る。

六月十七日、ようやく加藤シヅエとの通信が再開され、彼女から出版に同意する旨の手紙が届いた。

どうぞ日本女性史の出版を前に進めてください。私たちが書いた資料がついに脚光を浴びて人々の前に現れる機会をもつのを見るのはとてもうれしいことです。日本の女性たちはみな、彼女たちの歴史が世界に紹介されるなら大変喜ぶことでしょう。この仕事に対するあなたの寛大な努力に大変感謝します。

出版するには大変な仕事が必要だと思います。特に文書（スタイルと表現）は無味乾燥です。ですからあなたに見てもらうのは遠慮して、叙述全体を誰かに書き直してもらわなければなりません。また、ファーラー&ラインハート社が私たちのために引き受けてくれるならうれしいです。

あなたからの最初の手紙と本『歴史における力としての女性』*Women as Force in History*をありがとうございます。今非常に興味深く読み始めたところです[5]。

ただちにメアリは本の構想に着手した。八月十五日付のエセル・ウィードへの手紙で、「加藤夫人から送られた資料をもとに日本女性史出版の準備をするするときがきた[6]」と出版の決意を表明している。

刊行の目的――日本の女性とアメリカの女性の鏡として

メアリが本の刊行を決意した目的は、日本女性に歴史における女性の力を認識させることによって、彼女たちに民主主義社会建設への貢献に必要な威厳と権力を備えていることを自覚させることであった[7]。そして、この本によって、「女性は男性の客体である」と一九二二年に論じた山川菊栄の英文の論文に見られる「狭い見方」を、かなりの程度まで克服することができると信じて疑わなかった。

同時に、この本が、精神分析と精神医学との強迫観念の犠牲になって、女性の歴史に対する知識や感性が完全に欠如している、アメリカの女性たちの「鏡」としての役割をはたすことを期待した。メアリは、かねてから、合衆国では女性たちの「自然／本性」と歴史に関する啓発活動が非常に遅れていると考えていた。もし『日本史における女性の力』の本を出版することができるなら、かつて『女性を理解することについて』で彼女が主張した、基本的な要求や心理的な満足についての概念、権力や虚栄に対する崇拝、宗教的感情など多くの点における男女の共通性（メアリはこれを現代の女性と男性の「コンポジット・パーソナリティー（複合人格）」と表現している）の源と男女によってすすめられてきた長い歴史の発展の過程を理解するうえで、限りなく役立つであろうと考えた。一九四七年三月三十日付のエセル・ウィードへの手紙には、「女性が社会形成に貢献することは「自然な」ことであり、長い歴史の中で自然であることが、新しいよりよい方向へすすむようにしむけなければならない(8)」、と繰り返し述べられている。

メアリは、戦後のアメリカで普及しつつある女性の特性教育に、大きな懸念を抱いていた。「これからの女子高等教育は、男性の知識と職業モデルを廃止して、良き妻、母を養成し、将来の家庭生活への準備教育を盛り込むべきだ」というミルズ・カレッジ学長リン・ホワイト*のアメリカ大学婦人協会での演説は、女性の自尊心と社会的責任に大きな打撃を与えるとして厳しく批判し、大学では女性に対して男女双方に適用できる、政治経済学の科目による思考訓練からはじめるべきであると主張した(9)。そして、男性が歴史によって男性の意味を考えるよう教えられると同じように、女性、そして男性もまた歴史における女性の意味を学び、文明の建設にむけてその力を発揮するよう教育される必要があると主張し、歴史教育の効用を強調した。それは女性のための分離した教育ではなく、女性について男女が共に学ぶ新しい教育、真の「男女平等教育」であった。

＊ **リン・ホワイト**（Lynn White 一九〇七―八七） アメリカの歴史家。ミルズ・カレッジの学長（一九四三―五八）。アメリカ歴史学会会長（一九七三）。

エセル・ウィードもまた、この本が出版されることに大きな期待をよせている。彼女は一九四七年六月二日付手紙で「この本は『戦争が終わった現在、アメリカの女性は日本の女性をどのように思っているか』という、日本人の誰もが口にする質問に、ある程度答えることができると思います。またもう一つの要求、現在の女性たちの民主的運動の過去のルーツについての質問に答えることができるでしょう。これらの人々は、常に私たちに尋ねてくるいくつかの質問の答えを、彼女たち自身の中に見出すことができる、という信念を発展させる必要があります。彼女たちは自分たちが尊敬できるヒーローやヒロインをもっていたこと、過去は完全に消え去ってしまったのではない、ということに改めて気づくことが必要です」[10]と、この本の効用を述べている。このことから、エセル・ウィードが、いかに女性の力に対するメアリの信念を共有していたかをうかがうことができる。

エセル・ウィードの手紙に応えて、メアリは、アメリカ人が学ぶべき鏡（模範）として、加藤シヅエの役割とマッカーサー元帥から彼女が受けた支援、エセル・ウィードから送られた注目に値する婦人参政権に内在する価値に関するマッカーサーの声明を、『アメリカ政治社会科学学会年報』（五月号）の序説論文に登場させたことを伝えている。[11]

編集方針

■素描を歴史に位置付ける

しかし、初めのうち、メアリは自分自身が執筆するつもりはなかったようである。エンサイクロペディアの原稿をそのまま原典として印刷する、というブラッシュ夫人（ディック氏との離婚後ドロシー・ブラッシュに改姓）のアイディアにそって編集がすすめられた。ところが、一九四七年六月、これまで一緒に本の編集をしてきたブラッシュ夫人が、戦争で負傷した弟の脚の手術に付添うためにカナダへ発った。離婚によって子どもから引き離され、過度に神経をすり減らしており、離婚した夫との間で、自分の時間を振り分けている娘の養育の問題も、彼女の大きな悩みの種となっていた。ブラッシュ夫人がこの仕事を断念しなければならないときは、引き継ぐことができる人を確保しなければならない。資料を現況のままで原典として印刷するというブラッシュ夫人の提案は良いアイディアだが、出版状況によっては、それも実際的ではないかも知れない。

考えあぐんだ末に、メアリは、素描が日本史における女性の力の選ばれた実例として、効果的に使われるような編集に方針を変更して、自ら執筆に乗り出した。メアリは、女性たちの素描が、歴史的な時代に位置づけられて、はじめて素描の本当の意味が明らかにされると考えた。そして最後まで、このアイディアに執着して、それを断念することができなかったのである。新しい方針では、実例となる素描の時代の特質を示せば、素描はそのまま使えるのではないだろうかと考えた。しかし、実際のところ素描にはばらつきがあり、正確さの点で疑念を抱くものもあるのに気づいた。そこで、本づくりに関心をもっていた当時のＣＩＥのメディア課長のミッチェル大佐[*]に最後の二章（現代の部分）の素描を、『エンサイクロペディア・ブリタニカ』を使って点検してもらうことにした。近代以前の時代の素描については、できる限りさまざまな文献を参考に自分で調べて修正した。

＊ **マリアン・ミッチェル大佐**（Marian Mitchell 在任期間一九四五―四六） エセル・ウィードとともに

就任したWAC（米国陸軍女性部隊）の大佐。CIE新聞・出版課に所属。『日本女性史』執筆に助力した。

■学究的に描くかドラマティックに描くか

戦前、石本（加藤）シヅエは、ほとんど誰も読まない学究的な女性史ではなく、だれもが面白いと思うドラマティックな女性史を書きたいと願っていた。メアリは、この本が彼女の望むような「ドラマティック」な内容になっていないことに気づいていた。しかしメアリは、「フェミニスト流のコメントのように人の心を燃え立たせることは、従属的な性としての女性という非歴史的なドグマに同調することになってしまい、この本に、いままでその理論を飽き飽きするほどたっぷり聞かされてきた全ての出版社による拒否に遭わせるとともに、少なくとも歴史についてなにがしか学んだことのある批評家たちによる攻撃にさらすことになるだろう[12]」と考えた。

前にも述べたように、メアリの目的は、日本の女性たちに、彼女たちが歴史的な力をもつことを自覚させることである。彼女たちが過去から受け継いできた力を、現在の民主的な勢力として活用するために必要とされる「威厳と力の意識」を、彼女たちにもたせるために、原稿はあくまで学術的な叙述とするという方針を貫いた。彼女は読者を魅了し親しまれる本として受け入れられる必要は全くないと考えた。

市川房枝の記述をめぐって

エセル・ウィードは、次第に「日本史における女性の力」出版プロジェクトに積極的に関わるようになり、占領下の日本女性に関するさまざまな情報を提供した。日本史に登場する人物百人は、戦前日本から送られた資料に基づいているが、メアリはこれに何人かの現代の女性を加えたいと考え、跡見花蹊、野上彌生子、[*1]三宅やす子、[*2]吉岡彌生の素描の送付を依頼した。エセル・ウィードはこの要望に応えて、一九四七年九月十九日、吉岡の自伝から抜粋した素描を送った。同封の手紙で、「多くの事情のために〔教職追放処分を受けた吉岡の〕同時代の資料の提供は確かに難しいです」と述べ、「しかし、あなたが歴史に誰かを入れようと思うなら、日本の婦人参政権運動の最初の発展の原動力となった市川房枝に言及すべきだと思います。彼女もまた最近戦時中の活動のために追放されました。それはちょうど彼女が参議院選挙に出馬しようとしたときのことでした」[13]と述べ、市川房枝を取り上げるよう提案している。

＊1　**野上彌生子**（一八八五―一九八五）小説家。夏目漱石の門下。著書『海神丸』『秀吉と利休』。
＊2　**三宅やす子**（一八九〇―一九三二）小説家、評論家。夏目漱石に師事。『ウーマンカレント』を発行。

『日本タイムズ』紙で、すでに吉岡彌生と市川房枝が公職追放されたことを知っていたメアリは、この二人の女性は現代の部で登場する女性のリストに入れられるべき人物だと考えた。その理由を次のように説明している。[14]

本の中で彼女たちが追放されてしまったなら、物語はあまりにも「純潔な」ものになってしまうでしょう。戦争の指導者たちに彼女たちが「惚れ込んでしまった」ことは無視されるべきではありませんし、無視されないでしょう。そういったことをしでかした点では、彼女たちはどこにでもいる暴力をふるう女性と同じで、その限りでは世界のその他の地域から切り離す特別な相違点はありません。しかし、公衆衛生のための医学や参政権運動の政治活動において、彼女たちが行ったことは、私が扱っている日本の女性たちの歴史において注目すべき特徴でした。

メアリがエセル・ウィードから受け取った市川房枝の素描は、「実に明確で印象的であり、それについて尋ねるべき質問はなかった」と述べている。追放は取り下げるべきだという考えに、非常に多くの人々が街頭で投票したという事実は、彼女の経歴の観点から特に関心を引いた。一九四七年十一月五日の手紙で、「実際的ではないかも知れませんが」と断ったうえで、次のように提案している。

私に提案したいことがあります。それは、婦人議員についての私の章の冒頭のために、市川房枝がめいめいの簡単な素描を書くという提案です。……そうすれば彼女たちが、西洋の英語圏の読者の前に、生き生きとした姿で迫ってくるでしょう。市川はたぶん彼女たち全員を知っているでしょうから、やろうと思えば彼女の庭いじり〔市川は公職追放中だった〕の合間にでも、やってのけることができるでしょう。もし加藤夫人が市川房枝のための任務としてこの提案に同意してくれるなら、おそらく市川は喜んでこの仕事を引き受けるでしょう(15)。

しかしこの提案は実現しなかった。著書では三九名の婦人議員の進出について述べた後に、市川房枝が「言論報国会」の指導的役割を果たしたことが理由で公職追放されたこと、彼女の追放解除を願う請願運動が一四万人の署名を得たが、当局は頑としてこの請願に応じなかったことが書かれている(16)。

ここで市川房枝の公職追放の経緯について述べておこう(17)。一九四七年二月、市川房枝は参議院選挙出願のために、公職追放の条例に基づき調査票を提出したところ、三月二十四日に公職追放の通知を受けた。続いて吉岡彌生、大妻コタカ[*1]、井上秀[*2]、松平俊子[*3]が教職追放されている。五月、新日本婦人同盟は、市川の公職追放取り消し決議をして大々的に請願運動を展開し、六月に市川房枝は片山首相へ請願書を提出した。幅広い層の女性たちによる請願運動を受けて、日本の公職資格訴願審査委員会は、一九四八年四月十九日、市川房枝の追放指定取り消しを決定、その旨をGHQ民政局公職資格審査部へ報告した。これに対して、四月二十八日、民政局長ホイットニー[*4]米国陸軍准将は、総司令官及び内閣官房長官あて覚書において、「本件を再検討したところ、日本政府の公職適否審査委員会による当初の措置は正しかったことが判明した。市川房枝が大日本言論報国会理事であったという審査委員会の決定を覆すいかなる証拠も提示されなかったので、訴願委員会の勧告は同意されない」と回答している。追放指令〝C〟項に該当する大日本言論報国会の理事は誰でも追放に指定される、権利と罰則を含めすべての点で平等の原則が女性に求められる、というのが最高司令官の政策であった。

＊1　**大妻コタカ**（一八八四―一九七〇）女子教育の草分け。大妻学院を創立。戦後教職追放処分となる。一九四九年に解除後は校長に復帰し、大妻女子大学に昇格させ女子教育に尽くした。

＊2　**井上秀**（一八七五―一九六三）日本初の家政学者、第四代日本女子大学校校長（一九三一―四六）。大日本青少年団副団長のため教職追放処分となる。

＊3　**松平俊子**（一八九〇―一九八五）明治時代の華族。教育者。日本婦人航空局長のため教職追放処分となる。

＊4　**コートニー・ホイットニー**（Courtney Whitney 一八九七―一九六九）米国の弁護士・法学博士。米国陸軍准将。マッカーサーとともに厚木に進駐した側近。GHQ民政局長として憲法改正作業の総指揮をとった。マッカーサーの解任とともに退役して帰国、彼の死までスポークスマンを務めた。

これより二カ月前、民政局特別プロジェクト部長ネピア少佐＊は、覚書（一九四八年二月二日）で市川房枝について、次のように記している。

＊　**ジャック・ネピア少佐**（Jack Napier 一九一三―　GHQ民政局公職資格審査課長）とC・P・マーカム大佐 C. P. Marcum（民政局行政課長）はともに軍国主義者や超国家主義者の追放とともに共産主義者の追放（レッド・パージ）を実施した。

一　指定は日本政府によって行われ、その理由は、一九四〇年十二月から一九四五年八月まで、追放指令〝C〟項に該当する大日本言論報国会理事であったことである。加えて同審査委員会は市川房枝が大政翼賛会調査委員、大日本婦人会審議委員、国民総動員中央連盟委員であったことを挙げている。

二　一九四七年三月二十四日に先立ち審査委員会の事務局員が市川房枝の調査票を民政局（GS）に持参、ネピア少佐との会見で、委員会の審査では市川房枝は明らかに〝C〟項に該当する追放者であると述べた。ネピアは、〝C〟項に該当する団体の理事は誰でも〝C〟項の追放該当者となるのは明白であるのに、なぜ今このことが特別視されるのかと尋ねた。そこで事務局員は、市川房枝の場合、彼女が追放指令の最初の女性該当者となるという理由で問題になっている、「GHQは女性の追放を望んでいるのかどうか」と述べた。ネピアは追放指令に該当する者は誰でも追放に指定される、権利と罰則を含め全ての点で平等の原則が女性に求められることが最高司令官の政策であると理解していると答えた。

三　この会見を終えて、ネピアはマーカム大佐とケーディス大佐に会見の内容を報告すると、両者とも戦争中の活躍が追放指令に該当する者は誰でも指定される、該当者の性は全く関係ないということで一致した。……後日、ネピアは、日本女性の政治教育を担当していた民間情報教育局（CIE）政策・企画班のウィードと市川房枝の件について話す機会があった。ウィードは、市川房枝は取り立てて好ましい人物ではない。例えCIEが彼女のために（追放阻止に）介入できたとしてもそのようにはしないだろうと話していた。[18]

この覚書から、エセル・ウィードが市川房枝の公職追放決定に直接関与していなかったことが明らかにされる。エセル・ウィードは、これまでのＣＩＥでの実務経験から、上層部の意見にさからって市川房枝の公職追放解除のために動いたとしても無駄であり、かえって女性の地位向上のための全般的政策を推進するうえで障害になる、と考えたであろうことは想像に難くない。

市川房枝は、自分の公職追放に加藤シヅエがかかわったのではないか、という疑念をずっともっていた。またエセル・ウィードに対して、必ずしも好感を抱いていなかったことを、彼女の自伝で述べている。[19] しかし、占領下における加藤シヅエとエセル・ウィードとメアリ・ビーアドの親密な関係性を明示することによって、加藤シヅエやエセル・ウィードが市川房枝の公職追放に関わったのではないか、という市川の疑念を正当化することはできないであろう。市川房枝の公職追放は、ひとえに「大日本言論報国会の理事」であった、という事実によるものである。できることなら、メアリとエセル・ウィードの書簡の内容を市川房枝に伝えて、公職追放中に彼女が陥った加藤シヅエに対する疑念を、少しでも晴らすことができることができればと願う。著しく異なったバックグラウンドと知性を備えた市川房枝と加藤シヅエは、ともに戦前から戦後の日本の政治を女性の視点から牽引した二大巨象であり、まさにメアリの言う「力をもった女性」である。二人の遺産を引き継いでいる現在の私たちは、どちらか一方を貶めることなく、冷静にその業績を検討し評価しなければならない。

出版への険しい道のり

一九四八年九月一日にチャールズが亡くなったあと、メアリは、しばらくの間無気力になり、活力に満ちて書くことができなかった。しかし、スミス・カレッジのグリアソン夫人やドロシー・ブラッシュに元気づけられて、仕事を続けることができた。そして果たすことが難しい義務に長い間攻囲されたのち、十一月についに田舎の家をしめ、冬を過ごすためにメリーランド州のボルチモアへやってきた。再び日本女性史の著作に専念するためである。ボルチモアでは家事が免除され、著作に自由に取り組めるアパートメント・ホテルを確保した。仕事部屋一室に閉じこもって、起きている時間は全部執筆にあてた[20]。

一九四九年二月八日、ついに原稿を完成した。あとは加藤シヅエ、三井禮子、エセル・ウィードの同意を待つだけである。六月にはニュー・ミルフォードの自宅に戻り、本の出版のためにマクミラン社やミネソタ大学出版などの複数の出版社との交渉を精力的に再開した。

この間、エセル・ウィードから、労働基準法の制定や民法と刑法の改正によって、日本女性の社会的進出が徐々に進みつつあることを示すデータが送られてきた。これらの資料は、最終章の内容を豊富なものにした。しかし、加藤シヅエから原稿に対するコメントが送られてくることはなかった。加藤シヅエは、一九四九年一月の衆議院選挙に落選後、社会党の再建や産児調節運動に奔走していた。一九五〇年五月に参議院議員として国会に復帰したが、外交委員会委員として多忙を極めていたので、日本で出版社を探すための具体的な行動を起こすことはできなかったのである。エセル・ウィードには、加藤シヅエが返事を書かないことに対して、ある種の後ろめたさを感じているように見えた。メアリは、「加藤シヅエとはお互いに理解しあっており、手紙を書かなかったことで気まずい思いをする必要がない、彼女がしている仕事は基本的に重要なことがらで、私は彼女が産児調節運動を始めたことを誇りに思っていることをシヅエに伝えてほしい[21]」とエセル・ウィードに書き送っている。

一九五〇年十一月、一年以上続く硬直状態を打開するために、エセル・ウィードは最終版の原稿のコピーを送るようにメアリに要請した。加藤シヅエや山川菊栄に原稿を読んでもらって、出版への道を切り開こうと支援に乗り出したのである[22]。メアリは、彼女の要望に応えて原稿を送付するとともに、再度出版の決意を示している。

何年も前――一九二二年――私が日本にいたとき、ほとんどの日本の女性たちは、全ての歴史の創り手としての女性の実際の力を女性から奪った、一八四八年に考案された歴史についてのアメリカ流の決まり文句をオウム返しに繰り返していることに気づきました。日本の女性たちは何度も私に言いました。「私たちは何世紀もの間眠り続けてきた」と。
私はこの仕事がどれだけ無謀かを自覚しています。私がこんなことをするのは、ほかの誰も試みることさえしていないからです。あの偉大なジョージ・サンソム*でさえ、女性についてほとんど何も述べていません。聡明な人なら誰もがもっている知識に向けて、誰かが問題を切り出さなければならないのです。[23]

＊ **ジョージ・サンソム**（George Sansom 一八八三―一九六五） イギリスの外交官で前近代の日本に関する歴史学者、戦後コロンビア大学東アジア研究所所長。著書 *Japan: A Short Cultural History* (London: Cresset Press, 1931.『日本文化史』)。*The Western World and Japan* (New York: Randomhouse, 1949.『西欧世界と日本』)。

五社から出版を断られる

一九五一年一月、ミネソタ大学出版や『歴史における力としての女性』を出版したマクミラン社などアメリカの出版社五社が、出版を断ってきた。その理由は、それを読む一般読者がいないということ、財政的にばかげた不合理的な企画であるということで、すべて意見が一致していた。メアリは、できるだけ日本から送られた素描に忠実でなければならなかったが、編集者たちはそのことを「面白い」とは思っていなかった。また物語が天照大神から始まっていること、聖母マリアをキリスト教の三位一体に引き上げたことも理由の一つであった。その時の落胆した心情を次のように語っている。

これが私の仕事の話の結末です。私はもうこれ以上この仕事はしません。私が送ったカーボン・コピーは好きなように処分してください――もし誰もそのことで思い悩みたくないなら焼却してくださってかまいません。

天照大神から始まっていることがキリスト教徒に受け入れられないことは分かっています。また、私が聖母マリアをキリスト教の三位一体における地位にまで引き上げようとしたこともやらないほうがよかったこともわかっています。しかし、私は天照大神が日本で今もなおどんな意味をもっているかも、聖母マリアがカトリック教においてどんな意味をもっているかも知っています。……

去年の夏、私の所へ来た二人の日本人女性は、日本の女性たちの歴史について、何一つ知らないでいるように見えました――女帝が自分自身の権利で統治したことがあったことすら知らないでいたのです。

いいい、いいい、いいい、それならそれでかまいません。私はたくさんのことを学んだこと、そして他の女性たちの学習に少しでも役立とうと努めてきたことで満足しています。どうぞシヅエに伝えてください。私の闘いは終わったことを、そして私が本当に残念に思うのは、彼女が推進した研究委員会で蓄積された発見を、出版することができなかったことだということを。(24)

メアリは、一九四六年にGHQが教科書から神話の記述を削除するように指示したことを知っていたので、念のためにエセル・ウィードに「偉大な政治を司る女神が日本で是認されるかどうかを知りたいです」[25]と尋ねている。しかしこの質問への回答はなかった。

加藤シヅエの訪米、そして出版決定

電信、電報、電話、自動車を使って、一九五一年六月十七日（日曜日）、ようやく加藤シヅエは数時間メアリの家で一緒に過ごすことができた。加藤シヅエは、MRA（Moral Re-Armament 道徳再武装）[26]大会に参加するためにアメリカに来たのである。MRAの指定スケジュールによれば、十八日マキノー湖へ帰り、二十七日まで滞在する。八〇人のMRAのメンバーと一緒に、数日間昼夜過ごすために連れていかれた広大な土地、「デルウッド」にあるマウント・キスコの田舎では、栄養のある食物をとり、安らかな眠りにつき、数カ国から来た老若男女と交流することになっている。大会終了後、六月二十八日に戻ってくる予定である。

メアリは、マウント・キスコから自動車で家に来た加藤シヅエを、夕方マウント・キスコへ車で送った。加藤シヅエはビーアド家でくつろぎ、自分を取り戻し、全部ではないがMRAの今後のプログラムについて語り、一九四五年以来の彼女の物語の断片を話す機会をもった。彼女は予想よりずっと元気そうで、ユーモアが自然と滲み出ているように見えた。彼女の着物姿は彼女を一層魅力的にしている。着物はシンプルだが芸術的だった。時と場合に応じて着る着物を何枚かもってきたのは嬉しかった。加藤シヅエのアメリカ滞在をより有意義なものにするために、メアリは、彼女のことを知らせる手紙を多くのアメリカ人に送り、彼女らの家でシヅエと話す小さいパーティーや、非公式の討論のための小規模なクラブの会合、あるいは全国女性議員協会の会員の会合への招待などを手配するよう働きかけた。
二日後の六月十九日のことである。シヅエは電話で東京の「有名な」出版社（河出書房）が日本女性史の原稿を引き受けることに決めたことを伝えてきた[27]。メアリは、ついに自分が書いてきた物語が読者大衆に提供されることを知って、このうえもなくうれしかった。出版の喜びをエセル・ウィードに書き送った。

さあ、少女たち喜びましょう。――あなたとシヅエと私が――一緒になって、幽霊でさえなかった歴史のシャドー（影）から、歴史の創造者という鮮やかな光の中へ女性たちを連れ出して、彼女たちが多大な貢献をしてきた様々な歴史を再考することができることを[28]。

出版にあたって気がかりなことがあった。一つは翻訳の問題である。日本語での出版に、加藤シヅエ自身は当然ながら深い関心をもっていて、彼女は少なくとも初稿を手掛ける者として、息子の新《あらた》に翻訳を引き継いだ。しかし、彼女が新から受け取った手紙には、メアリの「専門用語」のいくつかは『タイム』誌や『ライフ』誌の中に見つからないと書いてあった。メアリは、それらの雑誌で使用される言葉は、ジャーナリズム向きのものに限定されているという事実を、熱心に加藤シヅエに伝えようとした。そして蠟山政道、前田多門、松本重治か誰か、英語に堪能な人に頼んで、新と彼女自身が努力して手がけた本の翻訳を、よく点検してもらうよう勧めた。エセル・ウィードには、日本語版の翻訳を手伝うことのできる、最も有能な人物の手にわたるのを確かめてくれるように頼んだ。

もう一つは、日本語版から生じる印税に関することである。メアリは、印税は支払ってもらうつもりはない、どこの出版社でも翻訳者への支払いがどんなに少ないかを知っているので、日本語版からメアリへ支払われる金額は辞退して、むしろ翻訳者たちと彼らを助けてくれる点検者たちに、彼らの労働に対する金銭上の報酬をより多く受け取ってもらいたいと思った(29)。

翻訳については、有能な翻訳者をみつけることという彼女の主張が受け入れられて、ヴァッサー女子大学を卒業した、鶴見和子の友人である森安由貴子が翻訳の点検を引き受けた。

「有能な翻訳者に適正な支払いを」というメアリの希望と、日本で彼女に与えられる著作権使用料を、日本の歴史の形成に参与した女性たちについての教育のために使ってほしい、という彼女の要求を具体的に明記した出版契約書に、メアリは署名した。出版契約書の作成は、エセル・ウィードの尽力に負うところが多かった。

メアリは、合衆国の人々は日本女性の物語を知る必要があると思った。そしてこの本が日本の有名な出版社によって高く評価されているという事実は、アメリカの教養ある人々の間でこの問題を学ぶ誘因となるに違いと確信した。その期待通りに、一九五三年、日本での翻訳の出版に続いて、合衆国で英語版を出版することができたのである。

日本女性史出版のプロジェクトを一緒に始めたドロシー・ブラッシュは、メアリの死後、二人のプロジェクトが次第にメアリのものになっていくのが面白かったと述べている。(30)

『日本女性史——日本史における女性の力』の概要

本書の構成は、序、第一章「日本人の女神崇拝」、第二章「一夫一婦制度以前の性関係」、第三章「女帝が国事を司る」、第四章「影響力のある婦人の生涯」、第五章「戦国時代までの女性」、第六章「婦人が町民の利益と企業を拡張する」、第七章「武家政治か王政か——この決定に与って力があった婦人」、第八章「王政復古当時の婦人実業家、女医並びに女流教育家」(英語版ではこの部分が欠落)、第九章「女優、詩人、小説家並びにその他の文筆家」、第十章「文明か戦争か——それぞれを支持した婦人達」、第十一章「敗戦が婦人に参政権をもたらす」、「訳者後書き」からなっている。

形式としては、全体のヴァージョンを高める効果を狙って、各章の冒頭で素描から立ち上がるその時代の特色が集約して述べられており、すべての小見出しには「女性」が表示され、それぞれの素描の前に、その歴史的意味について解説が施されている。

英語版と日本語訳の目次を比べてみると(二八八—二九五頁表)、両者の目次の配列が若干異なっている。また日本語訳にある八章の「王政復古当時の婦人実業家、女医、および女流教育家」の記述が英語版では欠落している。第九章以降は英語版と日本語訳の章立てが一章ずつずれている。

以下日本語訳の目次に沿って本書の概略を述べる。

「前書き」

メアリが参考にした二人の歴史家の名前と著書が挙げられている。一人は『神々の伝記』の著者、エー・ユースティス・ヘイドン教授（シカゴ大学、宗教史）である。もう一人は日本文化や西洋と東洋の接触に関する著書『日本――小文化史』（*Japan: A Short Cultural History*, Cresset Press, London, 1931）の著者、ジョージ・B・サンソム卿[31]である。この二人のほかに、前書きで言及されていないが、原勝郎*の『日本通史』（*An Introduction to the History of Japan*, Yamato Society Publication, G. P. Putman's Sons, New York, 1920）やB・H・チェンバレン訳『古事記』（*Koji-ki or Records of Ancient matters* translated by Basil Hall Chamberlain, 1882）なども参考にしている。

＊**原勝郎**（一八七一―一九二四）歴史学者。京都帝国大学教授、日本中世史研究の開拓者。著書『日本通史』。

「序」

最初に本書の趣旨が次のように述べられている。

現代の女性は現代の男性と同様、長い歴史が産み出したものである。……今までの男女も現

日本語版（翻訳）『日本女性史』の目次の比較表*

『日本女性史』	登場人物等
前書き、序	
第１章　日本人の女神崇拝	天照大神、あめのうずめの命
巫女による女神崇拝の組織化	やまと姫、みやす姫
太陽の女神が朝廷を確立する	
第２章　一夫一婦制度以前の性関係	
血統をたどる場合に唯一の手がかりとなる母系子孫	すせり姫、とよたま姫
正式に結婚をして母となった女の子孫	さほ姫
母方の親戚の錯綜	あくため
氏族強化のための二重結婚	ひばす姫
妾囲いに対する反対	そとおり姫
第３章　女帝が国事を司る	
政務を司る女帝と帝国主義者	神功皇后
女帝が強力な国家主義の本質を培う	推古天皇
推古天皇の御代に一尼僧が仏教を普及	善信尼
女帝が相続争いの幕間に登場する	皇極天皇、斉明天皇（皇極天皇の重祚）
女帝が内乱によって皇位に昇る	持統天皇（前天武天皇の皇后、詩人）
女帝が新に奈良に都を建てる	元明天皇大宝律令の厳格実施、古事記編纂の完了を命令。 元正天皇（元明天皇の皇女）
奴隷制度の廃止	武智のはな
女帝が政治的及び宗教的の二重の権力を行使する	孝謙天皇（聖武天皇の皇女） 称徳天皇（孝謙天皇の重祚）
藤原氏の野望が如何に女帝たちによって推進されたか	不比等の妻県犬養橘宿禰三千代
仏教が藤原氏によって促進さる	光明皇后（聖武天皇の皇后）
一流詩人が嘗て貴族であった自分の氏族を讃う	大伴坂上大嬢
藤原氏内の不和	高野新笠
第４章　影響力ある婦人の生涯	
政治的に活躍した藤原氏の婦人	藤原くすり子

英語版 *The Force of Women in Japanese History* と

The Force of Women in Japanese History
Preface
Ch.1 Supreme Diety: Ama-terasu-o-mi-kami
1 Priestesscraft Makes Goddess Worship Systematic
2 The Goddess Establishes the Imperial Dynasty...
Ch.2 Names for Mortals
1 Descent from the Mother the Only Clue to Descent
2 Descent Through the Mother Mingled with Marriage
5 Intricacies of Maternal Kinship
3 Plural Marriage for Clan Strength
4 Concubinage Meets Opposition
Ch.3 Imperial Rule by Women
1 Empress Regnant and Imperialist
2 An Empress Fosters Principles for a Power-State
3 A Nun Spreds Buddhism
4 Rights of Succession in Religeous and Clan Strife
5 An Empress Mounts the Throne After a Civil War
6 An Empress Establishes a New Capital at Nara
（対応なし）
10 Relations of an Empress and a Monk Bring Sovereignty by Women to an End
7 Empress Help to Elevate the Non-noble Fujiwara Clan
8 Buddhism is Promoted by the Fujiwara
11 A Poetess Celebrates Her Old Aristcratic Family
9 Influence of an Emperor's Mother
Ch.4 Court Ladies of Influence
1 Politiclal Ladies Among the Fujiwaras

『日本女性史』	登場人物等
皇后が儒教の規律に朝臣を服させる	橘かち子
偉大な作家としての婦人	藤原道綱の母、清少納言、藤原彰子、紫式部
第５章　戦国時代までの女性	
鎌倉時代の婦人	北条政子、板額、覚信尼、阿仏尼
鎌倉の秩序崩壊にともなう戦乱の外観	
戦国時代の女性	酒井さだとしの妻、日野富子、織田おいち、奥村永福の妻、武田勝頼の妻、岡見中務の妻、豊臣秀吉の母、淀君、小万、木村重成の妻、おくに
宗教的迫害に遭った婦人達	中井半兵衛の母、細川ガラシヤ、橋本てんくる
第６章　婦人が町民の利益と企業を拡張する	
封建制度の基準への執着	小野寺たん子
少年犯罪とその処罰	八百屋お七
婦人が自ら仇討ちする	尼カ崎りや
家康の孫娘が離婚を奨励する	天秀尼
婦人の家内製造業	かめ、井上でん、かぎやかな
三井の基礎を築いた婦人	殊法
華美を競う商人の妻	石川六兵衛の妻
芝居の主人公に書かれた遊女	吉野、小春
自ら身を立てた芸者の娘	蓮月尼、お蝶夫人
優れた詩才	加賀の千代、その、秋色
経済学者	工藤真葛子
第７章　武家政治か、王政か——此の決定に与って力があった婦人	
勤皇運動に加わった女性	野村望東尼、松尾たせ子
佐幕派の女性	高場らん、
新来の外国人に対する共同防衛の為の政略結婚の提唱	天璋院、和宮
第８章　王政復古当時の婦人実業家——女医及び女流教育家	

The Force of Women in Japanese History
2 An Empress-Consort Disciplines the Court on Confucian Principles
3 The Lady as Important Writer
Ch.5 Women of the Middle Ages
1 Indomitable Women of Kamakura Period
2 Feuding After the Kamakura Shogunate Collapsed
3 Women of the Feuding Time
4 A Mother With her Whole Family Pays the Price of Christian Defiances
Ch.6 The Modern Age Downs
1 Adherence to Feudal Standard
2 Juvenile Delinquency and its Punishment
（対応なし）
3 A Buddhist Nun Operates a "Divorce Temple"
4 Women Business Enterprisers
5 A Woman Begins to Build the Great Mitsui Structure
6 Merchants' Wives Show Off in Tokyo
7 Courtesans: Heroines of Drama
8 Daughter of a Geisha Takes Care of Herself
9 Eminence in Poetry
10 A Writer on Policical Economy
Ch.7 Women Help Restore Imperial Rule
1 Women Partisans of the Royalist Revolt
2 Women Partisans of the Shogunate
3 Strength for a Union of Shogunate and Royalty Sought by Intermarriage
Ch.8 Contacts of East and West

『日本女性史』	登場人物等
大規模な事業に成功した婦人	飯田歌子、富貴楼お倉、広岡あさ子
女性が社会事業を育成する	瓜生岩子、潮田ちせ子
医者	萩野ぎん子、高橋みず子
男女同権運動始まる	中島湘烟
百姓の母が科学者としての息子のために大いに尽くす	野口しか
教育界への女性の進出	矢島かじ子、跡見花蹊、三輪田まさ子、桜井ちか子、下田うた子、友国はる子、津田うめ子、後閑菊野、戸板せき子、吉岡彌生、羽仁もと子
第9章　女優、詩人、小説家並びにその他の文筆家	
婦人が舞台に進出する	市川久女八、豊竹呂昇、松井須磨子、
現実派肖像画家	池田蕉園
女流作家	三宅やす子、伊藤（野枝）、樋口一葉、与謝野晶子、柳原あき子
第10章　文明か、戦争か——それぞれを支持した婦人達	
戦後の感情	山室きえ子、九条武子、山脇ふさ子
戦乱をよそに	野上弥生子、徳富あい子
戦争に反対する	石本シヅエ
第11章　敗戦が婦人に参政権をもたらす	
第1部	
民主主義の政治的様相	市川房枝、加藤シヅエ、唐沢とし子、婦人議員とマ元帥との会見
新憲法	山尾ゆり子、羽仁説子、上代たの
第2回総選挙	紅露みつ、山崎みち子、深川タマヨ
地方庁の役人に選挙された婦人	村長早川みた、渡辺りしん、松野とも、22人の県会議員など、
新民法	武田清、村島きよ、柏原ちよ、久布白落実、村岡花子、河崎なつ、
新刑法	
婦人が行政上の高い地位につく	高良とみ子、赤松常子、山川菊栄、谷野せつ、山本杉、富田ふさ子、大森松代、近藤鶴代、石渡みつ、

The Force of Women in Japanese History
［概説］王政復古は東西文化の交流をもたらした：基督教、女子の留学、津田英学塾設立、儒教を学んだ日本女性の鑑下田歌子の派遣。――政治的民主主義、言論と出版の自由、永い歴史における女性の男性への従属という単純化された解釈が日本に流入した。〔英語版には日本語版ほど個人名を挙げての記述は含まれない〕
1 Women Make Their Way to the Stage
2 A Painter Works at Realistic Portraiture
3 Women Writers
Ch.9 Resurgence of the War Spirit
1 Pro-War Sentiments
2 Aloof of the Turmoil of War
3 Bold Registance to War
Ch.10 Ballots for Women
1 Women Elected to the Diet
2 The New Constitution Woman and Man Made
3 The Second National Election
6 Women Appointed to Administrative Positions
4 The New Civil Code Woman and Woman Made
5 The Criminal Code - Man and Woman Made
7 Women Elected to Offices in Local Gvernments

『日本女性史』	登場人物等
第 2 部	
市民協働団体の様相	
第 3 部	
社会問題の特殊な実験室となった戦後の日本	
主なる課題――人口過剰	

＊英語版の目次は本来は番号順に並んでいるが、本表では日本語版の目次に対応させるため順番を入れ替えた。

＊日本語版の見出し及び人物の表記は原文に従った。

The Force of Women in Japanese History
8 Promotion of Democracy by Civic Associations
Ch.11 Laboratory of Social Experiments
Prime Issue —Overpopulation

代の男女と同様に、人類始まって以来の各時代時代における経済的、社会的、政治的、宗教的、教育的な活動の実行家であり思索家であった。彼等は、その手を、その頭を、使ってきた。彼等が感情を爆発させることもしばしばあった。彼等はまた反対に非常な冷静さを示したこともあった。その冷静さは人間生活の価値に対しても、現実的な価値に対しても、潜在的な価値に対しても、至極敏感であった。歴史を作る力となった男性、女性の姿は、シェークスピヤの「世界中が一つの舞台であり、すべての男女はその役者である」という言葉に最も簡潔に述べられている。(32)

次いでこの物語が一九三五年から三九年にかけて日本の大学や専門学校の専門家からなる日本女性史エンサイクロペディア編纂会によって収集された伝記に依拠して書かれたことに言及し、最後に本書の意図が示されている。

この本は東洋という舞台で演じられるあらゆる大きなドラマにおける日本婦人の主役、わき役について書いてある。……

私はこの物語を、私の散文的にすぎる方法で最も上手に述べようとする大胆さを、次のような私の信念で弁明しようと思う。即ち、歴史の面からみた今日における西洋と、極東の此の地域との関係は、此の二つが国際的に接触する他の総ての関係と同様外交的により密接になるために、婦人についての知識を含むお互いについての知識を出来るだけ多く、しかも一日も早く、分け合うべきであるという信念である。(33)

第一章「日本人の女神崇拝」

■天照大神

最初に、天照大神を世界の様々な宗教における女神の一つとして位置づけたうえで、「日本人の女神信仰」の特徴に言及している。

古代のセミ族、エジプト人、ギリシャ人、ローマ人、ケルト族、スカンジナビア人、およびその他の種族によって崇拝された古い女神たちの世界に、今から約二千年前に、日本人が自分たちの敬慕する若き女神、天照大神(天を照らしている偉大な神の意)を、導きいれた。……この日本の太陽の女神は年が若かったので、必ずしもあらゆる神々の母となることは出来なかった。それにも拘らず、……数百万の神々の上に君臨して、一九五〇年の今日に至るまで、現代の聖なる神として高い地位を保持して来ている。……日本の歴代の天皇は天照大神の神聖な力によって、一九四五年まで国を治めてきた。(34)

次に、日本人の女神崇拝をキリスト教のマリア崇拝と重ねて論じる。一九五〇年に、ローマ法皇ピウス十二世が、キリストの母のマリアもキリスト教の一柱の神であると宣言したことに注目して、次のように述べている。

キリストの母、聖母マリヤは天国において日本の太陽の女神、天照大神を礼拝しないかもしれない。もし、この今は幾分寂しい女神に注目するほど充分心が広くないならば。日本国内では、カトリックの宣教師たちが、第二次大戦において日本がキリスト教徒の勝利に全面降伏をして以来、天照大神との宗教的対抗力を強め又拡めてきた。

しかしそれでも、天照大神は、太陽の女神である以上、笑顔でこれを迎えるに違いない。(35)

では、どうして天照大神が和やかな性格であるか。その理由について、フランスの東洋研究者ルネ・グルッセ*の説を参照して、太陽の女神への信仰が始まった時に、日本の国が人間に親しみのある大きさをしていたからであり、それはエトルリアの祭礼の女神で、のちにギリシャのアテネに再現されたミネルヴァと類似しており、巨大な領地と異なった宗教、芸術をもつ中国やインドとは著しく異なっていると説明している。(36)そして、「太陽の女神は彼女を崇拝する多くの人間たちに対して、いろいろな物の象徴となった。しかし、どの伝説を見ても、その底流には彼女の神聖な役割は人々の守護神たる至上の神であるという共通の気持ちが流れていた。そして事実、彼女がそういう資格で君臨するということは天の神々によって定められていた。人々は自分たちが常に慣れ親しんでいる母の思い遣りを求めて女神を選んだのである」[37]と述べている。

＊ **ルネ・グルッセ**（Rene Grousset　一八八五―一九五二）　フランスの歴史学者、東洋研究家。一九四六年日仏会館再開にあたり、フランスの文化使節として来日。著書『十字軍』『アジア史』。

■巫女による女神崇拝の組織化

つぎに、天照大神を岩戸から導き出した、あめのうずめの命の物語を例に挙げて、有力な宗教がどれもそうであるように、この宗教においても太陽の女神崇拝を確立するうえで、「シャーマニズム」が大きな役割をしたと述べている[38]。そして信仰のための祭礼をする団体をもっている巫女が、女神崇拝を育成し組織化するうえで、不可欠な要素となったとしている[39]。

■太陽の女神が朝廷を確立する

ヘイドン教授の『神々の伝記』から、「日本の皇室は、何世紀の間を通じて、神たる皇祖の威光に浴し、一方、天照大神は、歴代天皇によって反映される彼女の栄光が強調されるようにと、ますます荘厳な尊さを与えられてきた。宗教史によると、一つの国の支配者が何度か変わり、その国の神も又多数あって、支配者たちが自分のことをそれぞれに異なった神の子孫だと主張した例はたくさんある。しかし、一柱の国の神と歴代天皇との相互援助の関係が一貫して近代まで続いているのは、日本においてのみである」[40]という言説を引用して、太陽の女神が朝廷を確立したと説明している。そして、一九四六年（本書では一九四八年とあるが四六年の誤り）の元旦に、天皇裕仁は「人間宣言」を行い、「皇祖が神であるという信仰は神話および伝説による」と断言したが、「天照大神は今もなお、大神宮への信仰によって彼女の最後の運命を証拠立てる国民の胸の中に生きて続けているのである」[41]と述べている。

メアリは、一九四八年四月三日のウィードへの手紙で、天照大神の台頭を世界の宗教史との比較の視点から考察し、世界最古の宗教改革者であるイクナートン*が、多神教と神官の専横を嫌って一神教の信仰を唱道し、その唯一神である太陽神（ラー・アモン）を崇拝したことと類似性がある、という斬新な指摘をしている。[42]

＊ **イクナートン** (Ikhnaton (Akhnaton) Amenhotep IV　在位紀元前一三七九―前一三六二）　アメンホテプ四世、古代エジプト第一八王朝十代目の王。世界最古の宗教改革者といわれ、エジプト史上まれにみる個性的な王として有名。太陽神アトンのみを崇拝する一神教の宗教活動に専念した。

本書の構想に着手した一九四六年は、ＧＨＱが神話を教科書から排除するよう指令を出した年である。終戦直後の日本と米国におけるこのような時代的風潮の中にあって、あえて、第一章の冒頭に「天照大神」を登場させて、世界の宗教史のコンテクストの中で、日本人の女神信仰を論じることによって、「歴史における女性の力」の起源を示したい、というメアリの強い意志が表れている。

第二章　「一夫一婦制度以前の性関係」

文字ができる以前の日本の伝説に登場する婦人たちは、男たちが勝手にうろつきまわっている間に、子どもを産んだり育てたりするために奮闘してきた。歴史に残っている伝説時代以降長い期間、子どもに名前を付けることが女の責任であった。結婚が行われ始めたころでも、一夫一婦制度以前の形式がとられていた。その後、母系制から氏族の長による一夫多妻制を経て、結婚制度が進展してきたが、その進展の中でも、婦人たちは自分自身の名前をもって人間として出発し、子どもに名前を付けることによって、一人の人間の人生を左右する権力の所有者となったとしている。

第三章「女帝が国事を司る」

西暦四世紀の中ごろから十世紀まで、数多くの日本婦人が国事を司ってきたことが述べられている。日本の歴史において登場した女性天皇は八人十代であるが、この時代には六人八代と最も多い(43)。メアリは、女帝がどのように自らの意志で国政を担ったか、権力の掌握過程を類型化して説明している。いくつかの例を見てみよう。

①〈自分の夫である天皇が死んだのち、自分から希望して指導権を握り政務を司った女帝〉
　神功皇后は、神からの御告げだと主張して三韓遠征を正当化し、百済との交流によって、中国古典についての知識を得た。

②〈同一家族内に男の世継ぎがいないために、国を治める女帝として選ばれた〉

三十三代推古天皇（在位五九三―六二八）は、欽明天皇の皇女である。母方は蘇我氏に属し、蘇我氏から身を起こして女帝となったが、政治的機知に優れ、政治家としても敏腕であった。自分の権威を理想化するものとして、奈良に大仏や日本最初の五重の塔や法隆寺を建て、外国の学者、芸術家、技術者を招聘するとともに、日本からも中国に遣隋使を派遣して、古典や芸術を学ぶ機会を作り出し、史書の編纂事業を始めた。用明天皇の皇子、聖徳太子と協力して「強力な天皇中心とする権力国家の本質を培った」。

③〈女帝が相続争いの幕間に登場する〉

舒明天皇の皇后で天智天皇と天武天皇の母は、三十五代皇極天皇（在位六四二―六四五）として皇位を継承し、その後を継いだ同母弟孝徳天皇が崩御すると、重祚して三十七代斉明天皇（在位六五五―六六一）として再び女帝となる。

④〈女帝が内乱によって皇位に昇った〉

四十一代持統天皇（在位六八九〔六九〇の誤りか〕―六九七）は天智天皇の皇女で、天武天皇の皇后であったが、天武天皇に九人の妻があったために、崩御の際に王位継承をめぐって争う息子たちに代わって皇位継承を命ぜられた。十年間の統治の後十五歳の文武天皇に皇位を譲って退位した。持統天皇の代に軍隊が朝鮮の動乱と結びつけて利用されている一方、簡潔な表現から生まれた、短歌における抒情的作品を詠んだことから、万葉歌人として称賛されている。

⑤〈奈良に都を建てる〉〈娘を皇位につけた女帝〉

天智天皇の皇女で、草壁の皇子の妻であった元明天皇（六六一―七二一）は、長男の文武天皇が二十一《ママ》歳で崩御したのち、孫の首皇子（のちの聖武天皇）がまだ幼かったので、七〇八年、四十七歳で第四十三代目の天皇になった。元明天皇（在位七〇七―七一五）は、七一〇年に奈良に都を移し、大宝律令の実施、推古天皇が始めた古事記の編纂の完了を指示し、神道と仏教の妥協に実力を発揮した賢帝である。元明天皇による奈良遷都以降、女帝の勢力は最高潮に達した。元明天皇は五十五歳で皇女に皇位を譲り、元正天皇を誕生させた。

第四十四代元正天皇（六八〇―七四八、在位七一五―七二四）は、八年間の統治の後、母と同様退位して、皇位を聖武天皇に譲位した。

メアリは、元明天皇の業績と、娘を後継ぎとして皇位につけたことに、とりわけ強い関心をもつ。なぜ文武天皇の皇子（のちの聖武天皇）ではなく、娘に皇位を継がせたのであろうか。当時の皇位継承の状況について、ジョージ・サンソムは、その著書『日本文化史』で、「父方の血すじの皇位継承を規定した規則はなかったけれども、明らかに父方のものが皇位に上がることが望ましいと考えられていた。もし何か規則があったとしたら、皇位は、死んだ天皇によって指名された息子に占められるべきであるという規則だったように思われる。それにしても、その規則は守られることもあったが、ほとんどそれと同じくらい破られてしまった」[44]としている。では、八世紀の初期に母方の血すじが皇位を占めることが望ましいと考えられたとすれば、いったい誰がそれを望ましいと考えたのだろうか。メアリは、天皇がしばしば退位し、退位そのものが珍しくなくなったこと、天皇が時々女性に皇位移譲して退位したので、女性天皇が珍しくなくなったこと、若い聖武天皇が仏教に夢中になっていたなどの理由で、元明天皇が自分の世継ぎとして娘を選んだのかもしれないと推察している。[45]

最近の研究では、元明天皇以降相次いで女性が天皇になった背景には、遣唐使によって中国唯一の女帝、武則天が誕生したと伝えられたことが関係しているのではないかという推論[46]や、女帝のほうが男帝よりも長寿である、という平均寿命の一般的傾向を指摘する議論[47]が挙げられる。

⑥〈皇后の中には天皇の治世の陰にいて糸を引いたものもあった〉

例えば藤原不比等の娘で聖武天皇の皇后、光明皇后（七〇一―七六〇）のように、天皇と同様に、いな、それ以上に建国や国の命運に関心を寄せていたと思われる者もあり、実際には、勢力をふるって朝廷で尊敬された。光明皇后の業績のうち、あるものは、著しく誇張されているらしいが、仏教を奨励した点においても、成り上がりの藤原氏の勢力の隆盛に寄与した点でも大立者であった。

⑦〈二、三の皇太后は、正式に世継ぎとなったわけではないが、実際には政務を司る女帝であった〉

これらの皇后は、すべて社会的革新者であり、集団生活の支配者としての婦人の伝統的な地位を維持した。

⑧〈女帝が政治的宗教的な二重の権力を行使する〉

四十六代孝謙天皇（在位七四九―七五八）は、聖武天皇と光明皇后の間の皇女であるが、父聖武天皇と同様熱心な仏教徒で、尼寺に退いて政治的宗教的事柄を指揮した。その後、重祚して四十八代称徳天皇となるが、一人の野心的な仏教僧と恋に落ちたために、朝廷人が憤怒して、長子相続の法律を作り、婦人から国を治める力を法的に奪い取ってしまった。

義江明子によれば、古代女帝論について、これまでの議論とは一線を画す諸説がさまざま提起され、古代史学会における主要なテーマの一つになったのは、一九九〇年代末以降であるとしている。一九五〇年代に、歴史における女帝の力を描いた第三章は、先駆的な研究として注目されなければならない。メアリは、一九四五年に天皇裕仁の人間宣言が発表され、占領軍が教科書から天皇崇拝の記述を排除するように指示したために、女性天皇の力が明示されなくなることに危機感をもった(48)。そうであったからこそ、GHQの検閲による厳しい言論統制下において、あえて天皇制において国事を司った女帝の力を描いたのである。

第四章「影響力ある婦人の生涯」

元明天皇が奈良に都を移した時から、女帝の勢力は最高潮に達した。桓武天皇が都を京都に移した平安朝時代には貴婦人が初めて舞台に現れ、中心的な女性勢力の源として皇后制が確立された。

荘園制により貴族たちは豊富な収入と余暇を得て、みやびやかな生活を楽しみ、快楽をむさぼることができるようになると、貴族の娘たちは皇室と関係を結んで皇后の地位にまで登り、自分の母方の氏族を利することもできた（藤原くすり子、橘かち子）。

平安時代は、支配的貴族にとって比較的平和な時代であったので、婦人たちは戦時におけるよりも一層政治や文学においてその能力を発揮したとしている（藤原道綱の母、清少納言、藤原彰子、紫式部）。

第五章「戦国時代までの女性」

京都の貴族の男女が、自己本位な快楽をほしいままにしたために、彼らの文化が滅びてしまった時、これに代わって武力をもった英雄や女傑が歴史に君臨し、数世紀にわたって彼らの「型にはめた歴史」をつくった。中世の女性たちは、男性とともに勇気と豪勇さをもって軍功や攻撃や防御に腐心していたとしている。

源氏と平家の内乱に勝利し、征夷大将軍に任命された源頼朝は、鎌倉幕府を設立し封建君主として一三四年間平和を維持した。頼朝は仏教の教育を施す機会を是認しこれを支持した。高い階級の武士から一兵卒に至るまで全体の組織を支持した鎌倉時代の武士の精神（「武士道」）は仏教上の忠節と結びつけられ、仏教は封建制度の継続と発展に寄与した。

頼朝が拠点を置いた関東は長い間女性が自尊心をもち男性の農民から尊敬されて来た地方であった。彼女たちは地頭（地方の荘園を治めるために遣わされた役人）としての役目を果たす権利をもっていた。当時は長子相続法がまだなかったので、政治に無関心でなければ地頭の後継者になることができたのである（北条政子、板額、覚信仁、阿仏尼）。

鎌倉幕府の堕落と崩壊から十七世紀初頭の徳川幕府の出現に至るまでの期間――戦国時代――は日本における「中世」として知られている。幕府にとっても封建諸侯にとっても、その家来である武士や農民に至るまで忠義の精神は至上命令であった。「女傑崇拝」はこういう忠義の信条から起こり、英雄主義は男性によっても女性によってもあらわされた。鎌倉時代以前は妻が夫の後を追って死ぬということは例外的な出来事であったが、封建時代後期になると死んでも忠義を尽くすという儒教の倫理が広くいきわたり、女性たちは武士道に従い自ら自分の意志で自害した。そしてついに徳川幕府はそれを一心同体の一つの型として規定するようになるにいたったと述べている（酒井さだとしの妻、日野富子、織田おいち、奥村永福の妻、武田勝頼の妻、岡見中務の妻、豊臣秀吉の母、淀君、小万、木村重成の妻、おくに、中井半兵衛の母、細川ガラシア、橋本てんくる）。

第六章「婦人が町民の利益と企業を拡張する」

徳川幕府の鎖国政策や参勤交代にみる武家政治は日本の秩序を維持したが、日本の中産階級の勃興を抑えることができなかった。封建的な規範を遵守する男女が現れたが、他方で多様性をもった都市文化が発達するに従い、あらゆる社会階層に大きな変化をもたらした。着物文化、養蚕、織物、家内製造業、女子の教育、遊郭、商業、文芸、学術においてさまざまな才能を発揮する女性たちが現れた。徳川時代では素描の数が増え、それらは多様性に富んでいて、新しい政治的秩序と経済秩序の両方の特徴が素描に現れているとしている（小野寺たん子、八百屋お七、尼カ崎りや、天秀尼、かめ、井上でん、かぎやかな、殊法、石川六兵衛の妻、吉野、小春、蓮月尼、お蝶夫人、加賀の千代、その、秋色、工藤真葛子）。

第七章「武家政治か、王政か――此の決定に与って力があった婦人」

十九世紀の初期に徳川幕府の運命の上に現れ始めた禍の前兆は、十九世紀半ばまでにははっきりその意味をあらわすようになり、幕府に対する反対勢力の台頭、封建的家族制度から夫婦が営む小家族制度への移行、貨幣経済の発達と江戸文化の成熟がみられる。武家政治を覆した決定的な要因は、外国からの黒船の到来に端を発した天皇対将軍の政争である。この対立において佐幕派と勤皇派の両陣営で積極的に活躍した女性（野村望東尼、松尾たせ子、高場らん）や、外国人に対する共同防衛のために政略結婚をした天璋院や仁和天皇の皇女で徳川家茂の妻、和宮が描かれている。

第八章「王政復古当時の婦人実業家――女医及び女流教育家」

日本の女性は、政治的党派ばかりではなく、いろいろな面から武家政権と勤皇の志士との戦いに身を投じ、その結果勤皇派の勝利により明治維新が始まった。女性たちは商業や事業によって、幕府の封建的基礎を崩すのに一役買った。幕府の崩壊に先立ち、村や町に人道的感情があらわれ、女性たちは社会事業に手を染め、医学を学び婦人専門医となるものや女性の実業家が現れた。女性の権利を法律的に認めさせるための女権運動や欧米との接触を機に、女子教育運動が盛んになった。彼女たちが発揮した女性の力は、社会機構の凍り付いた部分を溶かし、やがて二十世紀半ばの市民的民主的秩序として計画された、国家再建のための素材をもたらした（飯田歌子、富貴楼お倉、広岡ぁさ子、瓜生岩子、潮田ちせ子、萩野ぎん子、高橋みず子、中島湘烟、野口しか、矢島楫子、跡見花蹊、三輪田まさ子、桜井ちか子、下田歌子、友国はる子、津田梅子、後閑菊野、戸板せき子、吉岡彌生、羽仁もと子）。

一九四八年四月三日付エセル・ウィードへの手紙で、メアリは、封建主義の歴史的見方についてどのように理解しているかを、次のように説明している。

六章、七章、八章全部を検討してもらえば、おそらく封建主義についての歴史的な見方に内在するドラマについて、私がどう受けとめているか、お分かりになるでしょう。すなわち、それは、その政策と防衛に女性たちが大きく貢献した（両性化した）、全体主義体制あるいは「文化パターン」であると同時に、最終的には彼女らはその破壊にも大いに貢献し、次いでは、厳しい闘争によって駆り立てられたものであったにしても、個人的人格の実現のような実験に向かって、突き進んでいったのでした。

女性の隷属性の教義に対する私の異説は、ルース・ベネディクトのような女性の社会学的・文化人類学的見解や、多くの男性の同じような見解に従って、女性たちをもろもろの社会的パターンの単なる反映とするのではなく、日本の歴史全体において力をもっていた女性にします。そして、今やその伝統を日本における抜本的な新しい秩序の中で、力を誇示してみせているのです。[49]

第九章「女優、詩人、小説家並びにその他の文筆家」

武家政治の土台がぐらつき始め、ついに崩壊してしまうと、自由の精神を因襲に縛り付けていた慣習を排除しようとする要求が、様々なタイプの女性たちに、新しい開拓の道へと進出させた。イデオロギーの趨勢は、武士道と封建家族制度を尊重する考え方を後にして、無政府的な観念に移りつつあった。エマ・ゴールドマン[*1]やエレン・ケイ[*2]の著作が翻訳され、彼女たちの考えが進歩的な女性たちに大きな影響を与えた。自由を解かれた女性たちは、あるものは今まで禁じられていた舞台へ進出し、あるものは画家、詩人、小説家としてその才覚をあらわした（市川久女八、豊竹呂昇、松井須磨子、池田蕉園、三宅やす子、伊藤〔野枝〕、樋口一葉、与謝野晶子、柳原あき子）。

＊1　**エマ・ゴールドマン**（Emma Goldman　一八六九―一九四〇）　リトアニア出身のアナーキスト、フェミニスト。フーバー大統領は「アメリカでもっとも著名なラディカル知識人」として国外追放した。産児制限と自由恋愛を主張し、伊藤野枝に影響を与えた。

＊2　**エレン・ケイ**（Ellen Key　一八四九―一九二六）　スウェーデンの社会思想家、教育学者、女性運動家、フェミニスト。大正デモクラシー期に『青鞜』を通して著作物が紹介され、日本の婦人運動に大きな影響を与えた。著書『児童の世紀』（一九〇〇）『恋愛と結婚』（一九〇三）。

第十章「文明か、戦争か——それぞれを支持した婦人達」

個人の自由の観念が、人々の関心事になりつつある一方で、英雄主義で固まった軍事的伝統は、近代兵器を装備しその威力を強化した。日本の人口は増加の一途をたどり、かつて過剰人口のはけ口を海外に求めた外国の例に倣って、中国大陸への侵略という冒険に乗り出した。一九二四年にアメリカ合衆国は、日本からの移民を禁止したので、ますます日本のこの計画に拍車がかかった。

このような略奪的な戦争に、日本の女性たちはどのように臨んだであろうか。日本の男性の態度がさまざまであったと同様に、日本の女性も同一の態度で臨んだわけではない。欧米の女性の場合と同様に、日本女性も個々の立場から、この軍事的侵略をみていたと述べている（山室きえ子、九条武子、山脇ふさ子、野上彌生子、石本シヅエ）。

この章では、戦争を単に日本の鬼神信仰として扱うのではなく、前の全ての章と同様に、日本史と世界史の類似性を例示して記述している。

第十一章「敗戦が婦人に参政権をもたらす」

最後の章では、今世紀の至るところで見られる、戦争の非合理性への逆コース——日本の戦争と敗北——の後に、日本女性の参政権運動や個人的な自由・平等・友愛の維持だけではなく、合理的な社会の建設へ向けた彼女たちの希求について議論している。

一九四五年九月二日、狭い日本からはみ出して生活の地を求めた、中国における陸上権も太平洋上における海上権も勝ち取ることができず、日本は米国戦艦ミズリー号上において連合国への全面降伏の書状に署名した。その後、日本婦人は、ダグラス・マッカーサー将軍の命令により、日本の民主主義革命に加わるために参政権を与えられた。日本政府はこれを了承しなければならなかったし、婦人たちは新しい社会秩序を築くために彼女たち自身の意見を表明しなければならなかった。婦人たちは勇気と希望と意志と高い知性をもっていた。そしてその背景に気が付いているかいないかは別として、長い日本の歴史をつくるうえで力があった、日本古来の女性の伝統を受け継いだ。そして「人権」という基本的概念をもつ民主的理想を高く評価して、それを適用する機会を得たことを喜んだと述べる。

メアリは、占領軍からの贈り物である「民主主義」を、「色の心髄から輝き出る虹色の光線を四方八方に放つ巨大なオパール」に擬えている。この虹色の光を発する贈り物を受けたものは、不断の研究と実験によって、どのように使うかを学ぶことができるとしている。

占領軍の男女の職員は、贈り物の受領者たちが、欧米の民主主義に沿って進むのを援助した。どの国の歴史を見ても、工業が発達した時代に、民主主義が新芽を出したという例はない。この民主主義を学ぶ実験室に入れられた婦人たちは、民主主義達成という仕事に心血を注いだ。その結果一九四六年四月十日の衆議院選挙で、三九名の婦人議員が出現し、新憲法の制定、民法改正、刑法改正、農地改革が行われ、中央省庁と地方庁の女性管理職の選出など、あらゆる方面に婦人の進出が進んだと述べている。

国際的に冷戦が進行する中で、アメリカの民主主義を学ぶために派遣された、日本婦人指導者研修とその成果に関連して、メアリは、「民主主義」についての彼女の基本的な考え方を、次のように示している。

次のことは議論の余地がない。即ち地球上のどの国においても、一般公衆福祉を目的とする真の民主的な経済や社会の機構は、これを一朝一夕に建設することは出来ないということである。どの国のどんな政府も、思想や習慣や執着している特性というような国民の伝統を反映する。ところで、民主主義政体にとっては、進化発展のみがその支配権を保障し得る(50)。

また、エセル・ウィードへの書簡で、次のように述べている。

私は、誰かがおこなっているかおこなうことができる限り、あらゆる形態の迫害を憎みます。民主主義的な生き方のほうを好んでいます。しかし、民主主義でさえ、あらゆる種類の言行不一致や偽善を作動させることがあるのです。そしてこれらの社会的欠陥は、民主主義を破壊しかねません。(中略) 私はただ将来における歴史の知識をもった理性の再興のために仕事をしようとして命をつないでいるだけです。理性は、それが現在必要としており、今後も常に必要とするであろう力を発揮するためには、歴史の知識と結びつけられなければならないと私は思います。自由を統治と調整するためには最高の叡智が要求されます[51]。

最後に、日本特有の当面する課題として人口過剰を指摘し、その問題解決の方法は移民によらないで、加藤シヅエが戦前から主張してきた、産児調節運動と計画出産の提案こそが有効である、と述べて最終章の締めくくりとしている。

結語　メアリ・ビーアドの「歴史における女性の力」
――今日的な意義――

「歴史における女性の力」の意味

メアリ・ビーアドの人生は、女性の知性を追求する聖戦であった。『歴史における力としての女性』に彼女の思想を熟成させて、女性のアカデミーと勝負をし、彼女に耳を傾ける人には、誰にでも話しかけた。姉妹編の『日本女性史――日本史における女性の力』で、女性が社会形成のために発揮する力の重要性を日米の女性に訴えた。周りのフェミニストが過去においても現在においても女性は抑圧された無力な性であるという考えを繰り返す中で、彼女は女性が歴史において重要な役割を果たしてきた、という信念を決して揺るがすことはなかった。自分の使命は、「長い歴史における女性の力の発見」にあるとして、忍耐強く沈黙することはない伝道者の情熱をもって訴え続け、女性を歴史の中心におき、世界は女性によってどのように変えられるかを考える人生を送ってきた。晩年の数年間に、現代フェミニスト学とよぶにふさわしい、彼女の思想の核心となった「歴史における女性の力」の意味をまとめてみよう。

女性の視点からの歴史の再構築

メアリは、王、国家、戦争を叙述する伝統的な歴史の限界を批判し、歴史の枠組みを文化の領域まで広げた。そして「女性の視点」により、これまで歴史家や社会批評家が気付かなかった事柄を、斬新にみることを可能にした。例えば、中世の尼寺は女性の自治の避難所（安全地帯）であったと注釈し、つまらないものとして無視されていたゴシップのテーマは、女性たちがどのようにして互いに団結したかを理解するための研究対象として、入念な研究を奨励している。このように、女性の視点からの研究によって、女性を歴史叙述の主流に包含し、統合的な歴史を構想したことは先見の明があり、彼女の業績を最も際立たせている。

女性抑圧史観の否定

メアリは、『歴史における力としての女性』と『日本女性史——歴史における女性の力』で「女性の力」の豊富な具体例を挙げて、歴史を通して女性は無力であったという伝統的フェミニストの言説に反論し、歴史における女性の地位や役割の変遷を証明している。例えば、古代には権力をふるった女性たちが出現し、階級差が権利を規定した中世では、支配階級の女性は大きな権力を行使していたことから、女性の役割を叙述する一つの公式を適用することは出来ないと論じた。フェミニズムが芽生えたのは、女性が階級とは関係なく職業や政治や権力から追われて、性差別が一般化した資本主義社会になってからで、それは長い歴史から見ると短い期間に過ぎないと論じ、代表的な女性解放論者であるジャン＝ジャック・ルソーやメアリ・ウルストンクラーフトなどの女性抑圧史観は、かえって女性の意欲をそぎ落とし、自信を喪失させると批判した。メアリの伝統的フェミニストに対する反論は一九七〇年代までほとんど無視されてきたが、今日では実証的研究の多くは彼女の理論を立証しているといえる。

集団的な力

著作を通して常に繰り返されているもう一つのテーマは、公式上の無力を補完する女性の集団的な行動と、その集団の結合力がもつ力に対する認識である。彼女は、二十世紀初頭の婦人労働組合運動や参政権運動にかかわった経験から、権利の資源を行使する機会を閉ざされた人々は、既存の権力から得るものとは無関係な、「力」への手段をもっていることを熟知していた。

インフォーマルな教育

同様に、オックスフォードにおける労働者のためのラスキン・ホールでの活動を通して、公教育を拒絶された人々が、インフォーマルな教育手段によって教育機会を得て、実質的に力を身につけることができることを証明した。そして彼女自身、自ら自己教育によってたつことを決意し、生涯それを実践した。

経験と力

力はどのようにして獲得することができるであろうか。豊かな余暇を謳歌しているアメリカの女性は、なぜ知的に最も高い段階に到達していないのであろうか。後者の素朴な疑問に、一九二九年の論文「アメリカ女性と出版物」[1]で、その原因は余暇にあり、「仕事と責任」が知的な仕事に向かう内在的な衝動であると答えている。[2]そして十九世紀の南北戦争や二十世紀の資本家による企業の拡大など、重大な社会的闘争について熟考した女性の思想家たちを列挙して、このような「偉大な思想家、著述家は決して単なる観衆ではな」かったことを証明する。加えて、このような卓越した論究は、「これまで彼女たちに与えられなかった経験という方法のみによって達成されるであろう」[3]と述べ、力をつくりだす「経験」の重要性に注意を喚起している。

コンシャスネス・レイジング

文明における力としての女性という構想は、多種多様な個人からなる女性たちが、互いに緊密な関係にある集団であるということを理解するための、コンシャスネス・レイジングの概念でもある。

晩年、エセル・ウィードへの手紙(4)の中で、「長い間私がしようとしてきたことは、女性が過去の歴史において力をもっていたということに目覚めさせ、今、何をすべきかを考えるように励ますことである」と記述している。彼女の考えは、女性の公共的な努力に重点をおいていたので、個人主義を足場とした自由主義的フェミニズムよりも、人種や民族を越えて女性に訴える潜在力をもっていた。

複眼的な女性観

多くの歴史家が指摘するように、メアリの著作を通して、文明の積極的な創造者としての女性像と、創造と破壊、善と悪の両面をもつ多様な女性像という二つの女性観のあいだに、ダイナミックな緊張関係がみられる。前者は単一の抽象的な女性（大文字で単数の Woman）、後者は複数でさまざまな個人の女性たち（小文字で複数の women）である。メアリは女性を Woman として固定的に解釈するのではなく、二つの女性観を歴史の場所によって使い分けて説明している。このような複眼的な女性観は、彼女の知的な実践が、フェミニズムの二つの世代にまたがっていることと深い関係がある。メアリが活動を始めた十九世紀後半の組織化された女性たちは、単数の大文字の女性（Woman）の集団の結束力、愛情こまやかな世話や心遣いなど養育的態度、建設的な特徴に全面的な信頼をおいていた。また、ヴィクトリア朝時代の文化人類学の著書から示唆を受け、メアリは「女性の貢献」というアイディアを保持したいと考えた。しかし、彼女はまた、一九一〇年代から二〇年代に新たに台頭した自称フェミニズムが、単数の大文字の女性（Woman）を拒否し、形式主義に反対し、女性によってさまざまな運命が選択される方向を志向するようになると、メアリは、女性を小文字の複数の多様な女性たち（women）としてとらえるようになる。彼女は、女性を単一の女性ではなく多様な女性たちにするために、政治的活動と歴史叙述の双方からかかわった。

ナンシー・コットが指摘するように、女性の過去についてのメアリの兼併的な見解は、競合する二つのフレームワーク、女性を建設的な一つのグループとして表象する最初のフレームワークと、男性と同様に多くの様々な、冒険的な人々として表象するもう一つのフレームワーク——どちらも等しく真実であると考えて——を調整する試みとしてみることができる。おそらく彼女の歴史的洞察は、女性の過去の多様性と個性を発見することによって、できるだけ上手に譲歩して調和させ、文明への女性の貢献という最も重要な主題に徹しようとしたと思われる(5)。

公共性の再構築

メアリは、王、国家、戦争を叙述する伝統的な歴史の限界を批判し、歴史の枠組みを広げようとして、家庭における擁護者としての女性の寄与を、文明創造の原型とみなした。しかし決して結婚や子育ての歴史を探求しようとはしなかった。『アメリカ精神の歴史』の日本語抄訳への序文で、メアリは、文明（civilization）の概念は、ラテン語の civics の語源にねざし、「軍事的」「武人の」とは反対の意味をもつと述べている。また civics を文化という言葉の語源である cultus ＝土地を耕すから区別して、家庭の事柄や養育や私的なことがらへの関心を「文化」（culture）として位置づけ、「文明」（civilization）の範疇ではないとした。(6)

彼女にとって、文明は、「生命、権利、義務、市民性の節制、公共的なことに対するケアー」を意味し、女性が公共的な役割を担うことは「自然な」ことであるとした。そして女性が行うことは、政治的で社会的なことであると強調することによって、「男性＝公共性」という同一化を否定し、男性とともに女性が活躍する公的な場としての公共性の概念、「男性・女性＝公共性」を再構築したのである。

私的領域と公的領域の分離に挑戦

私的領域のみを女性に割り当てることに反対して、十九世紀の生活における私的領域と公的領域のイデオロギー的な分離に挑戦した点で、メアリの立場はラディカルなものであった。

メアリは女性の歴史を男性の歴史に統合しようとしたと同じように、私的なことがらを公的なことがらに統合しようとした。公的概念と私的概念が精緻に発達していなかった古代社会に関しては、養育と家庭的技術における女性の貢献が文明の発達に寄与した、と説得的な説明をすることができた。しかし、現代の女性には、例えば『エンサイクロペディア・ブリタニカ』に記載を提案した、パン焼きや洗濯などの仕事への関与を呼びかけなかった。彼女は、私的領域での主体は女性であるとする叙述された歴史を修正するために、公的世界における女性の活動を強調し、親密圏における男女の相互作用の意味や歴史性や性的力学を精査することを犠牲にした。その結果、分離された私的領域が構築される政治的分析を行うことなく、私的領域を無視してしまった。

今日的意義

抑圧をなくすための闘争は、女性たちの「知性」を求める闘争である、というメアリの信念は、今日では彼女をフェミニズムの最前線に位置づける。近年のフェミニストの著作の多くは、メアリの遺産を引き継いでいるといえよう。意識変革の中心的位置づけ、非公式な集団的活動の力、政治的・教育的機会の拡大は、機会が与えられなかった人々との間に格差を産み出すであろうという歴史的仮説、女性の視点からの女性と男性の分析、女性の経験を文明の中心に据えて統合的歴史を構築することなどにおいてである。

では、なぜ当時の多くのフェミニストは、彼女の貢献を正当に評価しなかったのであろうか。一つには、彼女の思想は、イデオロギーのために使用するには容易ではなかったことがあげられる。メアリが主張するように、もしも女性が力に満ちているなら、なぜ女性たちは不平を言い、悲しまなければならないのか。彼女の立場は、彼女の意図とは違って、反フェミニストの調子を帯びているようにみえたからである。

二つには、メアリは、女性たちが生きてきた苦難を熟知しており、世界が女性にとって公平な場所であることを信じていなかったにもかかわらず、女性の従属の現実を最小限に評価したことである。しかし、重要なことは、彼女の誇張はイデオロギー上の奮闘であったことである。どの時代においても、女性は一つの塊として影響力（force）を行使していたが、その効力（power）を認めない人々の無知によって、不可視とされたにすぎないと確信していた。女性が過去において、いかに世界の富、芸術、美術、科学、技術に貢献してきたかを知ることは、単なる平等を求める叫びよりも価値のある手段を女性に与えるであろうと考え、女性の自意識、自信、自己認識の発達を阻むものは何であろうとも、きっぱり否定した。だから女性の従属という否定的な言説を、最も低く評価したのである。

三つ目の理由は、多くの先行研究が、例えば、豊富な詳細な事柄の叙述を説明するための理論的モデルの提示に成功していないとして、彼女の歴史の構成概念にはいくつかの重大な理論的な欠点があると指摘したことによる。しかしメアリは、歴史家の仕事は歴史の理論化を行うことではなく、多様な出来事をすべて描き出すことであると主張した。

鶴見和子は、メアリの立場を、女性の経済的・政治的・法律的地位に対して均等の価値を付与して、その中のどの要素が決定的であるかを評価しない「史的多元論」であるとしている。この立場は、これらの分野のいずれかの面において女性が活動していれば、それらはすべて「女性は歴史をつくる力であった」という命題を例証することになる。これは経済的な地位を決定的な指標とする唯物史観とは異なっている。鶴見は、「史的多元論」の立場は現象把握の仕方において、あらゆる可能性をつかみ出そうとする努力であるとして一定の評価をしている。では、ほとんどの日本人がメアリの著作に関心を示さなかったのは、何故だろうか。それは戦後日本の歴史研究の主流が唯物史観に基づいたことと大きな関係があると思われる。

メアリは、一九〇〇年代から一九二〇年代に、活動家としてアメリカやイギリスのラディカルなフェミニズムと手を組んだ。その後、次第に政治的な活動から遠ざかり、歴史の再構築という知的な生活に没頭したとき、彼女の著作はもっとラディカルなものになった。理論的な面で、メアリは、歴史をつくる力としての女性に光を当て、「女性の目を通してみると歴史は違って見える」という実験的な構想を提示した。女性は常に歴史を創るうえで中心的な存在であるという主張は、今日われわれが使用している、歴史の分析カテゴリーとしての「ジェンダー」が生み出される基礎となったといえる。

次いで彼女は、目標を違った方向に求めた。彼女の重要な著作と同じく、より大きな女性のコミュニティに手を伸ばしたのである。「世界女性アーカイブセンター」の設立に全力を注ぎ、次いで大学に働きかけ女性の視点にたったカリキュラムを提案した。

戦後は、一九二〇年代に訪れた日本で進行しつつある、婦人解放のための実験に夢を託し、エセル・ウィードの政策を介して、彼女の思想は実際的な影響を及ぼした。また、「アメリカの鏡」として描いた『日本女性史——日本史における女性の力』の著作において、今まで評価されることがなかった日本女性の力を顕在化させ、占領期の日本女性の公共性の拡大に強い期待を寄せた。

夫亡き後のメアリは、より広い世界に関心をむけ、精力的に活動を展開する。あらゆる場所、時代、分野での男性と女性の貢献について学び、男女で討議する教育を構想し、「真の男女平等教育」のための教育計画を提案した。そして、あたかもチャールズに話しかけるように、親しい友人に手紙を書き送った。エセル・ウィードへの書簡もその一つであった。メアリは、女性（／男性）の再教育は長く、ゆっくりとした、時には空虚な仕事であることを知っていたが、決し止めようとしなかった。彼女はたった一人で、新しい女性（／男性）のイメージをつくり上げようとして、フェミニズム反対勢力と戦闘的フェミニストの両方に戦いを挑んだのである。

一九五五年、七十九歳の時、メアリは最後の著書『チャールズ・ビーアドの形成』（*The Making Charles A. Beard - An Interpretation*）を執筆した。この本には、チャールズ・ビーアドの生い立ち、デポー大学時代、英国留学とラスキン・ホールの設立、日本とユーゴスラヴィアへのミッション、教師としてのチャールズについて述べられており、同志として一緒に歩いてきたメアリにしか描けない評論である。もっぱらチャールズの前半生に焦点を当てているが、メアリの自伝として読むこともできる。メアリはこの評伝を書くことによって、英国や日本での経験が、のちの二人の生涯の思想や行動を方向づけた原点であることを示したのである。それから三年後の一九五八年八月十四日、アリゾナ州フェニックスでチャールズと二人三脚で歩いた人生を思いおこしながら、その生涯を閉じた。「女性は男性とともに文明に寄与した共同創造者である」という命題は、まさに二人の信念と生き方そのものであった。

婦人運動家たちからの支援も無く、打ち立てるべき思想の本体も無く、見習うべきモデルもなしに、たった一人で、女性を歴史と社会の中心に据え、世界を女性の視点から見ることを主張したメアリの思想と行動における「力」は、現実的でかつ遠大である。当時のアメリカの知識人やアカデミズムは、女性の力を主張するメアリの女性観を否定したが、それでも世界は変化したのである。歴史の中で無視されてきたが、「女性」の存在とメアリ・ビーアドの存在は歴史の真実である。女性の活躍が喧伝される現代においてなお、歴史における女性の力の意味を提示し主張した彼女の声は一層広くこだまし、決して消えることはないであろう。私たちは、彼女の未完の仕事を引き継ぎ進める責務があるのではなかろうか。

あとがき

メアリ・ビーアドが『日本女性史――日本史における女性の力』を刊行したのは一九五三年で、彼女が七十七歳の時である。奇しくもメアリと同年齢で、私は本書『メアリ・ビーアドと女性史』を刊行することになった。不思議な巡り合わせで感無量である。

最初は手紙の翻訳とその解説という構想で原稿を書いたが、藤原社長の助言により両者を切り離して、解説の部分を評伝として書き直した。手紙からの引用を増やして、誰もが読みやすい本にする工夫をした。気軽に手に取って読んでいただけたらと念じている。

今回引用することができなかったメアリの手紙は、戦後のメアリの思想と行動をより深く知る上で貴重な資料の宝庫である。引き続いて是非とも手紙の翻訳を出版できることを強く願っている。

「メアリ・ビーアド研究会」は藤原良雄社長の主導で、後藤新平研究会のサブセクションとして二〇一五年暮れから毎月一回開催され、今日に至っている。私はメアリについて報告した同年十二月以来、毎月参加している。研究会ではメアリの諸著作の概要、先行研究、手紙の翻訳を発表してきた。研究会では様々な分野の研究者や専門家から貴重な意見を得ることができた。大変感謝している。

第一次資料や第二次資料の収集には、国立国会図書館、スミス・カレッジ図書館、ハーバード大学シュレジンガー図書館、マッカーサー・メモリアル・ライブラリー・アンド・アーカイブ、国立女性教育会館女性情報センターにお世話になった。なお、筆者がおこなったインタビューの記録（加藤シヅエ、椛島敏子、山本松代、ヘレン・ホスプ・シーマンズ、ベアテ・シロタ・ゴードン、藤田たき）は国立女性教育会館アーカイブ・センターに納められている。

編集の作業は、藤原社長の指導の下に、藤原書店編集部の小枝冬実さんと刈屋琢さんが担当してくださった。ご尽力に感謝する。

また、同じく感謝の意を込めて、本書を物心両面にわたって私を支え続けてきてくれた四十数年来の夫・上村忠男に捧げたい。

二〇一九年八月

上村千賀子

〔附〕参考資料

附1 マッカーサーの婦人参政権付与に関するＧＨＱ文書

1 ビーアドからウィードへの七月十日付手紙（日本占領政策がドイツ占領政策より婦人運動の発展を重視していることを評価）の抜粋を上司に報告した文書

一九四六年七月十九日　エセル・ウィードからＣＩＥチーフへの覚書

（出典 RG-5: SCAP, Official Correspondence（MacArthur Memorial Library and Archives））

一・日本における婦人運動の発展に関するＳＣＡＰの政策に関する以下の引用は、メアリ・Ｒ・ビーアドからの手紙の抜粋である。彼女は、アメリカ歴史学会会長チャールズ・Ａ・ビーアドの妻で、彼女自身『アメリカ文明の興隆』や『歴史における力としての女性』など多くの本の著者として非常に有名な学者で、歴史家である。当該書簡は女性情報班長エセル・Ｂ・ウィード中尉が受信した。

「親愛なるウィード中尉

＊　（中略）　＊

女性の力を民主主義に積極的に参加させるという日本における進め方全体は、アメリカのドイツ軍事占領よりもはるかに聡明であり、この点においてマッカーサー将軍のリーダーシップは、華々しく光り輝いています。またあなたが、彼のすばらしい協力者であることは大変喜ばしいことです。ドイツで活動している将校の中には、自由主義志向のドイツ人女性を無視することは危険であることを、十分に認識している人がいるに違いありません。私はホン・クレア・ブース・ルース議員（一九〇三〜八七年、編集者、劇作家、米下院議員、後にイタリア大使に就任）に、ドイツにおけるわがアメリカ軍政部の誤りを改めるよう促すがしてもらいたいと一筆書いて送りました。

敬具　メアリ・R・ビーアド」

二．ビーアド夫人は、私との交信と新聞記事を通じて常に日本の女性の発展に関する情報を得ている。彼女はヨーロッパと東洋の両方を広範囲に旅行した経験がある。

2　メアリ・ビーアドからのマッカーサーの参政権付与に関する情報を要請する文書（一）

一九四六年八月二十九日　エセル・ウィードからＣＩＥチーフへの覚書
（出典 GHQ/SCAP Records, CIE Box no. 5246, folder title: Check Sheet）

Subject：アメリカの歴史家メアリ・ビーアド夫人への情報の要請

一．昨年十月に女性情報班が組織されて以来ずっと、班長は最も有名なアメリカの歴史家メアリ・Ｒ・ビーアド夫人と不断の個人的な書簡を交わしてきた。ビーアド夫人は、日本での仕事に関する多くの着想や激励の源である。

二．以下のパラグラフは今受領した手紙からの抜粋である。

（一九四六年八月十五日付ビーアドからウィード宛て書簡）

「親愛なるウィード中尉

……マッカーサー元帥がどのようにして日本民主化のための十字軍に、女性を基本的に参加させるという決意をするに至ったのか、あなたは私に話すのをためらうかもしれません。しかし、それは全面的に彼自身の知性と精神から生まれたのか、それとも、彼の助言者のうちの一人かそれ以上の人物も同じようにそれがとるべき正しい道だと考えたのか、このことを私は是非とも知りたいのです。女性たちを味方につけることに、ドイツとオーストリアのアメリカ占領軍が失敗したことは、確かに重大な誤りでした。しかし今日ようやく国務省は、女性国会議員たちの圧力を受けて、すべてのリベラルな女性を自分たちの周りに集めることができる、生存している女性たちが存在することを承認することよって、この誤りを訂正するよう努め、これらの地域において日本でとられてきたような種類の行動に対して力強い支援を打ち立てるよう、勧告されるにいたっているのです。

敬具　メアリ・R・ビーアド」

三．女性情報班長は情報を得るために最高司令官に近い立場にある人との面会の許可を求める。

陸軍女性部隊中尉　女性情報班長エセル・ウィード

3　メアリ・ビーアドからのマッカーサーの参政権付与に関する情報を要請する文書（二）

一九四六年八月三十一日　民間情報教育局長ニュージェント准将から副官H・B・ウィーラー准将への覚書

（出典 GHQ/SCAP Records, CIE, Box no. 5246, Folder title: Check Sheet）

Subject：アメリカの歴史家メアリ・R・ビーアドへの情報の要請

一．検討のための転送は一九四六年八月二十九日付ＣＩＥ女性情報班長からの覚書である。覚書は明白で説明を要しない。
二．付属書類の第三パラグラフに述べられている要請を認めること、およびそれによって生じる広報は、（一）日本と海外における司令部の威信を高めるとともに（二）日本女性の地位向上を目的とするＳＣＡＰの情報プログラムの価値を大いに高めるものと考えられる。
三．要請が認められるよう推奨する。

上記一を同封

Ｄ・Ｒ・Ｎ（民間情報局長ニュージェント准将）

4　婦人参政権付与についてのマッカーサー元帥の意図に関する回答（一）

一九四六年九月十七日　O of C-in-C（副官ウィーラー准将）からＣＩＥ長官（ニュージェント准将）への覚書

（出典 GHQ/SCAP Records, CIE, Box no. 5246, Folder title: Check Sheet）

「マッカーサー元帥は、永年アメリカの女性たちのアメリカ政治への参画は、我が国の政治史において最大の安定化的作用を及ぼす出来事であると考えてきたことを、メアリ・ビーアド夫人に通知しなければなりません。このように考えてきたため、日本占領にあたっての統治政策の彼の計画は、最初から、女性たちを早期に解放し、彼女らに自立した政治的な思想と行動をとるよう奨励することに力点を置いたのです。この目的がいかに深い意味をもつかは、すでに一九四五年八月三十日、日本へ向かう飛行機「バターン号」の中で同行の側近に、彼がそのような行動は日本の進路を変更する包括的なパターンを確立するために計画された、最初の指示の最優先事項のなかに位置づけられることになるだろう、と述べたときに明らかにされていました。

マッカーサー元帥は、民主的な社会の要件に適合するよう、日本を再編成するにあたって、日本の女性たちが自由で着実な力を発揮するよう奨励することに力点を置いたものですから、日本の女性たちが彼女らに参政権が与えられた最初の総選挙に挑戦することによって応えてくれたことにことのほか喜んでいます。そこでは彼女らは参政権が与えられた結果、一千三百万の勢力になりました。そして、家庭のなかでの伝統的な補助的立場から突如離脱して、力強い積極的で自立した行動をとり、選挙で自分たちの立場を主張して、立法府に三九名のメンバーを送り出したのです。彼は日本の女性たちによるこの革命を、政治史上先例のないものと見ると同時に、女性たちが一旦機会が与えられると、日本の政治体制に重要で独立した役割を演じる能力がある、という彼の信念を十全に実証したものととらえたのでした。来たるべき日本の政策決定に家庭の智恵を直接反映させることによってです。

ウィーラー准将」

5　婦人参政権付与についてのマッカーサー元帥の意図に関する回答（二）

一九四六年十月十九日付　エセル・ウィードからメアリ・ビーアドへの手紙

（出典 GHQ/SCAP Records, CIE, Box no. 5246, folder title : Check Sheet:）

「親愛なるビーアド夫人

日にちが経ってしまいましたが、何通か前の手紙のあなたの質問にお答えします。このように遅れてしまったことをお許しください。

マッカーサー元帥は、我が国の政治史において、最大の安定化的作用を及ぼす出来事であると考えてきました。このように考えてきたため、日本占領にあたっての統治政策の彼の計画は、最初から、女性たちを早期に解放し、彼女らに自立した政治的な思想と行動をとるよう奨励することに力点を置いたのです。この目的がいかに深い意味をもつかは、すでに一九四五年八月三十日、日本へ向かう飛行機「バターン号」の中で同行の側近に、彼がそのような行動は日本の進路を変更する包括的なパターンを確立するために計画された最初の指示の最優先事項のなかに位置づけられることになるだろう、と述べたときに明らかにされていました。

マッカーサー元帥は、民主的な社会の要件に適合するよう日本を再編成するにあたって、日本の女性たちが自由で着実な力を発揮するよう奨励することに力点を置いたものですから、日本の女性たちが彼女らに参政権が与えられた最初の総選挙に挑戦することによって応えてくれたことにことのほか喜んでいます。そこでは彼女らは参政権が与えられた結果、一千三百万の勢力になりました。そして、家庭のなかでの伝統的な補助的立場から突如離脱して、力強い積極的で自立した行動をとり、選挙で自分たちの立場を主張して、立法府に三九名のメンバーを送り出したのです。彼は日本の女性たちによるこの革命を政治史上先例のないものと見ると同時に、女性たちが一旦機会が与えられると、日本の政治体制に重要で独立した役割を演じる能力がある、という彼の信念を十全に実証したものととらえたのでした。来たるべき日本の政策決定に家庭の智恵を直接反映させることによってです。

ご多幸をお祈りします。

敬具　エセル・B・ウィード」

6　マッカーサーの女性解放政策に関するメアリ・ビーアドのコメント

一九四六年十一月十三日　CIE長官（ニュージェント准将）から副官H・B・ウィーラー准将への覚書

（出典 GHQ/SCAP Records, CIE, Box no. 5246, folder file: Check Sheet:）

Subject：**メアリ・R・ビーアド博士からの手紙**

添付資料は当該セクションの担当官が有名な合衆国の歴史家メアリ・R・ビーアドから入手した手紙の

抜粋である。この交信は最高司令官にとって関心があると思われる。

手紙の抜粋を同封

「一九四六年十月三十一日　コネチカット州　ニュー・ミルフォード

親愛なるウィード中尉

同封の手紙（同じ日付の一通目の手紙）に封をして送ろうとしていたとき、マッカーサー元帥が日本の女性に参政権をあたえる決定をした理由に関する私の質問に対する、あなた宛の驚くべき返事が、私に届きました。封筒にあなたの名前を見て、いうまでもなくすぐに開封しました。二通目のこの手紙は、私の質問への回答を入手してくださったことに対するあなたへの感謝を表したいと思ったものです。

あなたが私の質問にこのように明白な権威をもってお答えになることができたことは、私が期待していた以上です。

私はこの回答を宝物にするだけではありません。貴重な歴史的記録文書として使うでしょう。――そしてよい結果が得られることを願っています。使用したいと考えている一つの方法は、私が書くことを引き受けた『アメリカ政治社会科学学会年報』(*Annals of the American Academy of Political and Social Sciences*)（来年五月発行予定）の女性特集号「現代世界における女性の機会と責任」の長い序文の中でこれを使用することです。
この文書の中には、なんらかマッカーサー元帥が、家族を社会の中核あるいは中心であるととらえ、女性を家族の主要な守護者と考えていることを示すものがあって、その文書を私はすんでのところでほとんど孔子に立ち戻ったものと受け取ろうとしていました。しかし、もし私の唯一の頼みの綱がそのようなものであったのならば、それはまことに残念なことでしょう。なぜなら、その中国の古代の賢者は封建主義者で、家族をあのような全体主義の養成所と見ていたからです。実際にも、孔子の思想は日本では封建制度を支えるものとして採用されました。マッカーサー元帥が、家族の世話と養育を政治的民主主義に結びつけようとしているのは――そして他人からの押しつけではなく、彼自身の意志でそうしているのは――、私の心の中では、政治的手腕についての私の判断のトップに位置する立場を彼に与えています。私はまさにこの種の宣言を、民主主義制度のもとにあってさえ家族が果たしている役割を、かくも悲劇的なことにも見落としている、私たちの過激なフェミニストたちを、なんとかして社会化しようと努力している、私の力添えとして必要としているのです。私が「悲劇的にも」と言うのは、アメリカの家族はほとんど破滅的な権利侵害を被っているからにほかなりません。

*　（中略）　*

アメリカの女性に参政権を与えたことが政治的安定の要因であった、というマッカーサー元帥の信念は、この案件に関する権限のある研究が欲しい、という思いへと私を導いていきます。この案件を注意深く探求することができる人がだれか思い浮かべば、その人にやってみるようけしかけてみようと思います。
日本に駐在している私たちの長官（マッカーサー元帥）の考えについて、私に教えてくださったあなたの助力に対して、あなたがご存じになることができる以上の感謝をしています。

敬具　メアリ・R・ビーアド」

附2
社会における女性の役割

メアリ・R・ビーアド
1947.5

人間の精神が自己を意識する度合いが高まって以来、社会における女性の役割という考え方ほど、人間の心を惹きつけてきたものはない。社会という概念そのものは抽象的で哲学的であるから、それは女性が生命にとってもつ意味についての概念よりもあとに生じたのだろうと思われる。しかしながら、社会という観念がひとたび形成されたのちには、女性についての解釈は、しだいに社会についての解釈に統合されるようになった。そして現代世界では三つの思考様式——女性、役割、社会——が女性に関する知識を幅広く表明する方法となっている。

さまざまな解釈

女性という現象に注意が差し向けられるようになったさまざまな時代を通して、女性はさまざまに表象されてきた。まずは神秘的な存在として——これはおそらく人間の生命の誕生に関する長い間の神秘に由来する考えかたである。また、女性が子どもを産むことを許可し、彼女たちに工芸の発明方法や、以前には穀物が成長しなかった場所で穀物を作ること——生活技術——を教えた神々の大のお気に入りとして。はたまた超人的な存在との仲介者、さらには女神自身として。そのような存在に訴えることを通じて、死すべき運命にある人間たちは、保護や慈悲や正義や報復を得ることができたのだった。はたまた「騒々しいこの世のせわしさ」の中で一人奮闘するときの頼みの綱や、「リスかご」の何の変哲もない日々の常の仕事からの気晴らしとして。女性は全面的に母性愛に支配された生き物として描かれてきた。母性的機能の点では、一所に定住することなく放浪する好色な男性より優れているが、その機能に束縛されているために男性より劣っており、より保守的で進歩的ではない性、善良な男たちの世界に悪を持ち込んで、彼らに彼女を愛するように誘惑する悪魔、男性が「彼女を征服した」あとは男性の言いなりになる受け身の奴隷、あの手この手を使っての陰謀者、全面的に男性の優越するメンタリティの保護下にあり、直感力がある結果として霊感を及ぼすことができる存在、彼女自身の最悪の敵であり、人びとに気力をあたえると同時に人びとの気力を失わせる力があり、利己的であるとあると同時に協同的で、破壊的であると同時に創造的であって、文明の希望にして守護者。

要するに、女性は精神をもった者たちのうちで、自らが精神をもつことを意識している、あらゆる種類の存在なのだった。女性は世界の善と悪、悲惨と幸福、惰性ないし伝統的な行動、理想主義と社会改良、圧政や人的価値への敏感さの説明のために使われてきた。どうやら女性をテーマにすれば、あらゆる生活の様式に関する幅広い一般論をつくるためには、他のどんな心のロマンスよりも満足感が得られるようなのだ。

現代世界において特別の研究分野が興隆したにもかかわらず、あるいはおそらく興隆したために、生物学、法学、形而上学、神学、精神分析学、文化人類学、社会学、唯物弁証法の各分野から、女性と社会における女性の役割に関する、単純化された解釈が提示されてきた。アメリカの文化人類学者マーガレット・ミードは、ニューギニアにおける社会を研究した結果、男女の性行動は文化パターンの反映であると断定した。彼女の主張内容は、ヴィオラ・クラインの最近の著書『女性性――あるイデオロギーの歴史』(ロンドン、一九四六年)において、生物学的要素が社会の型と結びついて女性の性格を決定するのにあずかって力があると主張している、W・I・トーマスのような社会学者たちの異なる理論とともに、引用されている。

歴史を通しての女性性の活動に関する多様な相異なる要素が、女性を「理解している」と主張して譲らない頑固な思弁家の主張に介入することは、たとえあったとしても、まれにしかない。彼らは女性の記録を考慮対象から放逐し、この歴史についての無知を満足げに享受するほうが都合がよいとわかっているのだ。実に、このような無知は、現代社会において、三つの著しい発展によって奨励されてきた。歴史を書くことが見返りのある職業になり――これはヘロドトスの時代には見られなかったことである――そこでは男性が主要な立場を占めているので、男性の歴史に集中し、もっと多くの人生経験を積んでいるかも知れず、しばしば実際に積んでいる、歴史の非専門家たちの仕事を脇に追いやる、強い傾向が存在してきたのだった。もう一つは、心理学や精神分析学を完全で正確な科学だと過信する傾向である。三つ目は、高度に複雑化した現代社会における女性についての結論を、原始共同体の研究から引き出そうとする傾向である。

しかし、日々刻々形成されつつある現今の歴史だけでも、もしそれが最良の有益な資料に従ってなされたものであるなら、女性と社会における彼女の役割についての思いつき的でおおざっぱな専門的一般化が、不適格なものであること——実のところ、ナイーヴさ以外の何ものでもないこと——を示すのに充分である。

政治のゲームの中で

たとえば、一九四五年と四六年の二年間、世界中の舞台の政治的ドラマで、女性たちは主役と脇役を演じていた。そこでは彼女たちは、経済についての見解や社会的目的、文化の型、個人と家族の価値、マナーや教育、女性と男性に関係する理論を表明していた。世界戦争や他の事情の被害の結果生じた、男性の権力の不足は、この時期女性たちに、社会の運命に関わる政治的な行動のための——政治の「ゲーム」を演じるための——またとない機会と責任を与えることになったのだった。

女性はこの「ゲーム」を、どのように演じただろうか。ただ一つのやりかたのみ、文明の利益をおもんばかってのやり方だったのだろうか。この重要な点に関して、合衆国の「トップの女性の政党人」である民主党のチャールズ・ティレットは、一九四六年十一月三日の『ニューヨーク・タイムズ』紙におけるインタビューで、彼女の意見を表明していた。この著名な政治家は、対談者に向かって、女性たちは政治について「男性のゲーム」を学んできたが、「勝つためには女性は、どんなときにも男性が演じているように演じるべきである、ということがわかっている」と言ったのだった。彼女の党は二日後にこの国の選挙で負けたので、彼女の党の男性によって演じられたゲームには重大な誤りがあったに違いない。しかしながらティレット夫人は、政治のゲームは女性よりも男性に馴染みがあるという彼女の信念を述べたていた一方で、女性には男性の代役として政治のゲームを学ぶ能力があると主張していたのだった。

疑いもなく、世界の女性たちの多くは、一九四六年の投票用紙記入所で行われた政治のゲームでは初心者であった。実際上、多くの男性も同じであった。しかし、ゲームは議決権行使の前に長い期間演じられてきたので、女性たちもプレーヤーとして大きな賭をし、しばしば勝利してきた。彼女たちは、終始世界を支配するエリートの一員としてゲームを演じてきた。

女王や女帝や貴族の一員として、自分たちの指示のもとで奉仕する身分の尼僧たちを従えた高い地位の女司祭、すなわち、国家の軍事的、政治的支配者と結びついた宗教的ヒエラルキーとして、王位継承者である息子たちの権威ある摂政、そして国家と社会の実際上の統治者としてのこの能力において、威信と権力のための競争で、自分の子孫に王位を継承させる決心を固めた後宮の女性として、直接的あるいは間接的な権力を得ることを目論む王や皇帝の愛人として、政治的覇権を得るための宗派の争いとの関連において、封建的な社会秩序の中で一族の権力を伸ばし守る者として、その他さまざまな方法で、自分たちの役割を演じてきたのであった。近年の民主的革命が、その種の支配的エリートを打ち倒すまで、国家と国民が有力な家族によって支配されていたあいだ、それらの家族の女性やそれ以外にも宮廷の女性たちは、相続や結婚やときには強奪によって、しばしば至上の権力を所有していた。そして自分たちの機嫌や好みに従って、野蛮にあるいは洗練された仕方で、訓練を受けたか訓練を受けていない仕方で、公事を指導していたのだった。

さて、二十世紀には、革命の嵐が地球全体を襲っている中で、女性たちは新しい道具を用いて権力政治を演じている。迅速な旅行やそれ以外のコミュニケーション手段。かつてよりも致命的な闘争手段。扇動とテロのための異例の方策。巨大な一国的ならびに国際的な女性組織の活動から得られた経験。人権は性とは関係ない自然権であり、自由に使用する権利を有するという、途方もなく広まりつつある理論。そしてプロレタリア労働者階級による独裁こそは、自然権を実行できる最善の仕方であるという対抗的な理論。

さまざまな態度

一九四五年に、アメリカ人によってまことに恐怖すべき原子爆弾が発明され製造され使用されて、それがどれほどのおどろおどろしい破壊力を戦争の手段として挙げうるかが立証されたことによって警鐘を鳴らされ、原子爆弾がいつかはアメリカ人に投げ返されるかも知れないという考えに恐れおののいて、世界戦争の計画に大きなエネルギーを献げてきた多くのアメリカの女性たちは、今では世界平和のための仕事をしようとしている。

「平和は私たちの仕事」である、と全国有職婦人クラブ連盟のジャーナル『インディペンデント・ウーマン』は、一九四六年六月号で宣言した。それから五ヶ月後、三人のアメリカの女性（ナチが占領したときのノルウェー駐在公使だったJ・ボーデン・ハリマン夫人、AUWOのワシントン分会の会長ギフォード・ピンチョット夫人、マウントホリオーク女子大学前学長でジュネーブにおいて開催された第一次大戦後の世界軍縮会議への公式代表だったメアリ・E・ウーレイ）が、アメリカ、イギリス、ロシア政府首脳へ世界平和の必須条件として軍縮に合意するよう訴えた、一三名の有名なアメリカ人男性に加わった。ニューヨークの国連会議でも宣誓されたこの信念の告白は、一九四六年十一月二十八日、ハリマン夫人がみずからホワイトハウスとワシントンにあるイギリスとロシアの大使館へ出向いて伝えた。

しかし、新しい闘いが民衆叛乱の中で爆発し、合衆国を含む全ての国々で、女性たちは感情の面でも知性の面でも武装解除されるにはほど遠かった。女性は疑いもなくこれまでもつねにそうであったように、女性だったが、女性はまた女性たちでもあった。そして女性たちはこれまでもつねにそうであったように、さまざまであった。もし「社会における女性の役割」についての純然たる意見が、なんらかの社会における女性的な存在に向けての、理解力のある態度に寄与すべきであるとするなら、永きにわたる歴史と現在の歴史のこの真実を知らなければならないし、しかと思い出さなければならない。

人類史上、ほんとうに最も暗愚な世紀であるかも知れない世紀において、内戦や国際戦争が演じられている今日、日々の出来事は社会における女性の役割は、さまざま社会における、さまざまな女性たちの役割であることを証明している。もし私たちの時代についてのこの判断が、常軌を逸しているように見え、女性たちがさまざまに異なる意味をもっているというこの考えが、あまりにもシニカルに見えるとするなら、それが妥当な見方であり、残念かも知れないとしても、女性たちとは、彼女らがいくつかのケースにおいて現にそうであるがままの存在であることを考察するために、実例を挙げて示すのがよいかもしれない。

政体改造中の日本の場合

一つの実例は、現代日本から選ばれる。そして、それは「なぜ戦争の勝利者ダグラス・マッカーサー元帥は占領の指揮者としての責務を引き受けるべく日本に着陸したのち、いち早く日本の女性たちに参政権を与えることを彼の計画の主要な項目にしようとしたのか?」という、現代日本と密接に関連した問いでもって提供される。彼は日本へ向かう飛行機「バターン号」の中で、側近にたいしてその理由を明らかにしていた。アメリカの女性たちが政治に介入し、「家庭の知恵」を反映させたことは、アメリカ政治史において最大の安定化的作用を及ぼした出来事の一つである、と自分は何年にもわたって信じてきたというのだった。それゆえ、彼は「鉛直線」からあまりにも大きく外れてしまっていた日本を安定させるために、日本の新政府の同意を得て、すばやく日本の女性たちを選挙母体に引き入れたのだった。

一九四六年四月十日、一三〇〇万人の日本女性が投票所に行き——多くはそこに出かけるための唯一の方法として背中に赤ちゃんをおんぶしながらだったが——、彼らの国で最初の自由な総選挙で、自分たちの政治的願望を書き記したとき、アメリカ軍総司令官は、彼女たちの政治的行動への関心に満足感を表明した。七五人の国会議員候補者の中から三九人が選出されたとき、女性たちの家庭の知恵が、日本の議会で重要な機能を果たすであろうという彼の希望が高まった。実際にも、そこではそれは——部分的にはあったが——重要な役割を果たしたのである。女性たちは立法府で自分たちの場所を獲得したあと、妾の廃止要求に賛成し、彼女たちの多くは「決して再び軍国主義者に従わないこと」を誓ったのだった。

選挙で勝利した女性たちの中で、最も広く知られているのは、加藤勘十夫人である。元石本男爵夫人で、現在は同じく国会議員に選出された二番目の夫と共に、社会民《マ》主党《マ》〔正しくは日本社会党〕に所属している。彼女は衆議院憲法制定委員会の委員に指名され、その会議で家庭の知恵とより広い経国のセンスの両方を証明してみせた。

この東洋の女性のより広い経国のセンスとは何であったのだろうか。彼女は政治と統治を軽いゲームとは見ていなかった。それらは社会的基盤の上に立っていなければならず、そうでないと薄いガラスのように脆いことを理解していた。日本の過剰人口に対する答えは、日本国民が望んでいなかった土地へ、軍事侵略によって強制されて移住することではなく、産児調節か家族計画が唯一の答えであると主張してきた。さらに、彼女は人口を制限する手段を教えるために、東京でクリニックを営んでいた。また貧困は基本的な社会的罪悪であるとも主張して、貧困を減らしたり撲滅したりするための労働運動を支援してきた。彼女は自伝『フェイシング・トゥ・ウェイズ』(*Facing Two Ways*)を著して、自分の確信の根拠を明らかにした。それはニューヨークで出版された。彼女はその「危険思想」のために東京で逮捕され、軍国主義体制の間ずっと官憲の監視下に置かれていた。それから、アメリカの総司令官によって解放された加藤シヅエは、総司令官に勇気づけられて、「日本の未來を建設する」ための重責を担うために助力しようと試みたのだった。

同じく国会議員に選出された女性に、確固たる共産党員の柄沢とし子もいた。彼女は万国の共産主義者のためにモスクワで設立されたコミンテルンの政治的・言説的な路線を厳格に遵守した。そして彼女の国会での最初のスピーチにおいて、ソ連の目的へのこの忠誠心を宣言した。彼女が演壇から話していたあいだ、他の日本内外の女性共産主義者たちは、ロシアの国境を越えて「祖国前線」を拡大するためのあらゆる種類の実践に訴えていた。

膨張するロシアの力の場合

ワンダ・ワシレフスカ(ポーランド名。ロシア名はワシレフスカヤ)は、モスクワでロシア共産党の機関紙(プラウダ)の編集者をしていたポーランド人女性で、ロシア軍が多くの血を流した激しい攻防戦のすえドイツ軍に勝利すると、すぐにこの新聞を使って合法的なポーランド政府を倒す直接行動に出た。彼女はポーランドにロシアの傀儡政権を打ち立てることに関与し、「プロレタリアートの独裁」の進展に反対する農民たちをつぶすためのモスクワの指示に同調して、土着の農民文化に反対してポーランド国内で戦争を起こすことに関わった。ワンダ・ワシレフスカは、その著書『虹』によって、スターリン賞を受賞した。共産主義の「大義」に殉ずる傾向をもつ、ポーランド人協力者たちが、ポーランド衛星政府の実働部隊を構成するのに奉仕していた間、トミー銃で武装した他の熱烈な女性たちは、新しい秩序を賞味する気持ちになれなかった「ファシスト」の農民たちや彼らの指導者に対抗する、橋頭堡や戦略的十字路で防御に当たった。農民の反対は完全には鎮圧されなかったけれども、次第にゲリラ戦に近いものへと追いやられていった。しかし女性たち全部が農民やポーランド独立運動を見捨てたわけではなかった。彼女らは、まさに社会の構成とその統治をめぐるこの抗争において、地上と地下で活発に活動を続けていた。

「祖国前線」をルーマニアへ拡張するために、リーダーシップをとったのは、この国で生まれ、亡命中にロシアで訓練を受けたマダム・アンナ・パウカーであるとされてきた。責任あるアメリカのレポーターたちは、彼女のことを一九四六年に「ルーマニアにおける唯一人の最も重要な人物」であり、ルーマニアの首相ペトロ・グローザや他のロシア路線からの逸脱者によって「裏切り」がおこなわれるかもしれないのを監視する、ソ連のための「女性監視人」であるというように描いていた。共産党の戦略についてのアンナ・パウカーの率直な言明は、一九四五年十月十九日の『ニューヨーク・タイムズ』紙に、サム・ポープ・ブリューワーのインタビューの中でなされた。

彼女は一九一八年から六年間、独房に監禁されていた。そして一九四六年になって、ルーマニア議会の議員に選出された。

ユーゴスラヴィアでは、共産主義の独裁者チトーの助力によって、その衛星国家のなかの各連邦単位で、女性たちは新聞を創刊した。ワシントンの大使館員の妻ヴィッザ・バレンはアメリカにやって来ると、その機会をとらえて、アメリカの女性たちと彼女らが影響力をもっている読者大衆に、チトーの支配を魅力あるものに見せるための責任を引き受けた。

帝国にのびるハイウェイをブルガリアへ下ると、ロシア膨張のもう一つの鎖との強力な繋がりが、ベテランの共産党員でソフィアの祖国前線全国委員会事務局長であるTsola Dragoytchovaによって造り出されていた。「Dragoytchovaにとっては、閣僚会議がどんな法律や法令を通すか、あるいはこの委員会が完全に共産主義者で構成されていたわけではなかったという事実は、ほとんど問題ではない」と一九四五年一月、『タイムズ』紙に通信員は無線で伝えてきた。「彼女の意見によると、もしもそれらが実施されるべきでないとしたなら、それらは確実に無視される」というのだった。彼女は前のブルガリア政府によって、一度ならず宣告された絞首刑を逃れることに成功し、今はテロにテロをもって答えている。「だれもブルガリア政府の背後にいる、この共産主義の指導者ツォラとあえて論争しようとはしていない。軍は彼女の思いのままに統制されており、だれもトミー銃を持って争いたいと思っていない」。また、命令によって撃ち殺すように組織された少年や少女とは、だれも議論をしようとはしていない。

もし紙幅が許すなら、アルバニアが地中海を視野に収めつつロシアに包み込まれる物語として、女性の力が親共産主義者の首相エンヴェル・ホッジャの支持に差し向けられたことを述べることもできただろう。

ロシアの東にある中国、韓国、日本において、南方と南西にあるオリエント、インド、アフリカにおいて、ヨーロッパ大陸を横断する西部とイングランドにいたるまで、そして西半球全体にわたって、共産主義の女性たちは、彼女らの好む制度の独裁を支配させるために働いた。この戦争の時代の飢え、貧困、荒廃のただ中にあって、彼女らはその信条をもつ男性たちと共に、救済の福音を広めようと苦労してきた――彼女らが選ばれた議会や、彼女らが参加し演説した女性の国際集会で、脱線が一時的な方便として必要だと思うときには、目的へのまっすぐな道から逸脱することを通じて、しかし最終的には、社会を彼女らの究極の目的に向かわせるという意図を持ちながらである。社会的完成の共産主義的イデオロギーを分かちもつ、非スラブ圏の人びとと協同することによって、汎スラブ主義的な世界権力への志向は強化され根を張るにいたったのだった。

力による平和

「平和が私たちの仕事だ」と歴史のこの時点で、アメリカの何百万という女性たちは断言した。「国連安全保障委員会の紳士諸君、あなたがたは武器を捨てて、あなたがたの母の部屋へ入って来なければならない」とドロシー・トンプソンは主張した。しかし、ごく控え目にいっても、多くのやっかいな問題が、平和の仕事と男性の武装放棄を困難にした。もし「武器と男性」がさまざまな時代を通じて、文学や劇作の中でも実際の生活のなかでも、ブレンドされてきたとするなら、武器と女性も、たとえ文学の中ではないとしても、現実にはブレンドされてきたのだった。すべての国民の中で、無数の女性たちが経済的生産、出産と子育てといった非軍事的な責任を着実に果たしてきたことは本当であるが、無数の他の女性たちは、力を目指す軍事的制圧と自ら連携してきたのである。「力による平和」は今日、男性のあいだでも女性のあいだでも驚くべき信条となっている。

一九四六年の最後の週に、ニューヨークで開催された国連総会は、多くの女性たちが戦争と平和にかんする彼女らの態度を表明するフォーラムを準備した。そこでは世界平和の理想が全体として確認されたが、「たんなる言葉ではなく、行動を」が一部の女性代表から要求された。そして行動には、戦争の可能性や、さらにはそれが差し迫っていることまでもが含まれていた。

行動の呼びかけを雄弁に行ったのは、ヴィジャヤ・ラクシュミー・パンディットだった。英領インドのユナイテッド州における地方自治および公衆衛生大臣で、全インド女性会議の前議長、貴族的なヒンドゥー教の指導者で、ネールの妹である。しかし貴族的なムスリムの女性リーダー、ベグン・シャー・ナワズも、行動を求めていた。しかも両者が求めた行動は同一ではなかった。両者とも英国からのインドの独立のための運動に関わらなければならなかったが、このインドの二大宗派は、独立の運営方法で同意できなかったため、状況は内戦と国際的な軍事衝突の脅威を引き起こした。どちらの女性も、たとえ平和主義者であったとしても、何が何でも平和主義者であるわけではなかった。マダム・パンディットは、インド民族主義のヒンドゥー的考え方を雄弁に言明したことと、南西アフリカでのインド人の解放を訴えたことが熱烈な賞賛を浴びたのに刺激されてインドに戻ったけれども、ベグン・シャー・ナワズはニューヨークに留まり、ムスレムがヒンドゥー民族主義に吸収されるのを拒否することの是非を、全アメリカ人に訴えかけたなら実現されるだろうと言明した。

最近グローバルな戦争に関与して、こんなにも疲労した世界の諸国民が、インドの衝突によって再び世界戦争に引き込まれるようなことがあったとしたなら、それは少なからず政治的な性質の女性の機会と責任についての女性たちの考えかたの結果であろう。

ユダヤ＝アラブ紛争

同じことは、パレスチナを中心とした紛争についても言えた。「それが正しいことが決着するまでは何ごとも決着することはない」のかどうか、正しさについての相異なる意見が、地球のこの地域を燃え立たせてきた。そして、そのような事情の中にあって、どのような決着が達成されうるのかが、ヨーロッパにとっても、英国にとっても、アメリカ合衆国にとっても、パレスチナにとってと同様、多くの角をもったディレンマであった。

この論争のユートピア的な決着への道は、あらゆるユートピアへの道と同様、男性の足に劣らず、女性の足にとっても、石ころだらけで茨の道だった。アラブ人が長らく占有してきた事実にもとづいて、所有権を主張している土地において、祖国シオンを求めるユダヤ人の叫びは、どのような政治的圧力やさらには物理的暴力が、さらなるユダヤ人の移住を支援することがあろうとも、これ以上のユダヤ人をその地域から締め出したままにしておくというアラブ側の決定に遭った。合衆国やその他の地域にいるユダヤ人女性たちが、ヨーロッパで苦難を強いられてきたユダヤ人のパレスチナへの移住の財政援助をし、パレスチナで確固とした根を下ろすのを手助けする運動に助成してきた一方で、アラブの女性たちは抵抗運動を支援するために団結してきた。

一九四五年十二月、カイロで、パレスチナ、レバノン、シリア、トランスヨルダン、イラク、エジプトから派遣された代表たちによってアラブ女性団体が組織され、「アラブ世界の政府は会議を注意深く見守っていた」と新聞は報じた。「エジプトの外相マフムード・ファーミー・ノクラシ・パシャは代表たちに（彼女らの中には女性法律家やそれ以外にも勇敢な女性たちがいた）語りかけ、彼女らの会議をアラブ連邦に向かっての実効ある一歩であると描き出してみせた」。これらの女性たちは、汎アラブ運動において着実に仕事をする決意をしていたが、自分たちの間近で現在トルコ人女性が所有しているような種類の男性との平等な権利をも要求していた。

一九四六年五月、四百人のアラブ女性がムスリムとキリスト教徒のアラブ人に率いられて、オマールのモスクからイエルサレムのジャッファ・ゲートまで、パレスチナのためにこれ以上のユダヤ人の入植に反対する、と書かれた旗を掲げて行進した。同じとき、少女たちが少年たちと一緒に、テルアビブでユダヤ人のシオンのための戦闘員として行動していた。他のユダヤ人が抗争を言葉と政治的な活動の境界内にとどめておこうと努力していたにもかかわらずである。この交戦状態はどのように解決されるのだろうか。これが確実に起きていることだった。

中国の場合

さらに、中国と呼ばれる広大な領域において、誰が誰を何のために統治するのかをめぐって、それ自身の人民によって繰り広げられている論争のすべての局面において、女性たちの演じている役割は、事件の形成になくてはならないものだった。たとえば、中央政府は公式には蔣介石総統が首班をつとめていたが、非公式には、しかしまた不可欠の存在として、彼の主要なアドバイザーであるとともに妻である蔣介石夫人〔宋美齢〕が重要な役割を演じており、七か月間日本人の中国人傀儡であった汪兆銘のところに居を構えて意のままにしていた。そしてその汪兆銘の「最も近くにいるアドバイザー」が彼の妻の陳碧君だった。汪兆銘は死刑の宣告を受け、陳碧君は裏切り者であり中国の恐るべき敵になるとして終身刑を宣告された。

その一方で、孫逸仙〔孫文〕博士の未亡人、孫逸仙夫人〔宋慶齢〕は、「中国の良心」として広く賞賛されている。孫博士が提唱した中国のための三つの第一義的原則〔三民主義〕――民族主義、民権主義、民生主義――は、彼女に現在中央政府と連携している自由主義的党派に属する男性と女性のあいだでも、最も急進的な党派に属する男性と女性のあいだでも、公的人物としての高い評価と尊敬の両方を与えている。

一九四七年に内戦が勃発する前に、延安から手がかりを得たすべての男女が、積極的に共産主義を信条としていたかどうかは、論争の主題となっている。もし共産主義者であったとしても、彼らはロシアの共産主義者たちが試みたようには農民文化を破壊することを狙ってはいなかった。彼らの指導者のなかには、周恩来夫人〔鄧穎超〕がいた。夫人は中央政府との主要な交渉人の「教養ある妻」で、彼女自身、共産党執行委員会の力あるメンバーだった。またその共産主義の首都の「頭領」の妻である毛沢東夫人〔江青〕や、彼女の義理の娘で、上海の映画スターのキャリアを捨てて「人民」と運命を共にするにいたった毛岸青夫人〔邵華〕。一九二七年に毛沢東と同様、蔣介石の超保守主義的リーダーシップに叛逆した朱徳将軍の妻〔康克清〕。そして「クリスチャン・ジェネラル」馮玉祥の妻〔李徳全〕。彼女は一九四五―四六年の冬、たった今成立したばかりの休戦協定が守られているかどうかを確認する目的で、戦争中の中国戦線を訪問する任務を託されていた委員会の一員であった。

アルゼンチンの場合

宗教と政治が、女性たちの関心事として、互いに混ざり合っていることは、西半球でも東半球でも例証されている。アルゼンチンにおける出来事の経過は、女性たちにおけるこの関心の所在を証明している。一九四五―四六年の冬、フアン・D・ペロンが大統領選挙に立候補していた間、ブエノスアレスのある教会で、一人のカトリックの司祭が、自由主義的な理論と実践と戯れることのないよう信徒たちに忠告する、彼の教会上層部の署名入り教書を読み上げたとき、ちょっとした騒ぎどころではない嵐がその教会で吹き荒れた。

フェミニズムの勃発が起きたのは、数名の「上品な衣服をまとった婦人がた」が席を立ち、自分たちは神を崇拝するためにやってきたのであって、政治的な説教を聴くためにやってきたのではないと宣言したときだった。彼女らの社会的地位と上品な身なりも、この礼拝にやってきていた他の女性たちの怒りから彼女らを救済しはしなかった。結果は異議を唱えた者たちの逮捕と、科料を支払い、六日間、「悪名高い娼婦たちの監獄、アシレ・サン・ミグエル」で過ごすようにとの宣告だった。

ペロンは選挙で勝利した。しかし、彼が大統領に就任したあと、ブエノスアイレスのセニョーラ・アナ・ローサ・デ・マルティネス・グエレーロは、ニューヨークで開催された国際女性会議において、「社会の精神的および道徳的諸側面」というテーマで演説して、世界の女性たちに「あらゆる独裁制に反対して働くよう」要請したのだった。

ドイツの場合

すべての女性が、嬉々としてか諦めてか、独裁者たちとともに生まれてきたわけではなかった。たとえば、ドイツでは、ヒトラーによってかくも獰猛に主張された指導者原理（Führerprinzip）をめぐって、女性たちは二つの陣営に分かれていた。ある者たちは狂信的にヒトラーの側に立ち、ある者たちは彼に頑として反対して譲ろうとしなかった。現代のあらゆる新しい独裁制に反対して、何十万という女性たちが身を献げてきた。ゲリラたちの戦場に戻って闘う者もいれば、投獄されて、文明化した男女には想像もできないような拷問を受けた者たちもいた。

ナチスが法律の保護の外に置かれるとともに、世界戦争の命運が定まったあとで、従来よりも多くの女性たちが票を投じた選挙のさい、独裁制に向かおうとする態度が出現したが、それは一時的なことであった。強力な政府を恐れるようになっていたので、無数のヨーロッパの女性たちが、断固としてそうした政府に反対票を投じ、こうして彼女らの票はいくつかの政府を弱体化させるのに寄与した。しかし、誰もが驚いたことに、一九四六年に今次の戦争での勝利者によって支配されたベルリンのさまざまな地区で、自由な選挙がおこなわれたとき、最も民主度の小さい地区――ロシアの支配する地区――で十分な数のベルリンの女性たちが、共産主義ロシアの支配する社会主義統一党に反対する票を投じ、統一党を敗北に追い込んだ。それはソ連にとっては一大問題だった。しかも、世界中の場所のうち、一九四六年に女性が市長になった場所は、なんとベルリンだったのだ！　そこでは、ルイーゼ・シュレーダーが市長になったのである。さらに、ヒトラーの聖堂の前でけっして跪くことのなかったドイツ人女性の中に、アグネス・フォン・ツァーム゠ハルナック博士がいたが、一九四六年、彼女はふたたび不屈の勇気を振るって自由主義的な女性団体の建設に向かったのだった。

基本的な問題

三つの気質が人間の精神を永久的に特徴づけてきた。権力欲と、自由への愛と、自発的隷従へと導いていく指導者の崇拝がそれである。社会秩序は権威を伴う。社会が安定を持続していくのを弱めることなく、どれほどの自由を享受できるというのだろうか。これは全人類にとっての基本的な問題であり、政治の科学と哲学において十分に認識されている問題である。

しかし、人道主義者たちが、現代では社会的に見捨てられた者たちや、さまざまな社会における恵まれない人びとの現実と、従前よりも懸命に取り組んできたので、合衆国ではソーシャル・ワーカーの大きな団体が誕生し、そこでは傑出した女性たちが指導者や会員になっている。一九四六年には、大勢のソーシャル・ワーカーを含む何百万人ものアメリカの女性が、もし自分たちの力が国際連合に向けられるなら、貧困と戦争に対する攻撃は、普遍的な自由と安全と世界平和のかたちをとって、とてつもなく力強いものになることができるだろうという考えに魅了された。

世界の統合的な部分

世界の舞台でのこの女性的な存在の行動が、どれひとつとして新たな力あふれる女性たちという意味での「新しい女性たち」を代表していない一方で、格言とドグマの作成者や決まり文句の復唱者は、いまだに――近視眼的にも――世界を男性の支配する世界と見ることに固執している。教えたり、また／あるいは指導したりしようとする、合衆国の女性たちと男性たちに対して、あなたたちのいう思想と行動の世界、機会と責任の世界としての巨大な世界なるものも、所詮男性の支配する世界なのだと言うのだ――その省察が偉大なものであるか、誤りに満ちたものであるかとは関係なくである。しかし、もし世界が「偉大な男性たち」のものであれ「普通の男性たち」のものであれ、男性たちだけの、あるいは主として男性たちの世界であると捉えるなら、そのような捉え方は空論とまでは言わないにしても、少なくとも不適切な捉え方である。実際には、今日の世界は以前より多元的で、そこでは男性たちも女性たちも以前よりも多元的で、そこでは男性たちも女性たちも以前より弾力性があり、伸張可能な機会と責任のさなかにあって、彼らの情緒的かつ知的な性格をイメージしながら社会を形づくるのに精力を傾注している。

そのうえ、長きにわたる過去の経験が未来の指標であるとするなら、女性〔大文字で単数のWoman〕であると同時に女性たち〔小文字で複数のwomen〕でもある女性——個人にしてさまざまな個性からなる存在としての女性——は、彼女が社会の始まりと発展の中で、社会の織物を構成する人間関係の禍福いずれにとってもそうであったように、人間のたどる時間を通じて、あらゆる社会における必要であるとともにダイナミックな要素であるだろう。

出典：Mary R. Beard, 1947, "Woman's Role in Society", *The Annals of the American Academy of Political and Social Sciences*, vol. 25, Philadelphia, May 1947.

（付記）この論文は戦後の世界における女性の役割をグローバルな視点で分析しており、メアリ・ビーアドの戦後の思想が凝縮されている。（上村）

ビーアド夫妻関連年表（1874–1958）

＊各項目に関して、メアリはⓂ、チャールズは(Ch)、加藤シヅエはⓈを、先頭に付した。

西暦	ビーアド夫妻（メアリ、チャールズ）	日本および世界の出来事、加藤（石本）シヅエ
一八七四	(Ch)11月27日　生誕	
一八七六	Ⓜ8月5日　生誕	7月4日　スーザン・アンソニー、米独立一〇〇年祭に婦人独立宣言発表
一八七九		ベーベル『婦人論』
一八八九		ジェーン・アダムズ、ハル・ハウス創設
一八九〇		全国アメリカ婦人参政権協会設立
一八九三		（ニュージーランド）婦人参政権取得 日本基督教婦人矯風会結成
一八九七	Ⓜデポー大学卒業、グリーンキャッスル公立高校勤務 (Ch)シカゴ市で労働者の実態調査、ハル・ハウス訪問	Ⓢ3月2日　生誕
一八九八	(Ch)デポー大学卒業 (Ch)オックスフォード大学院入学	ギルマン『女性と経済』
一八九九	(Ch)ラスキン・ホール設立	
一九〇〇	Ⓜ(Ch)3月　結婚・渡英 (Ch)オックスフォード大学院入学 Ⓜラスキン・ホールの講師	3月10日　治安警察法公布 12月5日　吉岡彌生、東京女子医学専門学校設立

西暦	ビーアド夫妻（メアリ、チャールズ）	日本および世界の出来事、加藤(石本)シヅエ
一九〇〇	Ⓒⓗラスキン・ホールの組織化と労働運動指導者との連携 Ⓜクロポトキンやパンクハーストとの出会い	
一九〇一	ⓂⒸⓗ長女誕生 Ⓒⓗ処女作『産業革命』	
一九〇二	ⓂⒸⓗ帰国、コロンビア大学大学院入学	（オーストラリア）婦人参政権取得
一九〇三		全米婦人労働組合結成（ボストン）（英）パンクハースト婦人政治社会同盟結成、エレン・ケイ『恋愛と結婚』
一九〇四	Ⓜ同大学院退学・自己教育に専念 Ⓒⓗ博士号取得　同大学院政治学部スタッフに就任	
一九〇六		（フィンランド）婦人参政権取得 エマ・ゴールドマン『婦人解放の悲劇』
一九〇七	Ⓜ全米婦人労働組合加入 Ⓒⓗ政治学特別講義	自活女性平等連盟結成（ニューヨーク）
一九〇九	Ⓜブラウス縫製女工ストを組織	（米）シャツブラウス縫製女工ストライキ
一九一〇	Ⓜニューヨーク婦人参政権党機関紙『女性投票者』編集長 Ⓒⓗ著書『アメリカの行政と政治』	第二回国際婦人社会主義者大会でクララ・ツェトキン「国際婦人デー」提唱

一九一一		（米）トライアングル・シャツブラウス工場火災で一四六人の工場労働者死亡 『青鞜』発刊（一六年まで）
一九一二	Ⓒh著書『アメリカの市政府』	
一九一三	Ⓜ婦人参政権党がパンクハーストを支援しなかったことを理由に同党を脱退して全国女性党結成に加わる Ⓒh著書『合衆国憲法の経済的解釈』	（英）首相別邸襲撃でパンクハースト逮捕。 （米）アリス・ポールら議会連合（のちの全国女性党）結成
一九一四	ⓂⒸh共著書『アメリカの公民権』	7月28日　第一次世界大戦勃発（一八年終結） Ⓢ華族女学校（後の女子学習院中等科）卒業、石本恵吉男爵と結婚
一九一五	Ⓜ著書『都市における女性の仕事』 Ⓒh著書『ジェファソン的民主主義の経済的起源』	婦人国際平和自由連盟（ハーグ）結成 Ⓢ夫の赴任に伴い三池炭鉱へ
一九一六		サンガー夫人ブルックリンに産児制限クリニック開設
一九一七	Ⓜ全国女性党諮問委員辞任 Ⓒhコロンビア大学教授辞職 Ⓒhニューヨーク市政調査会理事 Ⓒh社会科学研究所設立	（オランダ）婦人参政権取得 （米）第一次世界大戦に参戦 ロシア革命
一九一八		（ソ連）事実上の男女平等 （英）三〇歳以上の婦人参政権取得
一九一九	Ⓜ全国女性党脱退	（独）ワイマール憲法により婦人参政権獲得 Ⓢ渡米、9月バラードスクール入学

西暦	ビーアド夫妻(メアリ、チャールズ)	日本および世界の出来事、加藤(石本)シヅエ
一九二〇	ⓂⒸh ヨーロッパ旅行 Ⓜ著書『アメリカ労働運動小史』 Ⓒh全国労働者教育局で労働者教育に携わる	3月28日　新婦人協会結成 8月26日　(米)憲法修正第一九条批准により婦人参政権取得、連邦婦人局開設
一九二一	ⓂⒸh共著書『アメリカ合衆国史』 Ⓒh著書『政治の経済的基礎』	Ⓢスメドレーの紹介でサンガー夫人と出会う、5月バラードスクール卒業 ⓈＹＷＣＡ事務所長ミス・パードソルの秘書
一九二二	ⓂⒸh 9月14日　来日。 Ⓜ12月2日大正婦人会講演「文明への婦人の寄与」 Ⓒh東京市政調査会設立に協力 Ⓜ石本シヅエと出会う Ⓜ羽仁もと子、下田歌子、跡見花蹊、吉岡彌生などと交流	3月　サンガー夫人来日 4月20日　治警法第五条一部改正、婦人の政談集会への参加・発起が認められる Ⓢメアリ・ビーアドに日本文化紹介
一九二三	ⓂⒸh 3月　帰国 ⓂⒸh 10月6日―11月15日　再来日 Ⓜ東京連合婦人会顧問として救援活動支援 Ⓒh東京復興に関する意見、著書『東京市政論』	9月1日　関東大震災発生 9月16日　伊藤野枝、大杉栄ら軍部に虐殺される 9月28日　東京連合婦人会設立
一九二四		12月13日　婦人参政権期成同盟結成
一九二七	ⓂⒸh共著書『アメリカ文明の興隆』、ヨーロッパ旅行	
一九二九		株価大暴落(経済恐慌)

一九三一	Ⓜ著書『女性を理解することについて』 (Ch)アメリカ歴史学会会長就任	高群逸枝女性史事始め 2月28日　婦人公民権法案、衆議院本会議で可決、貴族院本会議で否決 9月18日　満州事変始まる
一九三二		Ⓢ10月―　アメリカ講演旅行
一九三三	Ⓜ著書『女性の目を通してみるアメリカ』 Ⓜ国際女性会議参加	（米）国際女性会議 （米）フランクリン・D・ローズベルト大統領に就任 Ⓢ国際女性会議参加
一九三四	Ⓜ女性史のシラバス作成	Ⓢ3月　産児調節相談所開設
一九三五	Ⓜ6月　「世界女性アーカイブセンター」設立、センター長就任 Ⓜ女性大統領候補に（ニューヨーク・サン紙） (Ch)著名な学者としてヴェブレムの次にランクされる（ニュー・リパブリック誌） Ⓜアスカナジー夫人の依頼により世界女性史エンサイクロペディア編纂の企画書作成 Ⓜアスカナジー夫人を石本シヅエに紹介	6月　（米）世界女性アーカイブセンター設立 Ⓢ著書『フェイシング・トゥ・ウェイズ』 アスカナジー夫人「世界女性史エンサイクロペディア編纂」を提案 Ⓢ12月　女性史エンサイクロペディア編纂日本委員会設立
一九三六		Ⓢ1月―4月　アメリカ講演旅行 Ⓢ6月　正式名として日本女性史エンサイクロペディア編纂会設立 10月　高群逸枝『大日本女性人名辞書』

西暦	ビーアド夫妻（メアリ、チャールズ）	日本および世界の出来事、加藤（石本）シヅエ
一九三七	ⓂⒸh共著書『アメリカ文明の形成』	7月7日　日中戦争始まる 12月　第一次人民戦線事件 Ⓢ12月　石本検挙拘留
一九三八		2月1日　第二次人民戦線事件 Ⓢ2月　日本女性史エンサイクロペディア編纂会解散、産児調節相談所閉鎖を命じられる 4月1日　国家総動員法 日野葦平『麦と兵隊』ベストセラーに パール・バック、ノーベル平和賞受賞
一九三九	ⓂⒸh共著書『航海半途のアメリカ』 Ⓜ石本シヅエへ絶交状、9月 Credos を送付 Ⓒh前田多門に絶交を伝える	Ⓢ2月　アスカナジー夫人亡命、原稿焼失の知らせを受ける Ⓢ3月　日本の原稿をメアリ・ビーアドへ送付 Ⓢ5月　『麦と兵隊』（英訳）出版 9月　第二次世界大戦勃発
一九四〇	Ⓜ「世界女性アーカイブセンター」閉鎖	9月28日　吉岡彌生、大日本女子青年団理事長に就任
一九四一		12月8日　太平洋戦争勃発
一九四二	ⓂⒸh共著書『アメリカ精神の歴史』 Ⓜ『女性の扱いに関するエンサイクロペディア・ブリタニカの研究』（原稿没となり未刊行）	（米）陸軍女性部隊結成（陸軍の一部として認められる） Ⓢ5月　長男出征、6月次男病死 12月23日　市川房枝大日本言論報国会会員となる
一九四三	Ⓒh著書『共和国』	

一九四四	ⓂⒸⓗ共著書『アメリカ合衆国の基本的歴史』 Ⓜ日本女性史エンサイクロペディアの原稿をスミス・カレッジへ寄託	Ⓢ3月　石本恵吉と正式離婚、11月加藤勘十と結婚
一九四五	Ⓜ10月　ウィードとの交信開始	（米）ハリー・S・トルーマン大統領に就任 Ⓢ3月　長女誕生 8月15日　太平洋戦争終結 8月25日　戦後婦人対策委員会結成 Ⓢ9月　GHQ／CIE私的婦人問題顧問となる 9月2日　ポツダム宣言受諾 10月2日　GHQ／SCAP設置 10月11日　五大改革指令（婦人参政権付与） 10月31日　ウィードCIE婦人問題担当官に配置される 11月3日　新日本婦人同盟結成 11月　婦人諮問委員会設置 12月17日　衆議院議員選挙法改正公布
一九四六	Ⓜ著書『歴史における力としての女性』 Ⓜ6月17日　加藤シヅエとの交信開始 Ⓜ女性史刊行に向けて企画開始 Ⓜ8月15日　「マ元帥が婦人参政権付与に至った理由」について公式回答を求める Ⓜ9月30日　婦人局設置について助言 Ⓜ10月31日　マ元帥の回答に対するコメント	1月1日　天皇神格化否定の詔書（人間宣言）を出す 2月　選挙権行使キャンペーン開始 3月16日　婦人民主クラブ結成 3月31日　第一次米国教育使節団報告書提出 4月10日　戦後初の衆議院議員選挙（婦人議員三九名選出） Ⓢ4月10日　衆議院議員当選

西暦	ビーアド夫妻（メアリ、チャールズ）	日本および世界の出来事、加藤（石本）シヅエ
一九四六		6月20日　マ元帥婦人議員と非公式会見（女性のブロック形成を禁止） Ⓢ6月17日付メアリ・ビーアドへの書簡で日本女性史出版を了解 7月29日　米国労働諮問委員会勧告（ヘレン・ミアーズ労働省内に婦人少年局提案） 8月21日　米国労働諮問委員会勧告ＧＨＱの公式政策となる 9月23日　ウィード陸軍特別賞受賞 10月1日　大学婦人協会結成 11月3日　日本国憲法公布 ルース・ベネディクト『菊と刀』
一九四七	Ⓜ論文「社会における婦人の役割」 Ⓜ論文「女性の鏡」	3月12日　トルーマン・ドクトリン発表 3月24日　市川房枝公職追放 Ⓢ4月　衆議院議員選挙再選 4月20日　戦後初の参議院議員選挙（婦人議員一〇名選出） 5月3日　日本国憲法施行 9月1日　労働省発足、婦人少年局設置、局長山川菊栄。労働基準法施行
一九四七		10月26日　改正刑法公布 11月22日　改正民法と改正戸籍法公布

一九四八	(Ch)著書『ローズベルト大統領と一九四一年の開戦』 Ⓜ5月　ウィードの訪問を受ける (Ch)5月21日　国立芸術文学院から金メダルを授与される (Ch)9月1日　死去	1月6日　ロイヤル米陸軍長官「日本を反共の防壁とする」と演説 Ⓢ2月　衆議院議員選挙三選 5月　ウィード公休で帰国 7月4日　マ元帥米国独立記念日に「日本は反共の防壁」と演説 9月15日　主婦連合会結成 10月5日　ウィード、教育委員への女性の進出奨励、女性委員三九名選出
一九四九		Ⓢ1月　衆議院議員選挙落選 2月4日　第一回日本婦人指導者研修（米国派遣） 3月8日　ウィード「3・8国際婦人デーに参加しないで、4・10―16の婦人週間を祝え」と談話発表 10月1日　中華人民共和国成立 マーガレット・ミード『男性と女性』
一九五〇	Ⓜ論文「誰も女性について知らないこと」	6月25日　朝鮮戦争始まる Ⓢ6月　参議院議員選挙（全国区）当選
一九五一	Ⓜ1月19日　米国の出版社五社に女性史の出版を断られる Ⓜ6月17日　加藤シヅエと再会 Ⓜ加藤シヅエに能力のある翻訳者の確保を要望	6月25日　婦人少年局長山川菊栄辞任、後任に藤田たき就任（婦人少年局廃止の動き） Ⓢ5月から米国マキノ島でのMRA世界大会に出席、その後スイスの本部訪問、欧州各国を歴訪、9月サンフランシスコでのMRA大会出席。その間メアリ・ビーアドを訪ね、講和会議を傍聴

西暦	ビーアド夫妻（メアリ、チャールズ）	日本および世界の出来事、加藤（石本）シヅエ
一九五一		9月5日　婦人少年局・児童局廃止反対協議会結成。ウィード党派を超えて団結を指導。10月存続決定 Ⓢ河出書房からの出版決定をメアリ・ビーアドに伝える 9月8日　サンフランシスコ講和条約・日米安全保障条約調印
一九五二	Ⓜ1月30日　河出書房と契約成立	4月　同右発効、ウィード離任 Ⓢ家族計画国際大会に日本代表として出席
一九五三	Ⓜ著書『日本女性史――日本史における女性の力』	三井禮子『近代日本の女性』 Ⓢ同上、加藤シヅエ訳『日本女性史』
一九五四		Ⓢ4月　日本家族計画連盟結成
一九五五	Ⓜ著書『チャールズ・ビーアドの形成』	Ⓢ10月　国際家族計画大会（東京）を主催
一九五六		Ⓢ7月　参議院議員選挙（全国区）一位当選、一九七四年まで参議院議員を務める
一九五八	Ⓜ8月14日　死去	

(39) 同上書、22頁。
(40) 同上書、26-27頁。
(41) 同上書、29頁。
(42) ビーアドからウィードへの書簡：1948年4月3日（Box 1: folder 15 Beard Papers, ssc）。
(43) 女性天皇は（推古天皇（593-628）、皇極天皇（642-645）＝斉明天皇（655-661）、持統天皇（689-697）、元明天皇（707-715）、元正天皇（715-724）、孝謙天皇（749-758）＝称徳天皇（764-770）である。徳川時代の女帝は明正天皇（1629-1643）、後桜町天皇（1762-1770）である。
(44) メアリ・R・ビーアド著、加藤シヅエ訳『日本女性史——日本史における女性の力』1953年：68頁；サンソム著、福井利吉郎訳『日本文化史』1976年：152頁。
(45) メアリ・R・ビーアド著、加藤シヅエ訳『日本女性史——日本史における女性の力』1953年：69頁。
(46) 荒木敏夫、1999、『可能性としての女帝——女帝と王権・国家』：204頁。
(47) 原武史、2017、『〈女帝〉の日本史』：58-59頁。
(48) ビーアドからディック夫人への書簡：1946年10月20日（Box 1: folder 4, Beard Papers, ssc）。
(49) ビーアドからウィードへの書簡：1948年4月3日（Box 1: folder 15, Beard Papers, ssc）。
(50) メアリ・R・ビーアド著、加藤シヅエ訳『日本女性史——日本史における女性の力』1953年：378-379頁。
(51) ビーアドからウィードへの書簡：1950年8月9日（Box 1: folder 15, Beard Papers, ssc）。

結語　メアリ・ビーアドの「歴史における女性の力」——今日的な意義

(1) MRB, 1929a, "American Women and the Printing Press," *The Annals of the American Academy of Political and Social Science*, Vols. 143-145, May 1929: p. 134, p. 137.
(2) *Ibid.*: p. 132.
(3) *Ibid.*: p. 137.
(4) ビーアドからウィードへの書簡：1948年4月3日（Box 1: folder 15, Beard Papers, ssc）。
(5) Cott (ed.), 1991, *A Woman Making History*: p. 56.
(6) B&B, 1942, *American Spirit: A Study of Idea of Civilization in the United States*: p. 60.

Papers, ssc)。
(24) ビーアドからウィードへの書簡：1951年1月19日（Box 1: folder 15, Beard Papers, ssc)。
(25) ビーアドからウィードへの書簡：1948年5月19日（Box 1: folder 15, Beard Papers, ssc)。
(26) MRA は、1921年フランクリン・ブックマン牧師率いるオックスフォード・グループが発展する形で発足した国際的な道徳と精神を標榜する運動。1938年に現在の名称となった。1961年に死去するまでの23年間ブックマン博士が MRA を率いた。1950年戦後始めて日本から片山哲など70人が招待された。加藤は第二回目の1951年に参加した。加藤の MRA 参加経験と自己改造の成果については、加藤シヅエ、1988、『愛は時代を超えて』：137–145頁参照。加藤シヅエはセミナーで傲慢な自分を変えることによって義理の娘との母子関係を築くことができたと述べている。このあと国連での講和条約の締結の会議を傍聴し、その後ヨーロッパへ旅行した。
(27) ビーアドからウィードへの書簡：1951年6月20日（Box 1: folder 15, Beard Papers, ssc)。
(28) ビーアドからウィードへの書簡：1951年5月22日（Box 1: folder 15, Beard Papers, ssc)。
(29) ビーアドからウィードへ：1951年8月22日（Box 1: folder 15, Beard Papers, ssc)。
(30) ブラッシュからグリアソンへの書簡：1960年6月21日（Box 1: folder 5, Beard Papers, ssc)。
(31) メアリ・ビーアドは1949年6月13日付のウィードへの書簡で、「サンソムは素晴らしい小説を書きましたが、女性をさげすんでいます。すなわち何人かの女性、例えば推古天皇についてとんでもないことを言っています」と批判して、「実に彼はこの本を絶対必要な本にする手助けをしているのです」と述べている。
(32) メアリ・R・ビーアド著、加藤シヅエ訳『日本女性史——日本史における女性の力』1953年：3頁。
(33) 同上書、5頁。
(34) メアリ・R・ビーアド著、加藤シヅエ訳『日本女性史——日本史における女性の力』1953年：12頁。
(35) 同上書、13頁。
(36) 同上書、13-14頁。
(37) 同上書、17頁。
(38) 同上書、18頁。

(8) ビーアドからウィードへの書簡：1947年3月30日（Box 1: folder 15, Beard Papers, ssc）。

(9) ビーアドからミラーへの書簡：1947年6月15日（Box 804: file 47, General Correspondence, Women's Bureau Papaers, National Archives）。

(10) ウィードからビーアドへの書簡：1947年6月2日（Box 1: folder 15, Beard Papers, ssc）。

(11) ビーアドからウィードへの書簡：1947年6月8日（Box 1: folder 15, Beard Papers, ssc）。
Mary Beard, 1947, "Woman's Role in Society," *The Annals of the American Academy of Political and Social Sciences*, vol. 25 (May, 1947): p. 4 参照。
この論文は世界における女性の役割をグローバルな視点で分析しており、メアリ・ビーアドの戦後の思想が凝縮されている。論文の翻訳を巻末に資料として掲載しているので参照されたい。

(12) ビーアドからウィードへの書簡：1948年4月3日（Box 1: folder 15, Beard Papers, ssc）。

(13) ウィードからビーアドへの書簡：1947年9月19日（Box 1: folder 15, Beard Papers, ssc）。

(14) ビーアドからウィードへの書簡：1947年9月28日（Box 1: folder 15, Beard Papers, ssc）。

(15) ビーアドからウィードへの書簡：1947年11月5日（Box 1: folder 15, Beard Papers, ssc）。

(16) メアリ・R・ビーアド著、加藤シヅエ訳『日本女性史——日本史における女性の力』1953年：350頁。

(17) 市川房枝の公職追放については市川房枝記念会「米国国立公文書館所蔵GHQ市川房枝公職追放関係文書」『市川房枝の言説と活動——年表で検証する公職追放1937-1950』2008年：231-237頁参照。

(18) 同上書、134頁。

(19) 市川房枝、1999、『市川房枝——私の履歴書ほか』：122-125頁、228-229頁。

(20) ビーアドからウィードへの書簡：1948年11月14日（Box 1: folder 15, Beard Papers, ssc）。

(21) ビーアドからウィードへの書簡：1949年6月13日（Box 1: folder 15, Beard Papers, ssc）。

(22) ウィードからビーアドへの書簡：1950年11月18日（Box 1: folder 15, Beard Papers, ssc）。

(23) ビーアドからウィードへの書簡：1950年12月3日（Box 1: folder 15, Beard

谷川松治は、分析において歴史的側面が視野の外に置かれていること（ルース・ベネディクト著、長谷川松治訳『菊と刀——日本文化の型』1972年：389頁〔解説〕）、ジョン・ダワーは、文化を「スクリーンに大写しにされた個人の心理状態」と評して、個人のケーススタディを通じてつくられた分析用語を、全国民、文化に適用したベネディクトの概念の飛躍による危険性を指摘している（ジョン・W・ダワー著、猿谷要監修・斎藤元一訳、1987、『太平洋戦争に見る日米摩擦の底流——人種偏見』：162-163頁）。土屋由香は『菊と刀』は文化的人種的ヒエラルキーを構築するオリエンタリズムの言説を含んでおり、日本がアメリカ化することに承認を与える効果をもったとしている（土屋由香、2009、『親米日本の構築』：97-108頁）。

(3) ドロシー・ハミルトンは1917年にジェネラル・エレトリック社の創立者の息子のチャールズ・フランシス・ブラッシュと結婚した。1927年に夫が娘への輸血が原因で死去したために、29年にドロシーは義父からブラッシュ財団のマネージャーを任された。

同年ドロシーはアレクサンダー・ディックと再婚し1947年までディック姓を名乗った。ディックと離婚後、再びブラッシュ姓に戻って財団の運営に寄与し、1957年から63年まで財団長を務めた。1930年代からドロシーは産児調節運動家としてサンガーと一緒にヨーロッパとアジア、日本を旅行したので、石本（加藤）シヅエとは1930年代以来の親友である。1946年にサンガーの資料がスミス・カレッジへ寄贈されるが、ドロシーはその発案者である。サンガーは国際産児調節運動の成果として1952年に国際家族計画連盟を設立して、初代会長に就任し、ドロシーはフラッシュ財団の団長として資金を拠出してニューズレターを発行した。1962年のトロント大学教授と再婚するが、66年にサンガーが死去するまで彼女を手厚く看護した。

(4) 加藤シヅエ著、船橋邦子編、1988、『加藤シヅエ日記——最愛のひと勘十へ』：147、202、335頁。石本シヅエは、1938年5月1日付日記（147頁）で女性史を英語で執筆するという構想をたて、同年10月10日付日記（202頁）ではファーラー氏に第1章の原稿を送ったことを記している。また、12月21日付日記（335頁）でメアリ・ビーアドから、「早く健康を回復して、女性史を執筆するように」との激励の手紙を受けとったと記している。

(5) 加藤からビーアドへの書簡：1946年6月17日（Box 2: folder 3 Beard Papers, ssc）。

(6) ビーアドからウィードへの書簡：1946年8月15日（Box 1: folder 15, Beard Papers, ssc）。

(7) ビーアドからウィードへの書簡：1948年4月3日（Box 1: folder 15, Beard Papers, ssc）。

バー：

戸叶里子　　衆議院議員、政治教育

赤松常子（1897-1965）　参議院議員社会党　労働委員会議長

江上フジ（1911-80）　NHKラジオ局社会部婦人課長

富田展子（1916-90）　*Publications* の編集者、婦人少年局婦人課長

「アメリカの婦人団体」を三カ月放送。

丸沢美千代　国鉄労働組合大阪婦人部長

後藤俊　　　自民党婦人部副会長、主婦連、消費者運動家

久米愛（1911-76）　1938年〜弁護士、

1946-69年明治大学短期学部教授

1950年日本婦人法律家協会設立

大森松代　　農林省生活改善課長　研修後アメリカ女性の市民活動を上映

伊藤和子　　通訳

なお、婦人指導者合衆国派遣と事後報告についての論評は、Koikari, 2009, *Pedagogy of Democracy: Feminism and Cold War in the U.S. Occupation of Japan*, Temple University Press: pp. 100-107. を参照されたい。

(41) ビーアドからウィードへの書簡：1950年8月28日（Box 1: folder 15, Beard Papers, ssc)。

(42) ウィードからビーアドへの書簡：1951年3月10日（Box 1: folder 15, Beard Papers, ssc)。

(43) ビーアドからウィードへの書簡：1951年3月17日（Box 1: folder 15, Beard Papers, ssc)。

(44) 塩沢美代子、1980、『ひたむきに生きて——ある戦後史　塩沢美代子評論集』。

(45) 蠟山政道、1951、「アメリカ通信——ビァード博士夫人を訪うて」『婦人公論』1951年6月（通巻409）：84-87頁。

第8章　『日本女性史——日本史における女性の力』

(1) ビーアドからウィードへの書簡：1946年2月8日（Box 1: folder 15, Beard Papers, ssc)。

(2) ビーアドからグリアソンへの書簡：1946年6月6日（Box 1: folder 11, Beard Papers, ssc)。

ルース・ベネディクトは優れた文化人類学者として名声を博したが、メアリ・ビーアドは現地調査をせず二次資料の論文に頼ってアメリカの占領政策を推進する立場から研究していると厳しく批判している。同様に、長

(24) ビーアドからウィードへの書簡：1946年9月30日（Box 1: folder 15, Beard Papers, ssc)。
(25) ビーアドからミラーへの書簡：1946年5月6日 (General correspondence, Box 804: file 47, U.S. Women's Bureau Papers, National Archives)。
(26) ウィードからビーアドへの書簡：1946年10月15日（Box 1: folder 15, Beard Papers, ssc)。
(27) ビーアドからウィードへの書簡：1946年10月31日（Box 1: folder 15, Beard Papers, ssc)。
(28) チャールズ・A・ビーアド著、松本重治・岸村金次郎・本間長世訳『新版アメリカ合衆国史』1964年：145-162頁。
(29) ウィードからビーアドへの書簡：1927年2月12日（Box 1: folder 15, Beard Papers, ssc)。土屋由香の研究によるとその一人は山室民子だとしている。土屋、2009、『親米日本の構築』：215頁。
(30) 上村、2007、『女性解放をめぐる占領政策』：53-56頁。
(31) ビーアドからウィードへの書簡：1947年2月25日（Box 1: folder 15, Beard Papers, ssc)。
(32) ビーアドからウィードへの書簡：1947年4月30日（Box 1: folder 15, Beard Papers, ssc)。
(33) ウィードからビーアドへの書簡：1947年6月2日（Box 1: folder 15, Beard Papers, ssc)。
(34) ビーアドからウィードへの書簡：1947年6月14日（Box 1: folder 15, Beard Papers, ssc)。
(35) ビーアドからウィードへの書簡：1948年5月6日（Box 1: folder 15, Beard Papers, ssc)。
(36) ビーアドからウィードへの書簡：1948年5月19日（Box 1: folder 15, Beard Papers, ssc)。
(37) ビーアドからウィードへの書簡：1948年11月14日（Box 1: folder 15, Beard Papers, ssc)。
(38) ビーアドからウィードへの書簡：1950年12月3日。
(39) ビーアドからウィードへの書簡：1951年1月19日（Box 1: folder 15, Beard Papers, ssc)。
(40) ウィードからビーアドへの書簡：1950年8月18日（Box 1: folder 15 Beard Papers, ssc)。第一回研修旅行に派遣された女性リーダーの事後研修についてウィードがまとめたニュース覚書が同封されている。女性リーダーは帰国後の事後活動として、地域福祉の向上を目的として、全国で講演、地域スタッフとの会議、ラジオ、新聞、雑誌の取材を行ったとしている。メン

背負っているが、すでに反旗を翻す精神は高揚している。唯一の問題は組織がないことである。組織化に全力を注がなければならない。

なお、1922年の英文論文IからVIIまで概要と執筆の経緯については伊藤セツ、2018、『山川菊栄研究——過去を読み未来を拓く』：181-187頁を参照されたい。

(11) ウィードからドロシー・ブラッシュへの書簡：1927年2月27日（Box 1: folder 4, Beard Papers, ssc)。

(12) ウィードからCIEチーフへの覚書：1946年8月29日（GHQ/SCAP Records, CIE, Box 5246: folder title: Check Sheet)。

(13) 1948年には第八軍、各地区および都道府県に28名のアメリカ人女性が配置されていた。婦人団体の民主化と地方軍政部の活動については、上村、2007、『女性解放をめぐる占領政策』：190-212頁、213-227頁参照。

(14) ビーアドからウィードへの書簡：1946年7月27日（Box 1: folder 15, Beard Papers, ssc)。

(15) 詳細は上村、2007、前掲書、45-53頁；豊田、2007、『占領下の女性労働改革——保護と平等をめぐって』：150-179頁、参照。

(16) CIE, "Memorandum to Chief of CIE and Chief of Government Section, 8 May, 1946, entitled, Proposal to Establish a Women's Bureau in the Home Ministry," (GHQ/SCAP Records, Box 5247 sheet: CIE (B) 01721).

(17) 竹前栄治、1970、『アメリカ対日労働政策の研究』：483頁。

(18) ESS, "Memorandum to Major General W. F. Marquat from Helen Mears, Labor Advisory Committee, 24 June, 1946, entitled, Formation of a Woman's Affairs Department (Section or Division) in GHQ/SCAP," (GHQ/SCAP Records, ESS, Box 6397 sheet: ESS (E) 00813). 上村、2007、前掲書、46-48頁。

(19) ESS, " Memorandum for Major General Marquat from Labor Division, Economic & Scientific Section, entitled, Report on Formation of Woman's Affairs Department in GHQ/SCAP, 1 July, 1946, GHQ/SCAO Records, ESS, Box 6397.

(20) GS, "Memo 1," initiated by Hussy, August, 1946, *Hussy Papers*, 61-B-2, Asian Library, University of Michigan.

(21) *Ibid.*

(22) CIE, "Proposition for the Set-up of the Women's Bureau," GHQ/SCAP Records, CIE, Box 5247: sheet (CIEB) 0172. この資料には手書きでMrs. Katoと書かれている。

(23) GS, Memorandum for the Record by Ruth Ellerman, dated 30 September, 1946, entitled, "Conference with Labor Division and Members of the Social Democrat Party Relative to Establishment of a Labor Ministry,"(Hussy Papers, 61-A-1).

1　明治政府はブルジョア家族の少女を海外に派遣し、女子教育の向上を試みたが、若い世代の女性の考えかたを理解しない教師を養成したために女性問題の解決の敵となった。

2　ブルジョア・フェミニズム

①18世紀末の政治的覚醒において少数の女性によるフェミニズムの萌芽が見られたが、その考えは抽象的で女性大衆の関心を引くことはなかった。

②1900年福沢諭吉が『女大学』で儒教的道徳を批判し女性の人権と男女平等を唱道したが、それはブルジョア家族の妻と母についてであって労働者階級の女性は念頭になかった。

③日露戦争後女性の政治集会参加や結社が禁止される。

④平塚らいてうらによる青鞜社の設立、文学の分野で女性の個人的自由＝恋愛の自由が主張され注目を引いた。その思想は中産階級フェミニズムと政治的アナーキズムに分類されるが、女性問題解決に必要な経済的・政治的条件を無視した。

⑤1920年平塚らは新婦人協会を設立し、22年治警法第五条改正運動により政談集会の参加と発議の権利を獲得し参政権運動を一歩前進させた。しかし、政治団体加入の権利はなく、運動は一握りの女性リーダーによって指導されたものにとどまった。

⑥平塚の他に婦人問題の著述家に山田わか、与謝野晶子がいるが、これら三人はラディカルな変化に反対し、大衆運動に発展しなかった。

3　プロレタリアの運動では労働組合への女性の加入率が低かった。1921年4月、少数の女子労働者が社会主義について学ぶために赤爛会を組織。一週間後にメーデーに参加した理由でリーダーが逮捕されるが、6月婦人問題について公開講座を開催して注目を浴びる。しかし社会主義者弾圧の流れの中で会の発展が阻まれた。婦人組織の欠如は日本の社会主義と労働組合運動の両者にとって弱点の一つである。

4　反動的婦人団体

①愛国婦人会　日露戦争時に兵士の慰問のために結成される。

②処女会（内務省が組織）繊維工場では処女会のメンバーが工場主によって組織され資本主義的な考え方を教え込まれ、労働組合のスト破りに使われている。

5　結論として日本の女性は異議を唱える精神はあるが未だ手探りの状態で解放に導くに至っていない。中産階級の女性は一般に受け身で、家庭を愛し、自己中心的である。やや啓発された部門は文学や芸術的分野か宗教的哲学的分野である。プロレタリアの女性は過労で重荷をして文部省が主催した「女性の公民教育」について有識者の意見を聞く懇談会での発言である。出席者は市川房枝、羽仁説子、高良トミ、海後宗臣、関口泰など。

第7章　メアリ・ビーアドが女性政策に及ぼした影響

(1) 上村、2007、『女性解放をめぐる占領政策』：35-36頁参照。

(2) 新聞名、日付と見出しについては同上書、42頁参照。

(3) 無署名、「女性解放の途、候補者をよく吟味して、投票には誘い合って」『新潟日報』1946年3月23日。

(4) 入江直子・志熊敦子、2006、「シリーズ〔戦後60＋1からのステップ①〕対談：日本女性たちは何を切り拓き、獲得してきたか（前編——占領政策・婦人解放を起点として」『We Learn ウィラーン』638号（2006年1月号）：6頁。

(5) 第一次アメリカ教育使節団がマッカーサー元帥の要請で1946年3月5日に来日し、4月7日報告書を提出した。その報告書は戦後日本の教育改革の構想をつくる上で基本となった。女性団員をより多く加えるように要請したアメリカ国内の女性団体の意見を反映して、ジョージ・D・ストッダード博士を団長とする27名の団員の中に四名の女性団員が任命された。詳細は上村、2007、前掲書、109-140頁。

(6) ビーアドからウィードへの書簡：1946年2月8日（Box 1, folder 15, Beard Papers, ssc）。

(7) ビーアドからウィードへの書簡：1946年10月31日（Box 1, folder 15, Beard Papers, ssc）。

(8) ウィードからビーアドへの書簡：1947年2月12日（Box 1, folder 15, Beard Papers, ssc）。

(9) ビーアドからウィードへの書簡：1947年2月25日（Box 1, folder 15, Beard Papers, ssc）。

(10) 山川菊栄の英文論文、"Woman in Modern Japan, VI. The Woman's Movement," Kin & Kikue Yamakawa, ed., *The Shakai=Shugi Kenkyu* (A Monthly Study on International Socialism and Labor Movement), vol. VI, No. 2 (September, 1922): pp. 1-6が往復書簡類とともに保存されている。これは山川均・菊栄編集の同誌に1月から七回にわたって連載された六回目の論文で、明治初期から1922年までの婦人運動について述べている。メアリ・ビーアドはエセル・ウィードの手紙に同封されて送られてきたこの論文を読んで日本女性史の制作の決意を揺るぎないものにした。

論文の概要は以下の通りである：

Beard Papers, ssc)。

(15) CIEからウィーラー准将への覚書「メアリ・R・ビーアド博士からの書簡 」：1946年11月13日（GHQ/SCAP records, CIE, Box no. 5246: folder title: Check Sheet)。

(16) GHQ/CIE民間情報局長ニュージェント准将からH・B・ウィーラー准将への覚書「アメリカの歴史家メアリ・R・ビーアドへの情報の要請」：1946年8月31日（GHQ/SCAP records, CIE, Box no. 5246: folder title: Check Sheet)。

(17) 無署名、1946、「婦人議員39名マ元帥を訪問」(『読売報知新聞』1946年6月21日)、市川房枝編『日本婦人問題資料集成』第2巻、1977年：640頁。

(18) 20人のWAC隊員の氏名については上村、2007、『女性解放をめぐる占領政策』：40頁参照。

(19) スーザン・ファーはこれを「女性政策同盟」と命名している（スーザン・J・ファー著、坂本喜久子訳、1987、「女性の政治をめぐる政治」坂本義和／R・E・ウィード編『日本占領の研究』：1461-1463頁）が、広辞苑によれば、「同盟（alliance)」は、「個人・団体もしくは国家が互いに共同の目的のために同一の行動をとることを約束すること。またその結果として成立した連携関係」とあり、その意味内容は当時の女性たちの活動の実態とことなっているので、「ネットワーク」を使用する。

(20) Lulu Holmes, 1968, *Higher Education for Women in Japan1946-1948, interviewed by Helen M. Brewer*: p. 21.

(21) 1992年2月19日、上村による山本松代氏へのインタビュー、農林省生活技術研修館にて。

(22) Hopper, 1982, "Kato Shizue, Socialist Party MP, and Occupation Reforms Affecting Women, 1945-1948. A Case Study of the Formal vs. Informal Political Influence of Japanese Women," *The Occupation of Japan, Educational and Social Reform*: p. 378.

(23) ウィードからブラッシュへの書簡：1947年6月／7月（Box 1, folder, 15, Beard Papers, ssc)。

(24) ビーアドからウィードへの書簡：1946年2月8日（Box 1: folder: 15, Beard Papers, ssc)。

(25) 1992年2月4日、上村による椛島敏子氏へのインタビュー：ヒルトンホテルにて。縫田曄子「あらゆる分野への全面参加：インタビュー占領初期の婦人対策に参集した椛島敏子さん」『婦人展望』365号（1986年)：12-16頁。

(26) CIE, "Civil Education of Women (A Conversation)" GHQ/SCAP Records, CIE, Box no. 5250, folder title: Politics, Political Education. 女性の選挙権行使を前に

第Ⅲ部　戦後日本とメアリ・ビーアド

第6章　日本占領政策と女性解放

(1) ビーアドからグリアソンへの書簡：1944年4月6日（Box 1: folder 10, Beard Papers, ssc)。

(2) ビーアドからグリアソンへの書簡：1945年10月28日（Box 1: folder 10, Beard Papers, ssc)。

(3) ビーアドからグリアソンの書簡：1945年12月27日（Box 1: folder 10, Beard Papers, ssc)。

(4) 書簡のうち1946年2月8日からから1952年1月30日までの書簡66通がソフィア・スミス・コレクションに、その他一部はマッカーサー・アーカイブズに納められている。内訳は、ビーアドからウィード：48点、ウィードからビーアド：14点，ビーアドから加藤：1点、ビーアドから加藤1点、ララビーからビーアド：1点、ビーアドからブラッシュ：1点である。

(5) 山崎紫生、1988、「投票する女性――婦人参政権行使のための占領軍の政策」(1988年12月)：100頁。

(6) 歴史学研究会編、1990、『日本同時代史Ⅰ　敗戦と占領』：103頁。

(7) 山崎紫生、1988、前掲論文：99頁。

(8) ビーアドからウィードへの書簡：1946年7月10日（Box 1: folder 15, Beard Papers, ssc)。

(9) ビーアドからウィードへの書簡：1946年8月15日（Box 1: folder 15, Beard Papers, ssc)。

(10) エセル・ウィードからCIEチーフへの覚書「アメリカの歴史家メアリ・ビーアド夫人への情報の要請」：1946年8月29日（GHQ/SCAP Records, CIE, Box no. 5246,: folder title: Check Sheet)。

(11) 婦人参政権付与についてのマッカーサー元帥の意図についての副官ウィーラー准将からCIE長官ニュージェント准将への覚書：1946年9月17日（GHQ/SCAP Records, CIE, Box no. 5246. folder title: Check Sheet)。

(12) ウィードからビーアドへの書簡：1946年10月19日（Box 1: folder 15, Beard Papers, ssc)。

(13) この論文は本書第5章で言及した「社会における女性の役割」(Mary Beard, “Women's Role in Society,” *The Annals of the American Academy of Political and Social Science*, vol. 25 (May, 1947)) である。この論文には加藤シヅエの役割と婦人参政権の固有な価値に対するマッカーサーの考えについての声明が書かれている。参考資料：341-362頁参照。

(14) ビーアドからウィードへの書簡：1946年10月31日（Box 1, folder 15,

(9) Lane, 1977, *Making Women's History*: p. 70.

(10) MRB, 1946, *Women as Force in History – A Study in Tradition and Realities.*

(11) MRB to James Putman, The Macmillan Company: Macmillan Co. Records. (Cott (ed.), 1991, *A Woman Making History*: p. 256からの引用).

(12) MRB, 1946, *op. cit.*: pp. 88-105.

(13) J. H. Hexter, *New York Times Book Review*, March 17, 1946（Turoff 1979a, *Mary Beard as Force in History*: p. 45からの引用）。

(14) ビーアドからウィードへの書簡：1948年4月3日 (Box 1: folder 15, Beard Papers, ssc)。

(15) MRB, 1946, *Women as Force in History*: pp. 49-51、女性の社会進出の例として海軍女性予備役隊司令官マッカフェ・ホートン大佐や陸軍女性部隊初代長官オベタ・C・ホビー大佐が挙げられている。ホートン大佐やホビー大佐の具体的な業績については、上村、1997、『女性解放をめぐる占領政策』：一章「アメリカ陸軍女性部隊（WAC）の成立」、六章「第一次アメリカ教育使節団報告書」、八章「女子高等教育制度の改革」で詳述しているので参照されたい。

(16) Hosp, 1946, "Education in a New Age," *Journal of the American Association of University of Women* (Winter 1946): p. 104. 上村によるヘレン・ホスプ・シーマンズへのインタビュー（1991年9月8日、フロリダ州マイアミの自宅）。

(17) Lundberg & Farnham, 1947, *Modern Woman: the Lost Sex.*

(18) Cott (ed.), 1991, *A Woman Making History*: p. 54.

(19) *Ibid.*: p. 56.

(20) ビーアドからウィードへの書簡：1947年5月27日 (Box 1: folder 15, Beard Papers, ssc)。

(21) MRB, 1947a, "Woman's Role in Society," *The Annals of The American Accademy*, vol. 25 (May, 1947): pp. 1-10.（巻末の訳文「社会における女性の役割」を参照されたい）

(22) 鶴見和子、1963、「『婦人論』批判——ビアド『歴史における婦人の役割』」『デューイ・こらいどすこおぶ』：215-227頁（初出『世界評論』1949年6月号）。

(23) 同上論文、224-225頁。

(24) 同上論文、226頁。

シヅエからディックへの書簡、1939年8月4日：(Box 58: folder 545, Margaret Sanger Papers, ssc)。

(25) 加藤シヅエ著、船橋邦子編、1988、『加藤シヅエ日記――最愛のひと勘十へ』：298頁：1939年6月3日付の日記。

(26) メアリ・ビーアドから石本シヅエへの書簡：1939年7月13日（加藤タキ所蔵）。

(27) 加藤シヅエ著、船橋邦子編、1988、『加藤シヅエ日記――最愛のひと勘十へ』：306-308頁：1939年8月6日付の日記。

(28) ウィードからビーアドへの書簡：1947年6月2日 (Box 1: folder 15, Beard Papers, ssc)。

(29) ビーアドからディックへの書簡：1946年8月8日 (Box 1: folder 4, Beard Papers, ssc)。

(30) 加藤シヅエ著、船橋邦子編、1988、『加藤シヅエ日記――最愛のひと勘十へ』：306頁：1939年8月6日付の日記。

(31) 同上書、319-320頁：1939年10月4日付の日記。

(32) 前田多門、1958、「追憶のなかから拾い出すビーアド博士の人格・功業」東京市政調査会『都市問題』49巻第9号（1958年9月号）：6-7頁。

第5章　憎悪の包囲の中で――第二次大戦下の著作活動

(1) B&B, 1942, *The American Spirit — A Study of the Idea of Civilization in the United States* (『アメリカ文明の興隆』の第四巻)。本書はチャールズ・ビーアドとの共著の最後の著作である。高木八尺と松本重治による抄訳が1954年に岩波書店から出版されている（高木八尺・松本重治訳『アメリカ精神の歴史』岩波書店、1954年）抄訳の出版はメアリ・ビーアドとウィードの助力による。

(2) チャールズ・ビーアド、メアリ・ビーアド著、高木八尺・松本重治訳『アメリカ精神の歴史』1954年：325頁。

(3) 同上書、328頁。

(4) 同上書、79-80頁。

(5) 同上書、88頁。

(6) MRB, 1942, *A Study of the Encyclopedia Britannica in Relation to Its Treatment on Women* (Box 2: folder 23, Beard Papers, ssc).

(7) *Ibid.*: pp. 8-9.

(8) チャールズ・ビーアド、メアリ・ビーアド、ウィリアム・ビーアド著、松本重治・岸村金治郎・本間長世訳『新版アメリカ合衆国史』1964年：33頁、70頁、107頁、377頁。

(4) Turoff, 1979b, “mary beard femminist educator,” *Antioch Review*, 37: 3 (Summer 1979) : p. 287.

(5) 上村による加藤シヅエへのインタビュー（1992年7月16日）。

(6) 同上。

(7) 加藤シヅエ、1981、『ある女性政治家の半生』：82-83頁。

(8) 石本静枝、1936、「国際女性史編纂委員會より」『婦人運動』第14巻2号（1936年2月）：18頁。

(9) MRB, 1936, “Conference with Mary Beard,” (15 March, 1936) (Box 2, folder: 23, Beard Papers, ssc).

(10) ウィードからブラッシュへの書簡：1947年6・7月 (Box 1, folder: 15, Beard Papers, ssc)。

(11) 加藤シヅエ、1981、『ある女性政治家の半生』：88頁。

(12) 高群逸枝、1940、『二千六百年史』：257-258頁。

(13) 石本シヅエからサンガーへの書簡：1938年1月11日（Box 58: folder: 545, Margaret Sanger Papers, ssc）。

(14) 加藤シヅエ著、船橋邦子編、1988、『加藤シヅエ日記――最愛のひと勘十へ』：120頁：1938年3月18日付の日記。

(15) 同上書、79頁：1938年1月27日付の日記。

(16) 同上書、159頁：1938年5月20日付の日記。

(17) 同上書、167-168頁：1938年6月28日付の日記。

(18) 同上書、211頁：1938年10月19日付の日記。

(19) 東京ウィメンズクラブは1908年に英国人 Dr. Marie Stopes（1880-1958）によって創設され、2018年110周年を迎えた。石本シヅエは会員として例会に出席し、東京に駐在している外国の大使館夫人などと交流していた。

(20) 加藤シヅエ著、船橋邦子編、1988、『加藤シヅエ日記――最愛のひと勘十へ』：262-263頁：1939年2月3日付の日記。

(21) 加藤シヅエ、1981、『ある女性政治家の半生』：89頁。

(22) 加藤シヅエ著、船橋邦子編、1988、『加藤シヅエ日記――最愛のひと勘十へ』：282-283頁：1939年4月14日付の日記。

(23) Cott (ed.), 1991, *A Woman Making History*: p. 49.

(24) Hino, Corporal Ashihei, translated by Shidzue Ishimoto, 1938a, *Wheat and Soldiers*. これは日野葦平の『麦と兵隊』と『土と兵隊』の合本の訳である。ウィリアム・H・チェンバレンの「所感」と訳者によるまえがきが掲載されている。英訳はシヅエの単著になっているが、翻訳の協力者モーリン氏（AP 通信の記者）が自分の名前を明記するのを断ったので石本シヅエ単独の訳書として出版したことをディック夫人への手紙で明かしている（石本

(13) *Ibid.*: p. 522.

(14) *Ibid.*: pp. 6-13.

(15) MRB (ed.), 1933, *America Through Women's Eyes*: pp. 4-5.

(16) *Ibid.*: p. 7.

(17) *Ibid.*: p. 9.

(18) *Ibid.*: p. 5.

(19) *Ibid.*: p. 8.

(20) Cott (ed.), 1991, *A Woman Making History*: p. 36.

(21) MRB, 1930, "After Equality What," *Independent Woman*, 9 (June, 1930): p. 228.

(22) *Ibid.*: p. 228.

(23) MRB, 1932, "University Discipline for Women – Asset or Handicap?" *Journal of American Association of University Women*, Vol. XXV, No. 3, (April, 1932); reprinted in Lane, 2000, *Sourcebook*: p. 149.

(24) Cott (ed.), 1991, *A Woman Making History*: p. 40.

(25) MRB, 1934a, "Women and Social Crises," *Independent Woman*, 13 (November, 1934): pp. 347, 362.

(26) MRB, 1934b, *A Changing Political Economy as It Affects Women*, American Association of University Women: p. 1.

(27) Cott (ed.), 1991, *A Woman Making History*: p. 44.

(28) 原書は Croce, Benedetto, 1920, *Filosofia come scienza dello spirito*, IV, *Teoria e storia della storiografia,* (Bari: Laterza)。英語版は *History: Its Theory and Practice,* translated by Douglas Ainslie (London, Harrap, 1921), Harcourt, Brace, 1921: 日本語訳は、羽仁五郎訳『歴史の理論と歴史』(岩波書店、1952年)。

(29) MRB, 1931, *On Understanding Women*: p. 13.

(30) MRB (ed.), 1933a, *America Through Woman's Eyes*: p. i.

(31) MRB, 1931, *On Understanding Women*: p. 515.

(32) Cott (ed.), 1991, *A Woman Making History*: p. 46.

第4章　世界の女性史研究

(1) MRB to Mrs. Dorothy Porter: Mar. 31, 1940 (Box 1: folder 1, series 4, National Council of Negro Women Records, Beard Papers, ssc).

(2) Trigg, 1995, "To Work Together for Ends Larger than Self: The Feminist Struggles of Mary Beard and Doris Stevens in the 1939s," (Summer 1995): p. 71.

(3) WCWA の設立と活動の詳細は、Turoff, 1979a, *Mary Beard as Force in History* 参照。

郵送を禁じる法律。マーガレット・サンガーはこの法律により投獄された。
(50) 有賀夏紀、1987、「アメリカにおける産児制限の思想とフェミニズム」：194-196頁
——1988、『アメリカフェミニズムの社会史』：136-147頁。
(51) 藤目ゆき、1998、『性の歴史学』：239-240頁。
(52) 同上書、155-156頁。
(53) 石本シヅエからマーガレット・サンガーへの書簡：1931年3月8日（Box 58, folder 545, Margaret Sanger Papers, ssc）。
(54) マーガレット・サンガーから日本産児調節連盟への書簡：6月29日（Box 58, folder 545, Margaret Sanger Papers, ssc）。
(55) Sanger, 1970, *An Autobiography*: p. 321.
(56) ビーアドからウィードへの書簡：1947年9月20日（Box 1, folder 15, Beard Papers, ssc）。
(57) 加藤シヅエ著、船橋邦子訳、1994、『二つの文化のはざまから』：245頁。

第II部　歴史を書く——女性史研究の先駆者として

第3章　女性の視点からの歴史の再構築

(1) Nore, 1983, *Charles A. Beard: An Intellectual Biography*: p. 111.
(2) チャールズ・ビーアドからカーチス・ヒッチコックへの書簡：1927年3月25日、6月11日 (Beard-Macmillan Correspondence). Cott (ed.), 1991, *A Woman Making History*: p. 28からの引用。
(3) メアリ・ビーアドからフローレンス・キッチェルトへの書簡：1928年5月18日（folder 113, Kichelt Papers）、*ibid.*: p. 28-29からの引用。
(4) メアリ・ビーアドからマーガレット・グリアソンへの書簡：1944年11月10日（Box 1, Beard Papers, ssc.）*ibid.*:p. 29からの引用。
(5) New Bedford, Mass., *Standard Times*, n.d., 1946. Clipping on Beard Microfilm, No. 480, Part 2. Nore, 1983, *Charles A. Beard: An Intellectual Biography*: p. 112より引用。
(6) *Ibid.*: p. 112.
(7) B&B, 1927, *The Rise of American Civilization*: pp. xii-xiii.
(8) MRB, 1931, *On Understanding Women*: p. 17.
(9) *Ibid.*: p. 32.
(10) *Ibid.*: p. 33.
(11) *Ibid.*: p. v.
(12) *Ibid.*: pp. 513-523.

アド二度目の来日とその影響②」『後藤新平の会会報』No. 18（2018年6月）：94頁。
（34）同上書、52頁。
（35）無署名、1923c、「日本婦人に忠言、復興事業に尽くす順序、ビアード夫妻のお土産」（『国民新聞』10月16日）、東京市政調査会、1958c、『ビーアド博士と新聞報道』（1958年）：261頁。
（36）無署名、1923d、「日本婦人の活動を褒めちぎるビ博士夫人――東京聯合婦人会の仕事に就いて殿方の及ばぬ女の力のお説」（『東京朝日新聞』1923年10月30日）、同上書、266-267頁。
（37）無署名、1923e、「ビアード夫人が夫君裸足の名論、婦人市政研究会の総会で復興婦人会を組織」（『報知新聞』1923年11月2日）、同上書、267-268頁。
（38）MRB、1923a、「日本婦人は今やなにをすべきや」『婦人公論』（1923年11月号）：57-61頁。
（39）平塚らいてう、1923、「新日本とその新帝都の為に」『婦人之友』（1923年11月号）：8-12頁。
（40）山川菊栄、1923、「再興せらるべき東京について」同上書（1923年11月号）：20-24頁。
（41）メアリ・R・ビーアド、1923b、「新都市計画と婦人」（英文 "Women's Share in the Reconstruction of Tokyo"）、同上書（1923年11月号）：25-32頁。
（42）同上論文、30頁（英文翻訳―上村）。
（43）メアリ・ビーアド、1923c、「厄災に處する日本の婦人方に――日本の代表的婦人雑誌『婦人世界』を通して　ビアード博士夫人メアリ・R・ビアード」『婦人世界』（1923年11月号）：54-60頁。
（44）無署名、1923f、「おみあげも求めずお別れのビ博士」（『東京毎日新聞夕刊』1923年11月15日）、東京市政調査会、1958c、『ビーアド博士と新聞報道』：278-279頁。
（45）ビーアドからウィードへの書簡：1947年8月31日（Box 1: folder 15, Beard Papers, ssc）。
（46）MRB, 1924, "The New Japanese Woman," *The Woman Citizen* (12 Jan., 1924): pp. 10, 28-29.
（47）D'Itri, 1999, "Mary Ritter Beard: Scholarship and a Link with Japan," *Cross Currents in the International Women's Movement 1848-1948*: p. 164.
（48）加藤シヅエ著、船橋邦子訳、1994、『二つの文化のはざまから――大正デモクラシーを生きた女　*Facing Two Ways*』：ii 頁。
（49）コムストック法は1873年に成立した郵便に関する連邦法。避妊や中絶に関する資料、卑猥なものに関する情報が記載された手紙、文章、書籍の

(20) Cott (ed.), 1991, *A Woman Making History*: pp. 26-27. コットは、「メーソンの著書（『文化人類学の発展の要約——原始時代の文化への婦人の寄与』*Summaries of Progress in Anthropology: Woman's Share in Primitive Culture*, 1894）は文明が人間社会の父系的考えから生じたという理論を翻し、文明の技術——農業、料理、機織り、陶器、養育——は女性の仕事から生まれたと主張した。……スペンサーは『社会的文化への婦人の寄与』（*Women's Share in Social Culture*, 1913）（類音語のタイトル）で、メーソンにならい家族の組織を創始し農業生産を定着させたのは女性であると優先順位をつけている。……スペンサーの著書かメーソンの著書のどちらかがビーアドが必要とした東京講演（「文明への婦人の寄与」というタイトルに表れているように）を立証するフレームワークを提供したのであろう」と述べている。

(21) 上村とバーバラ・ツーロフによる加藤シヅエへのインタビュー：1992年7月16日（加藤宅にて）。

(22) MRB, 1955, *Making Charles A. Beard*: pp. 26-28.

(23) 鶴見祐輔、2007b、『正伝　後藤新平』第7巻：518-519頁。

(24) ビーアドからウィードへの書簡：1947年9月20日（Box 1: folder 15, Beard Papers, ssc）。

(25) 鶴見祐輔、2007c、『正伝　後藤新平』第8巻：129-130頁。

(26) 同上書、217頁。MRB, 1955, *Making Charles A. Beard*: p. 26.

(27) 折井美那子・女性の歴史研究会、2017、『女たちが立ち上がった——関東大震災と東京連合婦人会』：53頁。

(28) 無署名 , 1923a、「新東京の為に尽くす可くビアード博士来る——米国の同情はベルギーに対したより大きいと　婦人は震災後の社会事業に尽くす積もり」（『東京朝日新聞』1923年10月7日）、東京市政調査会、1958c、『ビーアド博士と新聞報道』：251頁。

(29) 無署名、1923b、「罹災体験覚悟できたビ博士」（『東京朝日新聞』1923年10月8日）、同上書、257頁。

(30) 折井美那子・女性の歴史研究会、2017、『女たちが立ち上がった——関東大震災と東京連合婦人会』：30頁。

(31) 羽仁もと子、1928、『羽仁もと子著作集』第四巻：221頁。羽仁もと子はメアリ・ビーアドを「明快な頭脳、聡明な感情と、その上多方面に豊富な経験を持っている。私たちのよいお友達である」と親密な関係にあることを記している。

(32) 羽仁もと子の関東大震災に支援活動については、小関孝子、2015、『生活合理化と家庭の近代』：50-65頁。

(33) 河崎充代、2018、「関東大震災直後の二度目の来日——メアリー・ビー

1991, *ibid.*: p. 16より引用。

第2章　ビーアド夫妻の来日

(1) Nore, 1983, *Charles A. Beard: An Intellectual Biography*: p. 21.

(2) ビーアドからウィードへの書簡：1947年2月25日（Box 1: folder 15, Beard Papers, ssc)。

(3) 鶴見祐輔・一海知義校訂、2007b、『正伝 後藤新平』第7巻：466-467頁。

(4) 鶴見祐輔・一海知義校訂、2007a、『正伝 後藤新平』第5巻：237-239頁。

(5) 同上書、238-239頁。

(6) 同上書、238頁。

(7) 春山明哲、2014、「チャールズ・ビーアドの東京観とその学問の日本知識人への影響」『環』vol. 59：282頁。

(8) チャールズ・A・ビーアド、1923、『東京市政論』：1頁。

(9) 遠藤泰生、1998、「ビアード夫妻と1920年代日本」本間長世・亀井俊介・新川健三郎著『現代アメリカ像の再構築——政治と文化の現代史』：151頁。

(10) Zunz, 1998, *Why the America Century?*: p. 163.

(11) 鶴見祐輔・一海知義校訂、2007b、『正伝 後藤新平』第7巻：521頁。

(12) 同上書、522頁。

(13) 無署名、1922c、「ビーアド博士の美しい置き土産——後藤市長の薄謝の一部を寄付して女子学生から懸賞論文募集」(『東京日日新聞』1922年3月27日)、東京市政調査会、1958c、『ビーアド博士と新聞報道』: 245-248頁。

(14) 花田準一、1922、「東京市政顧問として米国から来る珍客ベアード博士の面影(下)——ニューヨーク」(『読売新聞』1922年9月10日)、同上書、232頁。

(15) 無署名、1922a、「ビ夫人はまた参政運動の大立物——日本婦人をよく見たい」(『東京朝日新聞』1922年9月15日)、同上書、234頁。

(16) Nore, 1983, *Charles A. Beard: An Intellectual Biography*: p. 105.

(17) ビーアドからウィードへの書簡：1947年2月25日（Box 1: folder 15, Beard Papers, ssc)。

(18) ビーアドからウィードへの書簡：1946年7月27日（Box1 : folder 15, Beard Papers, ssc）農村婦人の集会のために東京から北へ電車で四時間のところにある学校で「話」をしたときの経験を回想している。

(19) 無署名, 1922c, "Time To Boast A Bit, Women Told—Mrs. Charles A. Beard Says Well's History Leaves Out Feminine Influence. —Calls This Modern Rights Count for Nothing, However, Unless They Contribute to Civilization," *Japan Advertisement*, Tokyo, (Sunday, December 3, 1922): pp. 1, 10. 英字新聞では演題は"Women's Share in Civilization" となっている。

（14） *Ibid.*: pp. 14-16. ハル・ハウスはシカゴの極貧の移民地域にジェーン・アダムズによって1889年開設された社会福祉事業を行うセツルメントである。
（15） Borning, 1962, *The Political and Social Thought of Charles A. Beard*: p. xvii. Turoff, 1979a, *Mary Beard as Force in History*: p. 14. からの引用。
（16） Goldman, Eric F., 1954, "Charles A. Beard: An Impression," in *Charles A. Beard* ed., Howard K. Beale: p. 3. Turoff, 1979a, *Mary Beard as Force in History*: p. 14 からの引用。
（17） MRB, 1955, *The Making of Charles A. Beard*: p. 17.
（18） ビーアドからウィードへの書簡：1946年7月27日（Box 1, folder 15, Beard Papers, ssc）。
（19） Cott (ed.), 1991, *A Woman Making History: Mary Ritter Beard Through Her Letters*: p. 7.
（20） Nore, 1983, *Charles A. Beard: An Intellectual Biography*: p. 22.
（21） ビーアドからウィードへの書簡：1950年8月9日（Box 1, folder 15, Beard Papers, ssc）。
（22） MRB, 1946, *Woman As Force in History*: p. 88.
（23） Nore, 1983, *Charles A. Beard: An Intellectual Biography*: p. 29.
（24） MRB, 1946, *Louisville Courier Journal* (22 November, 1946): Mary Beard Papers, Archives of DePaw University.
（25） ビーアドからウィードへの書簡：1951年3月17日（Box 1, folder 15, Beard Papers, ssc）。
（26） Cott (ed.), 1991, *A Woman Making History: Mary Ritter Beard Through Her Letters*: p. 16.
（27） ビーアドからウィードへの書簡：1946年9月30日（Box 1, folder 15, Beard Papers, ssc）。
（28） CAB&MRB, 1914, *American Citizenship*: pp. vi-vii.
（29） MRB, 1955, *The Making Charles Beard*: pp. 22.
（30） 平等権修正条項をめぐる対立については、ナンシー・コット著、谷中寿子訳「平等権と経済的役割――1920年代における平等権修正条項をめぐる対立」『ウィメンズ　アメリカ――論文編』2002年：141-162頁参照。
（31） Lane, 1983, "Mary Ritter Beard: Women as Force (1876-1958)," Dale Spender, ed., *Feminist Theorists: Three Centuries of Key Women Thinker*: p. 338.
（32） Typescript of Speech by MRB at opening meeting for World Center for Women's Archives, Oct. 17, 1935, p. 3, Box 1, pt. I. Cott (ed.), 1991, *A Woman Making History*: p. 15 からの引用。
（33） Printed book flap, document container 10, Beard papers, DePauw. Cott (ed.),

——『ウィメンズ　アメリカ——論文編』2002年。

(19) Evans, 1989, *Born for Liberty; A History of Women in America*（小檜山ルイ・竹俣初美・矢口祐人訳『アメリカの女性の歴史——自由のために生まれて』1997年）。

(20) DuBois & Dumeneil, 2005, *Through Women's Eyes: An American History with Documents*（石井・小川・北・倉林・栗原・小檜山・篠田・芝原・高橋・寺田・安武訳『女性の目からみたアメリカ史』2009年）。

第I部　メアリ・ビーアドの形成

第1章　生い立ちから参政権運動へ

(1) ウィリアム・ビーアドからマジョーリ・ホワイトへの書簡：1959年3月25日：*White Papers,* Schlesinger Library at Radcliff college. Turoff, 1979a, *Mary Beard as Force in History*: p. 7から引用。

(2) マジョーリ・ホワイトからウィリアム・ビーアドへの書簡：1959年3月23日：*White Papers,* Schlesinger Library at Radcliff college. *ibid.*: p. 7から引用。

(3) クエーカーはキリスト教プロテスタントの一派（正式にはフレンド派）で、17世紀半ばに、英国でジョージ・フォックスによってはじめられ、間もなく米国に広まった。キリストへの信仰により神の力が人のうちに働くとし、霊的体験を重んじ、教会の制度化・儀式化に反対し、絶対的平和主義や平等主義を主張する。黒人奴隷制度反対運動や男女差別反対運動の指導者にクエーカー教徒が多い。

(4) Turoff, 1979a, *Mary Beard as Force in History*: p. 7.

(5) 高木八尺、1971、『高木八尺著作集』第4巻：370頁。

(6) 1837年に創立されたメソジスト派のリベラルアーツカレッジである。

(7) Nore, 1983, *Charles A. Beard: An Intellectual Biography*: pp. 21-22.

(8) Turoff, 1979a, *Mary Beard as Force in History*: p. 9.

(9) ミリアムとアルフレッド・ヴァクツへのインタビュー：1978年8月16日、Turoff. 1979a, *Mary Beard as Force in History*: p. 10. からの引用。

(10) Nore, 1983, *Charles A. Beard: An Intellectual Biography*: p. 22.

(11) MRB, 1931, *On Understanding Woman*: p. 459.

(12) MRB, 1936, "Memory and Human Relations," *The Key Of Kappa Gamma* (December, 1936): p. 308. Turoff, 1979a, *Mary Beard as Force in History*: p. 13 からの引用。

(13) MRB, 1955, *The Making Charles A. Beard—An Interpretation by Mary Ritter Beard*: p. 9.

1974): pp. 67-73.

(9) Smith, 1984, "Seeing Mary Beard," *Feminist Studies* 10, no. 3 (1984): pp. 399-416.

(10) Cott, 1984, "Feminist Politics in the 1920s: The National Woman's Party," *Journal of American History* 71 (June, 1984): pp. 43-68（谷中寿子訳「平等権と経済的役割――1920年代における平等権修正条項をめぐる対立」『ウィメンズ　アメリカ――論文編』2002年：141-162頁）。

――, 1990, "Two Beards: Co-authorship and the Concept of Civilization," *American Quarterly* 42 (June, 1990): pp. 274-300.

―― ed., 1991, *A Woman Making History: Mary Ritter Beard Through Her Letters.*

　ナンシー・コットは、メアリ・ビーアドの日本に関する資料を発見することができなかったために本書でメアリ・ビーアドの戦後の活動に言及することができなかったことの無念さを、筆者へのメールで述べている（2018年4月9日）。

(11) Lane, 1983, "Mary Ritter Beard: Women as Force (1876-1958)," Dale Spender, ed., *Feminist Theorists: Three Centuries of Key Women Thinker*: pp. 333-347.

――, 2000, *Making Women's History—the Essential Mary Ritter Beard.*

(12) Turoff, 1979a, *Mary Beard as Force in History.*

――, 1979b, "mary beard: feminist educator," *Antioch Review* (Summer 1979): pp. 277-292.

(13) Trigg, 1995, "To Work Together for Ends Larger than Self: The Feminist Struggles of Mary Beard and Doris Stevens in the 1930s," *Journal of Women's History,* Vol. 7, No. 2 (Summer 1995): pp. 52-85.

(14) 遠藤泰生、1998、「ビアード夫妻と1920年代の日本」本間長世・亀井俊介・新川健三郎編『現代アメリカ像の再構築――政治と文化の現代史』：141-157頁。

(15) D'Itri, 1999, "Mary Ritter Beard: Scholarship and a Link with Japan," *Cross Currents in the International Women's Movement 1848-1948*: pp. 159-169.

(16) 武田貴子・緒方房子・岩本裕子、2001、『アメリカフェミニズムのパイオニアたち　植民地時代から1920年まで』：321-325頁。

(17) 上村千賀子、2007、『女性解放をめぐる占領政策』。

――、2010、「メアリ・ビアード――歴史における力としての女性」『アメリカ・ジェンダー史研究入門』：239-244頁。

(18) リンダ・K・カーバー、ジェーン・シェロン・ドゥハート編著、有賀夏紀・杉森長子・瀧田佳子・能登路雅子・藤田文子訳『ウィメンズ　アメリカ――資料編』2000年。

注

略語

B&B : Charles Beard & Mary Beard

CAB : Charles Austin Beard

MRB : Mary Ritter Beard

ssc : Sophia Smith Collection, Smith College

まえがき

(1) GHQ/SCAP Records, CIE, Box 5246, folder: Check Sheet. ウィードからCIEチーフ宛てのメモランダムには、ビーアドからウィード宛1946年8月15日付書簡の抜粋が添付されている。

(2) MRB, 1933, *On Understanding Woman*: p. 33.

(3) CABからマクミラン社への書簡：1927年6月11日（*Macmillan Papers*, New York Public Library）, Turoff, 1979a, *Mary Beard as Force in History*: p.2から引用。

(4) MRBからフローレンス・キッチェルトへの書簡：1928年5月18日、forder:113, Florence Kitchelt Papers, Arthur and Elizabeth Schlesinger Library at Radcliffe College), Turoff, 1979a, *Mary Beard as Force in History*: p.2から引用。

(5) チャールズ・A・ビーアド著、開米潤監訳、阿部直哉・丸茂恭子訳『ルーズベルトの責任——日米戦争はなぜ始まったか』上巻、2011年：3頁)。

(6) Cott (ed.), 1991, *A Woman Making History: Mary Ritter Beard Through Her Letters*: p. ix.

書簡などの私的な資料の破棄に関して、ナンシー・コットは、チャールズ・ビーアドは『ルーズベルトの責任』を出版したのち社会的に孤立し、48年前後には「ハゲワシ」として攻撃されたが、彼はこのことに対する個人的見解を明らかにすることを避けたかったからであるとしている。メアリの場合は、①敵対的な批評家に囲まれて死を目前にした夫との私的なコミュニケーションと共同作業を守りたかった②知的な思想よりも個人的なことに踏み込もうとするジャーナリストののぞき見主義を容認できなかった③女性史で女性の公的分野の活動に焦点を当てているので、出版された著作こそが自分の人生の記録であると主張したかったからだとしている。

(7) Carroll, 1972, "Mary Beard's *Women as Force in History*: A Critique," *Massachusetts Review* (Reprinted in *Liberating Women's History,* edited by Bernice Carroll, 1976): pp. 26-41.

(8) Degler, 1974, "Women as Force in History by Mary Beard," *Daedalus* (Winter

Struggles of Mary Beard and Doris Stevens in the 1930s," *Journal of Women's History,* Vol. 7, No. 2 (Summer 1995): pp. 52-85.
土田元子　1993　「『メーヤー手記』に見る占領教育政策の展開——新潟県下の教育改革を中心に」上智大学アメリカ・カナダ研究所編『アメリカと日本』彩流社。
土屋由香　2009　『親米日本の構築』明石書店。
鶴見和子　1963　「『婦人論』批判——ビアド『歴史における婦人の役割』」『デューイ・こらいどすこおぷ』未來社、215-227頁（初出『世界評論』1949年6月号、世界評論社）。
鶴見祐輔、一海知義校訂　2007a　『正伝 後藤新平』第5巻、藤原書店。
———　2007b　『正伝 後藤新平』第7巻、藤原書店。
———　2007c　『正伝 後藤新平』第8巻、藤原書店。
鶴見祐輔　2010（復刻）「ビーァド夫人の手紙」『鶴見祐輔著作集』第6巻、学術出版会、130-139頁。
Turoff, Barbara K.　1979a　*Mary Beard as Force in History*, Dayton: Ohio, Wright State University.
———　1979b　"mary beard: feminist educator," *Antioch Review*, 37: 3 (Summer 1979): pp. 277-292.
上村千賀子　2007　『女性解放をめぐる占領政策』勁草書房。
———　2010　「メアリ・ビアド——歴史における力としての女性」有賀夏紀・小檜山ルイ編『アメリカ・ジェンダー史研究入門』青木書店、239-244頁。
山川菊栄　1923　「再興せらるべき東京について」『婦人之友』1923年11月、20-24頁。
Yamakawa, Kikue　1922　"Woman in Modern Japan, VI. The Woman's Movement," Kin & Kikue Yamakawa, ed., *The Shakai-shugi Kenkyu*, A Monthly Study on International Socialism and Labor Movement, vol. VI, No. 2 (September, 1922): pp. 1-6.
山崎紫生　1988　「投票する女性——婦人参政権行使のための占領軍の政策」『高崎商科短期大学紀要』創刊号、1988年12月、93-115頁。
義江明子　2017　『日本古代女性論』塙書房。
依田精一・酒井はるみ　1947　「〈資料〉 現代詩の証言（1）山川菊栄氏と労働省婦人少年局の設置」『東京経大学学会誌』1975年9月、73-104頁。
Zunz, Olivia　1998　*Why the American Century?*, Chicago: University Chicago Press.

震災と東京連合婦人会』ドメス出版。
歴史学研究会編　1990　『日本同時代史Ⅰ　敗戦と占領』青木書店。
蠟山政道　1949　「政治学者としてのビーアド先生」『アメリカ研究』第4巻第6号、1949年6月、67-74頁。
———　1951　「アメリカ通信——ビァード博士夫人を訪うて」『婦人公論』通巻409、1951年6月、84-87頁。
Sanger, Margaret　1914　*The Woman Rebel.*（1914年3月から8月まで7号発行）
———　1922　*The Pivot of Civilization*, Brentanos.（石本シヅエ訳『文明の中枢』実業之日本社、1923年）
———　1938　*An Autobiography*, New York: Cooper Square Press.
———　1970　*An Autobiography*, Elmsford: Maxwell Reprint Company.
Sansom, George　1931　*Japan: A Short Cultural History*, London: Cresset Press.（福井利吉郎訳『日本文化史』東京創元社、1976年）
関口裕子　2018　『日本古代女性史の研究』塙書房。
塩沢美代子　1980　『ひたむきに生きて——ある戦後史　塩沢美代子評論集』創元社。
Smith, Bonnie G.　1984　“Seeing Mary Beard,” *Feminist Studies* 10, no. 3: pp. 399-416.
高木八尺　1971　『高木八尺著作集』第4巻、東京大学出版会。
武田貴子・緒方房子・岩本裕子　2001　『アメリカフェミニズムのパイオニアたち——植民地時代から1920年まで』彩流社、321-325頁。
竹前栄治　1970　『アメリカ対日労働政策の研究』日本評論社。
———　2002　『GHQの人びと——経歴と政策』明石書店。
田中惣五郎　1949　『近代日本女性の解放』社会教育連合会。
高群逸枝　1936　『大日本女性人名辞書』厚生閣。
———　1940　『女性二千六百年史』厚生閣。
———　1947　『日本女性社会史』眞日本社。
———　1948　『女性の歴史』女性新書、印刷局。
———　1948　『恋愛論』沙羅書房。
———　1953　『招婿婚の研究』大日本雄弁会講談社。
東京市政調査会　1958a　『都市問題』第49巻第9号、1958年9月。
———　1958b　『チャールズ・A・ビーアド』。
———　1958c　『ビーアド博士と新聞報道』（同上書抜刷）、22-285頁。
豊田真穂　2007　『占領下の女性労働改革——保護と平等をめぐって』勁草書房。
Trigg, Mary　1995　“To Work Together for Ends Larger than Self: The Feminist

Kerber, Linda K. & Jane Sherron De Hart　1982-2000　*Women's America*, Oxford University Press, 1982, 1987, 1991, 1995, 2000.（有賀夏紀・杉森長子・瀧田佳子・能登路雅子・藤田文子訳『ウィメンズ　アメリカ――資料編』ドメス出版、2000年）；同訳『ウィメンズ　アメリカ――論文編』ドメス出版、2002年）
Koikari, Mire　2009　*Pedagogy of Democracy: Feminism and Cold War in the U.S. Occupation of Japan,*, Temple University Press.
小関孝子　2015　『生活合理化と家庭の近代』勁草書房。
Lane, Ann J.　1983　"Mary Ritter Beard: Women as Force (1876-1958)," Dale Spender, ed., *Feminist Theorists: Three Centuries of Key Women Thinker*, New York: Pantheon Books: pp. 333-347.
――――　2000　*Making Women's History—the Essential Mary Ritter Beard*, New York: The Feminist Press.
Lundberg, Ferdinand & Marynia Farnham　1947　*Modern Woman: the Lost Sex*, New York: Harper and Row.
前田多門　1958　「追憶のなかから拾い出すビーアド博士の人格・功業」東京市政調査会『都市問題』49巻第9号、1958年9月号。
Mears, Helen　1942　Years of the Wild Boar: An America Woman in Japan, West Port, Con: Green Wood Press.
――――　1948　Mirror for Americans: JAPAN.（この本は1949年マッカーサーによって出版禁止となった著書である）
――――　1995　伊藤延司訳『アメリカの鏡・日本』メディアファクトリ。
三井禮子　1953　『近代日本の女性』五月書房。
――――　1987　「揺籃期の女性史研究」『歴史評論』443号、校倉書房、105-119頁。
文部省編　1948　『民主主義』教育図書。
文部省　1951　「第一回全国婦人教育担当者研究協議会におけるウォード中尉のあいさつ」『全国婦人教育担当者研究協議会の記録』、市川房枝編集・解説『日本婦人問題資料集成』第2巻，ドメス出版、1977年：668-669頁より抜粋。
無署名　1946　「婦人議員39名マ元帥を訪問」（『読売報知新聞』1946年6月21日）、市川房枝編『日本婦人問題資料集成』第2巻、ドメス出版、1977年：640頁。
Nore, Ellen　1983　*Charles A. Beard: An Intellectual Biography*, Carbondale and Edwardsville: Southern Illinois University Press.
折井美那子・女性の歴史研究会　2017　『女たちが立ち上がった――関東大

市川房枝　1969『戦後婦人の動向――婦人の民主化を中心として』婦選会館。

―――　1972『私の婦人運動』秋元書房。

―――　1974『市川房枝自伝　戦前編　明治26年5月―昭和20年8月』新宿書房。

―――　1979『だいこんの花』新宿書房。

―――　1981『野中の一本杉』新宿書房。

―――　1999『市川房枝――私の履歴書ほか』日本図書センター（人間の記録）。

市川房枝編　1977『日本婦人問題資料集成』第2巻、ドメス出版。

市川房枝記念会編　2008『市川房枝の言説と活動――年表で検証する公職追放1937-1950』市川房枝記念会出版部。

井上清　1948『日本女性史』三一書房。

入江直子・志熊敦子　2006「シリーズ〔戦後60＋1からのステップ①〕対談：日本女性たちは何を切り拓き、獲得してきたか（前編――占領政策・婦人解放を起点として）」日本女性学習財団『We Learn ウィラーン』638号、2006年1月、3-7頁。

伊藤セツ　2018『山川菊栄研究――過去を読み未来を拓く』ドメス出版。

Ishimoto (Kato), Shizue　1935　*Facing Two Ways, The Story of My Life*, New York: Farrar & Rinehart.

石本静枝　1936「国際女性史編纂委員會より」『婦人運動』第14巻2号（1936年2月）18頁。

ジョンソン、カルメン　池田順子訳　1986『占領日記』ドメス出版。

加藤シヅエ　1981『ある女性政治家の半生』PHP研究所。

―――　1988『愛は時代を越えて』婦人画報社。

―――、船橋邦子編　1988『加藤シヅエ日記――最愛のひと勘十へ』新曜社。

―――、船橋邦子訳　1994（再版）『二つの文化のはざまから――大正デモクラシーを生きた女・FACING TWO WAYS』不二出版。

（訳書）メアリ・ビーアド　1953『日本女性史――日本史における女性の力』河出書房。

（訳書）日野葦平『1麦と兵隊』1939　*Wheat and Soldiers*, New York: Farrar & Rinehart.

河﨑充代　2018「関東大震災直後の二度目の来日――メアリー・ビーアド二度目の来日とその影響②」『後藤新平の会会報』No .18、藤原書店、2018年6月、91-96頁。

History with Documents, Boston and New York: BEDFORD/ST. MARTINS.（石井・小川・北・倉林・栗原・小檜山・篠田・芝原・高橋・寺田・安武訳『女性の目からみたアメリカ史』明石書店、2009年）.

Embree, John F.　1939　*Sue Mura: A Japanese Village*, Chicago: University of Chicago Press.

遠藤元男　1941　『日本女性の生活と文化』四海書房。

———　1946　『日本女性史』新府書房。

遠藤泰生　1998　「ビアード夫妻と1920年代の日本」本間長世・亀井俊介・新川健三郎編『現代アメリカ像の再構築——政治と文化の現代史』東京大学出版会、141-157頁。

Evans, Sarah M.　1989　*Born for Liberty; A History of Women in America*, New York: Free Press, 1989.（小檜山ルイ・竹俣初美・矢口祐人訳『アメリカの女性の歴史——自由のために生まれて』明石書店、1997年）

ファー、スーザン・J、坂本喜久子訳　1987　「女性の政治をめぐる政治」坂本義和／R・E・ウィード編『日本占領の研究』東京大学出版会、459-504頁。

藤目ゆき　1998　『性の歴史学』不二出版。

Goldman, Eric F.　1954　"Charles A. Beard: An Impression," Howard K. Beale, ed. *Charles A. Beard*, Louisville: University of Kentucky Press.

羽仁もと子　1928　『羽仁もと子著作集』第4巻、婦人之友社、220-228頁。

Hara, Katsurou　1920　*An Introduction to the History of Japan*, Yamato Society Production, G. P. Putnam's Sons, New York and London: The Knickerbocker Press.（渡辺昇一監修『原勝郎博士の『日本通史』』中山理訳、祥伝社、2014年）

原武史　2017　『〈女帝〉の日本史』NHK出版新書。

春山明哲　2014　「チャールズ・ビーアドの東京観とその学問の日本知識人への影響」『環』vol.59、藤原書店、280-296頁。

Holmes, Lulu　1968　*Higher Education for Women in Japan1946-1948, interviewed by Helen M. Brewer,* Berkley: Bankroft Library, University of California.

Hopper, Helen M.　1982　"Kato Shizue, Socialist Party MP, and Occupation Reforms Affecting Women, 1945-1948. A Case Study of the Formal vs. Informal Political Influence of Japanese Women," *The Occupation of Japan, Educational and Social Reform*, Norfolk: Gatling Printing and Publishing Co.: pp. 375-399.

Hosp, Helen　1946　"Education in a New Age," *Journal of the American Association of University of Women* (Winter 1946).

平塚らいてう　1923　「新日本とその新帝都の為に」『婦人之友』1923年11月、8-12頁。

——— 1946 *The Chrysanthemum and the Sword—Patterns of Japanese Culture*, Boston: Houghton Miffin.（長谷川松治訳『菊と刀——日本文化の型』、社会思想社、1972年）

Borning, Bernard C. 1962 *The Political and Social Thought of Charles A. Beard*, Seattle: University of Washington Press.

Briffault, Robert 1931 *The Mothers—The Matriarchal Theory of Social Origins*, New York: Macmillan.

Carroll, Berenice A. 1972 "Mary Beard's *Women as Force in History*: A Critique," *Massachusetts Review* (Reprinted in *Liberating Women's History*, edited by Bernice Carroll, Urbana: University of Illinois Press. 1976): pp. 26-41.

コーエン、セオドア、大前正臣訳 1984 『日本占領革命——GHQからの証言 上・下』TBSブリタニカ。

Cott, Nancy F. 1984 "Feminist Politics in the 1920s: The National Woman's Party," *Journal of American History* 71 (June, 1984): pp. 43-68（谷中寿子訳「平等権と経済的役割——1920年代における平等権修正条項をめぐる対立」リンダ・K・カーバー、ジェーン・シェロン・ドゥハート編著、有賀・杉森・瀧田・能登路・藤田訳『ウィメンズ　アメリカ——論文編』ドメス出版、2002年、141-162頁。

——— 1990 "Two Beards: Co-authorship and the Concept of Civilization," *American Quarterly* 42 (June, 1990): pp. 274-300.

——— (ed.) 1991 *A Woman Making History: Mary Ritter Beard Through Her Letters*, New Haven and London: Yale University Press.

クローチェ、ベネデット、羽仁五郎訳 1952 『歴史の理論と歴史』岩波文庫。

——— 1988 上村忠男訳『思考としての歴史と行動としての歴史』未來社。

コリングッド、W・デビンズ、峠尚武・篠木芳夫訳 1986 『歴史哲学の本質と目的』未來社。

Degler, Carl N. 1974 "Women as Force in History by Mary Beard," *Daedalus* (Winter 1974): pp. 67-73.

D'Itri, Patricia W. 1999 "Mary Ritter Beard: Scholarship and A Link with Japan," *Cross Currents in the International Women's Movement 1848-1948*, Bowling Green State University Popular Press: pp. 159-169.

ダワー、ジョン・W、猿谷要監修、斎藤元一訳 1987 『太平洋戦争に見る日米摩擦の底流——人種偏見』TBSブリタニカ。

DuBois, E. Carol & Lynn Dumeneil 2005 *Through Women's Eyes: An American*

278-279頁。

未公刊資料

（書簡）

Mary Ritter Beard Papers, 1935-58, *Mary Ritter Beard Collection* (Sophia Smith Collection, Smith College).
Mary R. Beard to Dorothy Brush, 1946-56, nd., Box 1: folder 4-5.
Mary R. Beard to Margaret Grierson, 1941-56, nd., Box 1: folder 10-13.
Mary R. Beard to Ethel Weed, 1946-51, Box 1: folder 15.
Kato Shidzue to Mary R. Beard, 1946, Box2: folder 3.
Ethel Weed to Mary R. Beard, 1946-52, Box 2: folder 7.
Margaret Grierson to Dorothy Brush, 1946, Box 2: folder 17.
Ethel Weed to Dorothy Brush, 1946, 1950, Box 2: folder 19.
Mary Ritter Beard Papers (Schlesinger Library at Radcliff Institute of Harvard University).
Mary Ritter Beard Papers (Archives of DePaw University).
Margaret Sanger Papers, 1931-1955, Box 58: folder 545・546・547 (Sophia Smith Collection, Smith College).
Marjorie White Papers (Schlesinger Library at Radcliff Institute of Harvard University).

（占領政策資料）

GHQ/SCAP Records, CIE, Box 5246.（国立国会図書館憲政資料室所蔵マイクロフィッシュ）
GS, MacArthur Official Correspondence (MacArthur Memorial Library and Archives).
Alfred Husesy Papers (Asia Library, The University of Michigan).（国立国会図書館憲政資料室所蔵マイクロフィッシュ）

引用・参考文献（アルファベット順）

有賀夏紀　1987　「アメリカにおける産児制限の思想とフェミニズム」女性学研究会編『講座女性学 4』勁草書房、194-196頁。
――――　1988　『アメリカフェミニズムの社会史』勁草書房。
荒木敏夫　1999　『可能性としての女帝――女帝と王権・国家』青木書店。
Benedict, Ruth　1934　*Patterns of Culture*, Boston: Houghton Mifflin.（米山俊直訳『文化の型』社会思想社、1973年）.
――――　1940　*Race: Science and Politics*, Modern Age Books.（筒井清忠他訳『人種主義――その批判的考察』名古屋大学出版会、1997年）

——— 1947b “Mirrors Held Up to Women,” *Delta Kappa Gamma Bulletin*, (Fall 1947): pp. 1-12.

——— 1950 “What Nobody Seems to Know about Woman,” *Independent Woman*, vols. 29-30 (April, 1950): pp. 103, 124.

メアリ・ビーアドに関する新聞記事

花田準一　1922「東京市政顧問として米国から来る珍客ベアード博士の面影（下）――ニューヨーク」（『読売新聞』1922年9月10日）、東京市政調査会　1958c『ビーアド博士と新聞報道』（『チャールズ・A・ビーアド』）232頁。

無署名　1922a「ビ夫人はまた参政運動の大立物――日本婦人をよく見たい」（『東京朝日新聞』1922年9月15日）、東京市政調査会　1958c『ビーアド博士と新聞報道』234頁。

無署名　1922b “Time to Boast a Bit, Women Told,” *Japan Advertisement*, Sunday, December 3, 1922, Tokyo: pp. 1, 10.（大正講演会（一橋大学）「女性の文明への貢献」の概要の報道記事）

無署名　1922c「ビーアド博士の美しい置き土産――後藤市長の薄謝の一部を寄付して女子学生から懸賞論文募集」（『東京日日新聞』1922年3月27日）、東京市政調査会　1958c『ビーアド博士と新聞報道』245-248頁。

無署名　1923a「新東京の為に尽くす可くビアード博士来る――米国の同情はベルギーに対したより大きいと　婦人は震災後の社会事業に尽くす積もり」（『東京朝日新聞』1923年10月7日）、東京市政調査会　1958c『ビーアド博士と新聞報道』251頁。

無署名　1923b「罹災体験覚悟できたビ博士」『東京朝日新聞』1923年10月8日、東京市政調査会　1958c『ビーアド博士と新聞報道』257頁。

無署名　1923c「日本婦人に忠言、復興事業に尽くす順序、ビアード夫妻のお土産」（『国民新聞』1923年10月16日）、東京市政調査会　1958c『ビーアド博士と新聞報道』260-261頁。

無署名　1923d「日本婦人の活動を褒めちぎるビ博士夫人――東京聯合婦人会の仕に就いて殿方の及ばぬ女の力のお説」（『東京朝日新聞』1923年10月30日）、東京市政調査会　1958c『ビーアド博士と新聞報道』266-267頁。

無署名　1923e「ビアード夫人が夫君裸足の名論、婦人市政研究会の総会で復興婦人会を組織」（『報知新聞』1923年11月2日）、東京市政調査会　1958c『ビーアド博士と新聞報道』267-268頁。

無署名　1923f「おみあげも求めずお別れのビ博士」（『東京毎日新聞夕刊』1923年11月15日）、東京市政調査会　1958c『ビーアド博士と新聞報道』

——— 1929b "The Feminist Progression," *Independent Woman* 8 (June, 1929): 241.

——— 1930 "After Equality – What?" *Independent Woman* 9, no. 6 (June, 1930): pp. 227-228, 258.

——— 1932 "University Discipline for Women – Asset or Handicap?" *Journal of American Association of University Women*, Vol. XXV, No. 3 (April, 1932); reprinted in Lane, 2000, *Sourcebook*: pp. 147-151.

——— 1933b "The College and Alumnae in Contemporary Life," *Journal of the American Association of University Women* 27 (Oct., 1933): pp. 11-16.

——— 1934a "Women and Social Crises," *Independent Women* 13 (Nov., 1934): pp. 347, 362-363; 13 (Dec., 1934): pp. 376, 400-401; 14 (Jan., 1935): pp. 3, 30-31.

——— 1934b *A Changing Political Economy as It Affects Women*, Washington, D.C.: American Association of University Women, 1934 (mimeographed) (Box 2: folder 27, Beard Papers, ssc).（女性学コースのシラバス）

——— 1935 "The New Feminism (as Abstract)," *Yearbook 1935, National Association of Deans of Women* (1935): pp. 96-97.

——— 1936a "Memory and Human Relations," *The Key Of Kappa Gamma,* (Dec., 1936).

——— 1936b "Conference with Mary Beard," Washington, D. C. (15 March, 1936) (Box 2: folder 23, Beard Papers, ssc).（世界の女性史について、日本女性のプロジェクトを紹介した会議記録。ウィーンの女性史資料の研究について言及）

——— 1937a "The Direction of Women's Education," *Centenary of Mount Holyoke College,* South Hadley, Mass.: Mount Holyoke College: pp. 44-61.

——— 1937b "Society's Interest in Human Resources," *Proceedings of the Seventy-fifth Annual Meeting of the National Education Association* (June 1927 to July 1, 1937), Washington, D. C.: National Education Association, 1937: pp. 80-90.

——— 1942 "A Study of the Encyclopedia Britannica in relation its treatment of women," (mimeographed) (Box 2: folder 23, Beard Papers, ssc).（編集者のサインがあるが未公刊資料）

——— 1945 "The Teacher a Thinker," *Delta Kappa Gamma Bulletin* (Nov., 1945): pp. 10-13.

——— 1947a "Woman's Role in Society," *The Annals of The American Academy of Political and Social Science*, vol. 25 (May, 1947): pp. 1-10.

メアリ・ビーアドの編著書

Beard, Mary R. 1915 *Woman's Work in Municipalities*, New York: D. Appleton (Reprint: New York: Aron Press, 1972).

——— 1920 *A Short History of the American Labor Movement*, New York: Workers' Education Bureau of America.

——— 1931 *On Understanding Women*, New York: Longmans, Green.

——— (ed.) 1933a *America Through Women's Eyes*, New York: Macmillan (Reprint: New York: Greenwood Press, 1969).

——— 1946 *Women as Force in History – A Study in Tradition and Realities*, New York: Macmillan (Reprint: New York: Octagon Books, 1976).

——— 1953 *The Force of Women in Japanese Society*, Washington, D.C.: Public Affairs Press.（加藤シヅエ訳『日本女性史――日本史における女性の力』河出書房、1953年）

——— 1955 *The Making Charles A. Beard—An Interpretation*, New York: Exposition Press.

メアリ・ビーアドの論文・演説等

——— 1900 "The Twentieth-Century Woman Looking Around and Backward," *Young Oxford* 2, no. 15 (Dec., 1900): pp. 100-104.

——— 1901 "The Nineteenth-Century Woman Looking Forward," *Young Oxford* 2, no. 16 (Jan., 1901): pp. 119-122.

——— 1914 "The Legislative Influence of Unfranchised Women," *The Annals of the American Academy of Political and Social Science* 56 (Nov., 1914): pp. 54-61.

——— 1923a 「日本婦人は今や何をなすべきや」『婦人公論』1923年11月号、57-61頁。

——— 1923b 「新都市計画と婦人」"Women's Share in the Reconstruction of Tokyo"（『婦人之友』1923年11月号、25-32頁）。

——— 1923c 「厄災に處する日本の婦人方に――日本の代表的婦人雑誌『婦人世界』を通して　ビアード博士夫人メアリ・R・ビアード」『婦人世界』1923年11月号、54-60頁。

——— 1924 "The New Japanese Woman," *The Woman Citizen* (Jan., 1924): pp. 10, 28-29.

——— 1929a "American Women and the Printing Press," *The Annals of the American Academy of Political and Social Science*, Vols. 143-145 (May, 1929): pp. 195-206.

参考文献一覧

チャールズ・ビーアドの関連著書

Beard, Charles A.　1901　*The Industrial Revolution,* London: Sonenshein.

———　1912　*American City Government: A Survey of Newer Tendencies,* New York: Century.

———　1913　*An Economic Interpretation of the Constitution of the United States,* New York: Macmillan.（池本幸三訳『合衆国憲法の経済的解釈』研究社、1974年）

———　1923　『東京市政論』東京市政調査会。

———　1943　*The Republic—Conversations on Fundamentals,* New York: The Viking Press.（松本重治訳『アメリカ共和国——アメリカ憲法の基本的精神をめぐって』みすず書房、1988年）

———　1948　*President Roosevelt and Coming of the War 1941: A Study in Appearances and Realities,* New Heaven: Yale University Press.（開米潤監訳、阿部直哉・丸茂恭子訳『ルーズベルトの責任——日米戦争はなぜ始まったか』上・下巻、藤原書店、2011年・12年）

チャールズ・ビーアドとメアリ・ビーアドの共著

Beard, Charles A. & Mary R. Beard　1914　*American Citizenship,* New York: Macmillan.

———　1921　*History of the United States,* New York: Macmillan.

———　1927　*The Rise of American Civilization,* 2 vols., New York: Macmillan.

———　1937　*The Making of American Civilization,* New York: Macmillan.

———　1939　*America in Midpassage,* 2 vols., New York: Macmillan.

———　1942　*American Spirit: A Study of the Idea of Civilization in the United States,* New York: Macmillan.（高木八尺・松本重治訳『アメリカ精神の歴史』岩波書店、1954年）

———　1944　*A Basic History of the United States,* New York: Doubleday（松本重治・岸村金次郎訳『アメリカ合衆国史』上・下巻、岩波書店、1954年・56年）

———　1960　*Beards' New Basic History of the United States* (brought up to the present by William Beard), New York: Doubleday and Company Inc.（松本重治・岸村金次郎・本間長世訳『新版アメリカ合衆国史』岩波書店、1964年）

マ　行

ヤ　行

ラ　行

ワ　行

ナ　行

ハ　行

サ　行

タ　行

人名索引

まえがきから結語までの範囲で人名を拾い、姓名の五十音順で配列した

ア 行

カ 行

マ　行

ヤ・ラ行

サ　行

事項索引

A~Z

ア　行

カ　行

著者紹介

上村千賀子（うえむら・ちかこ）

1942年富山県生まれ。64年、日本女子大学卒業。78年、東京大学大学院社会学研究科博士課程単位取得退学。78〜97年、国立婦人教育会館勤務。97〜2007年、群馬大学教育学部教授（生涯学習・ジェンダー専攻）。現在、群馬大学名誉教授。

主著に『女性解放をめぐる占領政策』（双書ジェンダー分析16、2007年、第3回平塚らいてう賞受賞）、『女性学の再構築』（女性学研究第2号、1999年、共著、以上勁草書房）、『ジェンダーと社会教育』（日本の社会教育第45集、2001年、共著）、『講座　現代社会教育の理論Ⅱ　現代的人権と社会教育の価値』（2004年、共著、以上東洋館出版社）など。

メアリ・ビーアドと女性史《じょせいし》

――日本《にほん》女性《じょせい》の真力《まぢから》を発掘《はっくつ》した米歴史家《べいれきしか》――

2019年10月10日　初版第1刷発行©

著　者　上村千賀子

発行者　藤原良雄

発行所　株式会社　藤原書店

〒162-0041　東京都新宿区早稲田鶴巻町523

電　話　03（5272）0301

FAX　03（5272）0450

振　替　00160‐4‐17013

info@fujiwara-shoten.co.jp

印刷・製本　中央精版印刷

落丁本・乱丁本はお取替えいたします

定価はカバーに表示してあります

Printed in Japan

ISBN978-4-86578-241-7